●玻利維亞烏尤尼鹽湖天空之鏡。

●探索遠古文明──埃及金字塔獅身人面像。

●印度河上游修行人的身心靈開示。

●六歲的眭澔平偷偷爬上鄰居的大車幻想環遊世界，被路人拍攝下來。當時的眭澔平絕不相信：自己未來能否行腳走完全世界聯合國193國家和258地區，還要有說不完的故事、道不盡的感動。

●在全世界探索古老文明的智慧。

• 以五者之記者、作者、學者、行者、藝術文化傳媒工作者環遊世界。

● 我像一張郵票，貼著便能寄送地球每個角落，喚醒彼此信望愛永恆的初心。

●眭澔平代替癱瘓母親的雙眼、接續三毛的創作旅程看遍全世界的成績單。

• 冰冷北極與格陵蘭愛斯基摩人同歌。

• 投入熱情的巴西里約森巴舞嘉年華盛會。

• 炎熱亞馬遜部落與少女成年禮共舞。

• 在非洲剛果河畔與村民樂舞同歡。

• 亞洲喜馬拉雅尼泊爾家人的重聚。

• 大洋洲新幾內亞食人族部落的重聚。

• 在婆羅洲東馬砂勞越與祭司吟詠祖靈。

• 非洲衣索匹亞貝納族人的重聚。

● 在俄羅斯西伯利亞大鐵路橫斷前蘇聯的天空。

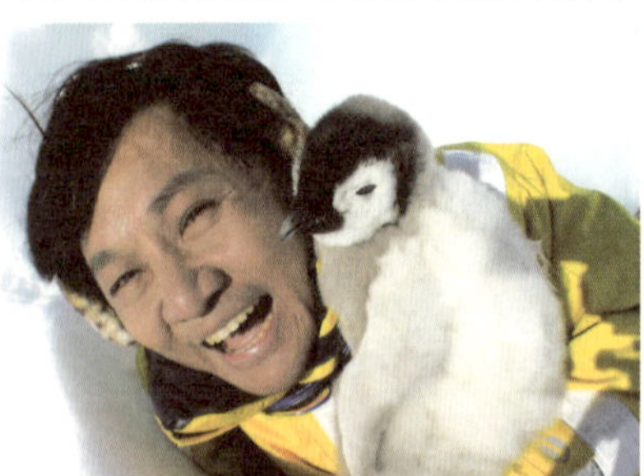

● 在南極唱歌給帝王企鵝聽。

● 在美國羚羊谷跳躍。

● 在撒哈拉踏砂奔騰。

看見初心　世界報導文學

卑微角落高貴靈魂

行遍阡陌大地

蔚藍導讀

行遍天下看盡沉浮，真純初心情牽海內

——美國蔚藍人文堂　楊蔚藍

從一九八五年畦澔平參加公開招考進入電視新聞台擔任記者工作到今年二〇二五年，剛好橫跨整整四十年。我們會非常好奇當他旅行採訪記錄完成現今地球上所有的兩百多個國家、穿梭出入過上千個城鄉村鎮、相遇交流過上萬個民族人種之後，到底會告訴我們什麼樣的故事？他看到了什麼？感受到了什麼？一定能筆耕硯田，寫出很多既好看又好聽的實境文章，講無數個有如《一千零一夜》的傳奇經歷點滴也絕對訴不盡、道不完。

特別是身為「五者」的他，兼具記者（主跑者、主播者、主講者、主持者、主管者）、**作者**（寫作者、創作者）、**學者**（讀者、師者、研究者）、**行者**（旅行者、修行者）、**藝術文化傳媒工作者**（講者、演者、歌者、舞者、武者、慈善社工志願服務者）等等的五大類十八條斜槓身分，觀察審思的視角詮釋出的報導文學是何等多元開闊又細膩深刻，教人身心靈都深受感動。讀者展閱澔平行遍天下，踏過世界阡陌大地的軌跡，最為撼動心靈的是他挖掘出這顆星球上，在許多被忽略的極端卑微角落裡，竟然隱藏著一個個最高貴純淨的靈魂。有如司馬遷在《史記．伯夷列傳》裡提到的那種「蠅附驥尾而行千里」的境界，一方面提醒我們要站上「巨人的肩膀」，跟著前輩大師思辨成長學習；另一方面也喚醒我們要知行合一，「跳出舒適圈」邁出世界行腳，一再虔敬地向全球的卑微角落裡，那些始終懷抱敦厚真誠初心的高貴靈魂致敬。

眭澔平巧思慧心地將本書來自全球二十四篇原創的報導文學，圍繞在世界六個不同的切入角度——**街頭衝突的惡**、**智慧教誨的善**、**城鄉流轉的夢**、**驚駭遭遇的愁**、**奇幻重逢的喜**、**氣候變遷的悲**，共六段各四則共二十四篇恆久真實深情的經歷故事，如同他以「**五者**」的十八條斜槓角色，親身實地縱橫經緯，穿越世界阡陌路，敞臂奔赴寰宇地球村，深入淺出全方位探索、詮釋、玩味。仔細閱讀眭澔平的文章，讀者會發現在世界報導文學「行者無疆」的領域裡，他的「**五者**」是遵奉師法並融合了兩千五百年來，古道照顏色在中華文化夙昔的「五大典型」：春秋孔子、漢司馬遷、唐玄奘、宋蘇軾、明徐霞客。

如同前輩作家朱西甯生前，曾特撰專文盛讚眭澔平的文章（見於一九八九年眭澔平著作《看天田》推薦序）：

「哀而不傷，慟不喪志，是中國正統文學的開闊氣質。……訴苦無苦相、哭窮無窮相、言愁言恨無惡相。……句句字字於我皆感戚然而有親。」

西甯先生以鍾阿城的「三王」《棋王、樹王、孩子王》來比擬澔平的上品文筆；現在一再反覆展讀，竟發現眭澔平既細膩又開闊的報導文學，更像是「臺灣全球人文行動版的村上春樹」（Taiwan Murakami Haruki）。

目次

死亡有情不變的初心

人世有情不變的初心

荒地有情不變的初心

自述

笑釀行腳全球吟詠的音符

我鑽進土耳其這家小茶館，全身冷得直打哆嗦，每一雙眼睛瞪著我，我只管衝到櫃台前，用手指了一下蘋果茶的紙盒。

都怪暴雪傷了輪胎掛著粗鐵鍊條的長途大巴，否則我也不必在這不知名的小鎮，什麼「伊斯巴達」公車站枯等這麼久。我的目的地是遠到地中海沿岸的安塔利亞，不是這裡。快跨年十二月天入夜的天氣甚冷，候車室裡卻沒有暖爐，戶外每家小店的香精肥皂特產也來回總看了四、五、六遍，實在乏善可陳、無處可去，最後只好走入這家茶館小店打發時間，也稍微取取暖。

我真希望能當肥老闆那隻黏貼在火爐邊貪暖的胖貓，牠在角落裡正端詳著店內每一個人的動靜。他們不是在等車，唯一的那台老電視機暫時攫住了所有清一色男客人的視線。我悄悄拿出相機，準備輕輕拍下他們和貓咪專注的神情。

誰料閃電似的鎂光燈忘了關，立刻引人側目，不意挑動起了他們方才瞪我的眼神。現在可好了，眾人好奇地開始大方盯著我的迷你自動相機看。突然一名年輕人甚為大方地從後方拍拍我，向我示意他想被我照相；繼而他還從行囊裡面拿出了把羊皮琴和陶罐鼓，一幅藝術家兼生意人嫻熟的模樣，隨即自便我行我素又彈又唱，不時還拍拍自己雙腿間夾的長鼓，逗得全屋裡的人都笑了。我也笑著不斷按下快門，樂不可支。一時間整個茶館裡，原本像那隻被閹割了的大公貓般，集體無趣觀看著同樣無趣電視畫面的一群大男人，因為我的出現，瞬間變成活靈活現的西突厥胡旋舞者，繞在我的相機面前盡情飛轉，伴著青年輕快悠揚的樂聲手舞足蹈。

我真的是看得如癡如醉，那是我早年還沒有能力攜帶攝影機的時期，然而他們一點也不嫌棄我的相機無法拍攝記錄下來他們精彩的歌聲和動作。接著手牽手，把我也拉了進去一起翩然共舞，原來他們根本不是在意能否被拍照，而是大夥兒都用感激的眼神溫柔地看著我——這個突如其來的不速之客，竟變成他們在例行循環寂寥夜裡的「救世主」，把他們日復一日晚間平淡無奇的生活點亮……。

我們從頭到尾彼此沒有一句話能懂，但是歌舞正酣，大胖子老闆陸續幫我端上了我點的蘋果茶以外，還又擺上兩大碟羊肉口袋餅和香酥甜品。他居然怕我擔心餐費，馬上用雙手比劃了現場的所有人，示意這是大家一起請我吃吃喝喝的，又摸摸口袋、再用右手掌猛烈的搖晃，似乎跟我說：一毛錢他都不會收我的！讓我感動到眼淚都飛了出來。

就這麼一直玩到長途車站的司機氣喘吁吁地跑進來叫我，大聲喊道——「車要開了」，我還傻傻地愣在那邊不明就裡。只聞樂聲嘎然而止，所有的村民都是虬髯男子，盡流露出要跟親人分別般的神情，紛紛簇擁過來抱我、親我；高大的肥掌櫃更是含著淚水，把我沒吃完的所有食物都放進大紙袋，一手塞進我的懷裡，好像送他正要遠行的兒郎。整個過程從我怯生生踏入茶館，到我匆匆離去，僅僅十幾分鐘，卻居然成為了我和他們永生永世無法忘懷的溫馨感動。

車子啟動，所有茶館裡的人店也不要了，全部擠在我倚坐的車窗下，排列成歡送隊伍，同車的土耳其人還以為：我是個長著東方面孔的中國東突厥維吾爾族人返鄉探親，才能有此送行陣仗。司機一路上應該是在跟大家解釋真正的實情，尤其在他完全確定我實在跟聾啞弟兄一樣，聽不懂一丁點土耳其語言之後，他更是滔滔不絕引述著我的「傳奇」吧！路上把我這個明明初來乍到的外國人，如何只用十餘分鐘，就能旋天動地熱絡牽繫起了整個小鎮的隆情厚誼云云。

坐在車上的我，還是一句也聽不懂，但是每個從首都安卡拉跟我一起搭車同行原本陌生的男女老少乘客們，忽然一個個魚貫走到我面前，跟我握手、擁抱，甚至親吻……。我應該是在這世界旅行的過程中，無意間找到了一個啟動移除人際藩籬的總開關，讓我成就了一段接著一段，又哭又笑的全球旅行經歷。數十年來，我一直懷抱這顆溫柔敦厚的初心，平安地行遍了全球阡陌大地，也在世界地球村一個又一個看似平凡卑微的角落裡，發掘感悟到那些隱含著尊榮高貴的靈魂，如何為我一次又一次展現出人世間五湖四海最善美的真純。

眾生有情不變的初心

四個世界街頭衝突的惡，
因真情而恆久精煉我們的初心

自從臺灣地區一九八七年解除戒嚴以來，群眾運動和街頭陳情等等的自力救濟衝突事件方興未艾，而這些紛擾不休的特殊狀況不但造成交通阻塞，也往往在對立抗爭中引發了我們社會嚴重的脫序現象。固然民主社會中的溝通協調與意見表達的確需要一些相互學習的過程，但是往往群眾意識的過於膨脹、暴力訴求的流於放縱，卻在不知不覺中有如反覆輪迴般，破壞了整個社會的和諧安定，甚至斲喪了我們的民主根基。特別是所謂為了民主而追求個人的自由，卻可能又傷害到了別人的自由，這些不分先進富強抑或落後貧困的國家，都是全世界地球村裡面臨轉型期社會下，一個極其明顯的共同表徵。

所謂「他山之石，可以攻錯」，藉著澔平曾擔任第一線新聞記者的身份，在全世界有多次實地深入採訪的機會，其中發現韓國和瑞士這兩個甚具代表性的實例，正可以給予我們對當前全球群眾運動最深沉的省思。其實，不論先進成熟的民主社會國家如瑞士，抑或跟我們一樣是富強頂尖的世貿經濟體如韓國，都可以更鮮明對照投射出我們自己的影子。

當我在南韓群眾運動最激烈的總統大選期間，投入如戰場般的採訪時空，也許正是那份異鄉拚搏的落寞，讓我更深切體認這民主自由嚴肅的課題。輾轉奔波一站站的南北投宿下，不論淒清冰冷的黑夜抑或煙塵滾滾的黃昏，我們一方面必須肩負工作的壓力，一方面也在陌生的人群雜遝中殘酷地接受無法逃避的磨難，幾度僅以身免。當目擊群眾暴動的感染像寒流，又像H1N1流行性感冒一般，從日內瓦到首爾、從光州到臺北，又從臺北到高雄……四處流竄蔓延，何妨從我們前線記者實地敏銳的觸角，透過作者的文筆、學者的見識、行者的感懷、文藝傳媒工作者的編輯彙整，藉著以下四篇文章，帶您親臨「報導文學」採訪幕前幕後的新聞實況現場。

日內瓦的黃昏——群眾之死

黃昏漫步

暈紅的夕照像碎灑的蔻丹，鑲嵌在無邊無際的蒼芎，遠遠的侏儸山安詳聳矗北方，幾點稀疏白雪兀自閃閃輝映其中。

踏在花團錦簇的藍夢湖畔，我盡情地啜飲濃鬱的山水靈秀，細細品味造物者彩筆揮霍於湖中的萬千虹彩。日內瓦的美，就在於她不僅有自然情懷的雅致，也有傑特噴泉般飛衝霄漢的人為奇觀，這樣的山水天地，無一不是瑞士迷人風采的最佳注腳。

慵懶地坐在古舊斑剝的青銅椅上，任夕陽將它溫暖的金黃鋪灑全身。環顧四方，黃昏中的日內瓦古城像極了一幅細膩的油畫。夾著落日餘暉的妝點，這分悠閒自得中透著成熟風韻的景致，似乎對那場不過一個小時前才在這幅畫作裡另一端掀起的軒然風波無動於衷。眨弄輕闔的雙眸，夕陽光影竄動在交睫閃爍的迷濛中，我仍然無法說服自己去把兩者前後極端的情景，放置於同一個思索的天平上。

寬敞的路易・卡斯達格大道在中斷封鎖了三個小時後，沿途甚至還清晰可見滿地散亂殘破的傳單海報和玻璃石塊。搭上第一輛恢復通車的十號巴士順坡而下，消防水柱方才向群眾噴灑的痕漬仍舊沁淌在平坦的柏油路上，任憑來往的車輪沉重輾出兩道綿長平行的紋理線條。空氣中瀰漫的氣息，盡是辛辣刺鼻揮之不去的催淚瓦斯粉屑，儘管入晚後風勢不弱，透過北國的落日餘暉依然清晰可見，凝重的粉塵恣意在日內瓦街道巷弄間懸浮飛舞，籠罩了整條通往科印樽國際機場的必經之路。這股我在韓國選戰中常常嗅到的味道，不意竟也出現在這「歐洲公園裡的公園」、「世界天堂中的天堂」；對於那段屬於「方才曾經」發生的事故，即便當地居民也驚愕地跟我表示：連他們都實在不敢置信。

午後，令人震懾的腳步聲遠遠傳來時，我和攝影記者廖濞蒼早已經嚴陣以待地守在邦達旅館（PANDA HOTEL）前的草叢旁。這一次，對於先進民主國家的群眾集會遊行到抗議示威，我非但沒有過去採訪新聞的戒慎恐懼，反倒懷著些許虔誠觀摩的心情靜靜期待著。日內瓦市政府警政主管機關臨時調派來坐鎮的二、三十名警員，似乎對於「世盟」第二十一屆年會為當地左派引起的爭執頗為嫌惡，要不然就是為了在週末假期碰上這種額外公差總有微詞。員警們只是用一段段暗灰的欄杆隔離礅，將設在邦達旅館的「世盟」會場前層層緊密戒護圍擋，既不搭理當地好奇的路人，更拒絕回答外國記者任何的問題。

第一現場

腳步聲更近了。

由半個人那麼大的字母所組成的標語看板，舉在抗議群眾大軍止面的第一線，一步一步正朝著我們的旅館會場緩緩逼近，哨音、喧嘩、叫囂早把現場緊張暴戾的氣焰逐步燃升到了極點。那時午後烈日出奇亮麗的陽光，縱然刺眼反射著群眾手持此起彼落的小圓鏡，我卻對每一張猙獰兇惡的臉龐、每一雙炯炯怒火的目光，烙記著深刻的印象。律動的心跳有如「漁陽鼙鼓動地來」，伴隨著波濤般的口號聲浪漸次急促，排山倒海的聲勢流竄在五百多張聲嘶力竭的口中，讓日內瓦一貫平和的街頭爆裂出空前的沸騰！

「滾出去！暗殺者！」

「滾回家！法西斯！」

如是簡潔嘹亮的字句清晰觸擊耳際，全身不覺一陣寒顫，幾千個毛孔似乎都在同時爭先喘息，呼吐出的全是對接下來一切未知的疑慮恐懼。何以自己在臺灣從小未曾被質疑過的觀念思想，此刻在他們的口中卻竟成了絕無寬待特赦的罪狀？此刻的我，既不在光州、也不在臺北，而是無法置身度外身處於一個陌生國度，正毫無選擇、也毫無遁藏地承受著陌生群眾的的正面詛咒。尖銳嘶吼喧囂的抗議行動來自於日內瓦當地二十多個社會主義工會與左傾團體，我無法再如以往僅將之視為別國的內政紛爭或是當局主事者的逃避迂腐；畢竟，在摩肩擦踵的第一現場僅僅我和攝影記者是唯一的東方面孔，自然也成為群眾宣洩敵愾同讎的首一目標。

我們還來不及意會，一名蓄著黑棕短髭的德裔青年已經揚起大掌重重地揮向我們的攝影鏡頭，小廖閃避不及，差點絆倒跌進花圃。繼之而起的激烈拉扯撕咬與周遭尖酸惡毒的咒罵，頓時令我覺得自己活像個群眾中落難無助的孤雛。儘管這起民眾攻擊行為的源起事由並非我們兩人理應負擔的責任，但當我們面對自己原生的長相直接就被別人棄如敝屣在唾罵曲解，還是壓抑不下那分孤臣孽子的屈辱。

正當僵持不下之際，我們被員警推進了旅館，餘光睥睨著身旁砸來的傳單書冊，恍惚中好像也看到了自己生長的地方曾經如何蹣跚地走過更艱辛的步履。踏向酒店大廳的每一步都是沉重無比，而腦海翻絞的既是群眾裡的孤兒，亦是國際間的異域，只是，我舉目實在看不到前人走過的路徑，回首更不願讓別人看到滑下的淚滴。

隔著四樓的玻璃窗向下眺望，心中的不平仍教我哽咽——在他們的眼中我們不過也是「身穿燕尾服的東方刺客」。眼見盲目的群情激憤令每顆火熱吶喊的心，不再分辨是非青紅皂白，也不再遵奉民主自由法治的古老神話，載舟覆舟的群眾意識正殘酷而不分國界地展現出人類無法抗辯的缺憾。微妙間，原本對遠來訪客堆滿的殷切笑容瞬間轉成了血海深仇，一向寧靜安詳的市街也瞬間變為風聲鶴唳的戰場圍城。至於，更尖銳激烈的衝突則近乎時空錯亂般緊接著呈現於最不該發生的舞台。

群眾震撼

示威群眾經過一個多小時的嘶喊喧囂後突然鴉雀無聲，只見路易．卡斯達格大道上麕至的人群個個緊閉雙眸、斜抬左臂，蓄勢待發的平靜萬分詭異到讓人窒息。

「砰！」「鏗！」

不一會兒，盛滿油漆的汽水瓶突然由群眾開始砸上旅館的玻璃帷幕……，石塊、閃光雷、衝天炮四處竄飛。另一方面，警方祭出鎮暴車、催淚彈、消防水柱！此起彼落，一來一往，雙方引爆著不可思議的警民衝突。憤怒的群眾有計畫地推翻車輛，搗毀玻璃、攻擊旅館；激動的員警則毫不退卻，全面威嚇驅離、強力制壓、逮緝首惡——日內瓦邦達旅館前，霎時竟轉變成燎原烽火一片。

我反覆告訴自己：這裡該是世人最嚮往的和平之都，從來就不是人間煉獄。然而，即使抗議示威群眾對所謂的「世盟」根本一無所知，卻將之視為「右派納粹、法西斯之恐怖極權」，於是出現如此不惜以社會脫序不安的成本作為抗爭挑戰的籌碼。我們今後固然更應體認「橘逾淮為枳」，東西方從觀念思想到表達訴求上均存有差異，在世界舞台上必須相互理解並有所調整權變；但這場沒有國籍、不分地域，亦無需傳譯的「訴諸暴力的群眾運動」卻著實令人不寒而慄。到底這是源於民主的猖狂、自由的濫用、法治的踐踏，抑或是人類與生俱來昧於事理的盲從缺憾呢？當波蘭工人、緬甸僧侶率領群眾，為人權民主風起雲湧對抗暴政而贏得世人喝采的同時；眼前這一幕幕暴亂動盪的景象、一張張囂張狂妄的面容，卻又如此教人浩然長歎。

人類社會的「安」與「危」、「和平」與「動亂」難道亦如是無奈地取決於群眾的一念之間？但憑一線之隔的詭譎轉變，任原本的安寧祥和屢屢遭逢困蹇紛擾？繁華富庶看來並非長治久安的保證。韓國的光州、首爾被群眾示威過，臺灣的高雄、臺北同樣未少衝撞，至於今日的瑞士日內瓦又何嘗不在其群眾失控情緒的烈焰下，為其三十八萬市民烙下了無法磨滅的傷痕。

當這片在國際間象徵和平神聖土地正向世人誇耀她的過去、現在和未來時，這場日內瓦空前的群眾震撼就更為發人深省了。

在歷史黑暗的角落裡，日內瓦曾經一次又一次領銜點燃過最新銳前衛的火炬。她叱吒風雲、燭照寰宇的不但是喀爾文宗教改革的壯闊波瀾，也是盧梭民約思潮的風起雲湧。時至今日，她這永久「中立國」仍然是當今兩百餘個國際組織的所在地，孕育了無數攸關全人類福祉的和平條約。由古老歐羅巴到今日動盪的世界村，日內瓦正如瑞士屹立千年的湖光山色，恆久感動著每顆歷史上在此駐足的心靈。群眾終將散去，日內瓦不會死亡，然我一如朝聖者的心情卻畢竟幻滅；只是我仍深自慶幸自己在日內瓦，面對了人性中充滿矛盾衝突的省思。

民主沉思

湛藍的湖水載沉載浮著暮色中最後的金黃，穿過貝克橋，我希望能讓夕陽揮去陰霾，更接近和諧寧靜的大自然。順著橋緣，延伸至湖心的青蔥小島深深吸引了我——那是個覆滿白楊綠蔭的小公園。透著益發濃鬱的餘暉，這裡十足是個別有洞天的世外桃源。穿過繁茂的枝葉，鬱鬱蒼蒼的林木間映入眼簾的是一座孤立於草叢中的古雅銅像。我忍不住好奇地對這英挺的雕塑前後打量，藉著晚風中跳躍在枝芽縫隙中的光線，細讀銅像下端隱約可見的一段文字——上面寫著「盧梭：十八世紀生於日內瓦的偉大民主思想家」。

佇立在狹窄的石板徑上，這驚鴻一瞥不禁令我感到披散在我肩頭的陽光，突然有若千斤萬兩般沉重。

「哲人日已遠，典型在夙昔。」

我實在無法想像，幾個鐘頭前我才在這座民主殿堂外遭逢群眾攻擊，此刻卻又像個受教的孩子，在日內瓦亙古不變的黃昏夕照中和這位夙昔典型悄然而遇、沉默相對。從他堅毅的表情，我再次清晰地看到民主自由法治如何在這裡孕育勃興，無數名前仆後繼的思想行動家又如何在這裡為人類的尊嚴理念夢想胼手胝足地奮戰。如果日內瓦今日在街頭真的就此死去，真不知將觸痛多少英雄志士古往今來無盡的血淚。或許，世界上並沒有永久的黑暗、也沒有永久的光明，否則人對真理信念的不懈追求，便不會總是悲劇英雄一樁樁未竟的志業。

憤慨的群眾、激烈的衝突，總會隨著黃昏繼起的黑夜消逝淡去，只是異中求同的民主、相互尊重的自由、公正監督的法治，或許將永遠皆是在黃昏落日後，留予人們在漫長黑夜裡反覆沉思的課題。

高麗寒流——從光州到臺北

夜行

臘月的首爾到處充滿蕭瑟的寒意。

驅車揚長在灰重重的環山道路上，沿著兩側枯黃的梧桐，舉日所見盡是零散的競選看板海報布條。一張張有的橫懸於對街、有的浮貼於壁柱，五顏六色、七橫八豎地把選戰氣氛入晚繼續熊熊燃燒著。倒是緩坡下同般錯落的田廬屋宇則點綴身後安詳的大地，在逐一明亮的萬家燈火中靜靜輝映出迷人的北國風情。

禁不住車窗縫隙悄悄襲人的刺骨寒風，拉緊外敞的對襟大衣向霧中朦朧的南山塔望去，不覺又是一個寒顫。車行經過壯麗的銅雀大橋，冷冷的漢江早已淒迷得令人無法辨視，我們也再一次向計程車司機比手畫腳示意：目的地是江南綜合巴士總站。

也不知為什麼，每個異國採訪新聞的夜裡，總會讓我對自己遙遙的鄉土油然而生一分特殊的情愫，何況此刻適值耶誕節慶前夕，匆匆轉搭上湖南線高速巴士，漫漫旅程正是壓抑不住的滿腹孤寂。透過灰黑色的落腰玻璃，顯映的是窗外幾點星光燦爛，隔絕了外面平野呼號的朔風，嗅不著一絲枯草的氣息。只見同行的攝影記者柯進輝疲累地斜躺在藏青絨布緊紮的座椅上，隨著咚隆聲響似乎滿車乘客都在濃濃的酣睡中，任憑車子駛向更深的黑夜。畢竟，對他們來說：午夜過後將映入惺忪睡眼裡的終站——光州，正是熟悉的家園和闊別的親友；而我和小柯呢？仍僅是一對陌生的過客。

「光州」，多典雅的名字。她讓我憶起古高麗三國時代百濟王朝的悲劇歷史，也讓我念及今日全羅南北道錯綜複雜的政治糾結。從千年前遭新羅、高句麗的先後亡滅，到七年前「雙十二兵變」、「光州事件」的悲涼往事，這個古百濟、今光州似乎總是韓人心目中無法痊癒的傷口。難怪遠在首爾便有耳聞；光州民眾為了民正黨總統候選人盧泰愚的蒞臨競選演說，早已抗議叫罵喧騰到了極點；而我們還是漏夜一步步地投入這劍拔弩張的城鎮。

當晨曦中旭日曬下第一道金黃色的光芒，我才發現光州錦南大道竟是如此筆直寬敞，櫛比鱗次的高廈像兩側列隊拱立的石翁仲，長長的延伸到火車站前漆著藍底白字的政見高台。

「找個附近的旅館休息，東西重死了！」小柯鼓起最後的耐性喃喃自語。

低頭一看，兩個人又是攝影機、錄影機，又是電瓶、充電器、四分之三影帶，外加行李雜物家當，長途車程又讓體力給消耗到精疲力竭，更何況今天以前不知道多少人曾經再三提醒怕冷的我們：「這次得當心領教韓國群眾運動的超級威力．那可比北極冷氣團沖來的超級『寒流』還夠瞧的呢！」

烈焰

我們渺小的外國記者被推擠在簇擁的人群中，窒息的煩燥果然使我們首先見識到數十萬韓國群眾運動的龐大壓力。藉著直昇機鳥瞰光州中央火車站的上空，方圓幾千里內盡是黑壓壓一大片的人群，令人瞠目結舌。儘管離盧泰愚政見發表會預訂的時間還有一個小時，滾燙炙烈的現場已經熾熱地把光州市點燃得像座鼎沸奔騰的火山口，冒出一個個岩漿氣泡般萬頭攢洞的群眾，就在這麼難得的冬季豔陽下煎熬炭烤著朝鮮半島。

我和小柯爭取開場前最後二十分鐘總算擠進了會場中心，經過安全人員嚴密複查證件，順利獨家登上了高高的政見台。

「哇哇哇！真不是『蓋』的！這麼多人！比起我彰化和美老家全鎮的人口加起

來還多好幾倍呢！」小柯訝異地說。

的確，由這個居高臨下的角度遠眺下去，還真是不得不令人對韓國群眾投身政治活動的熱潮感到驚悸。

不一會兒，千呼萬喚中的光州政見會終於正式展開了。西裝筆挺的盧泰愚翩然出現，頻頻向選民端莊地揮手致意。但是才開講，人群中就陸續擲出了一個個石塊直奔講台，接下來，此起彼落的攻擊就此鋪天蓋地全面展開，一發不可收拾。剎那間，只見台上的我們也一併成為眾矢之的，難怪韓國新聞媒體的記者們沒有一組上到舞台，原來會被群眾當成標靶，像我倆不明狀況的二愣子現在的處境。偏偏我和小柯的長相活像是韓國媒體報導偏頗的執政黨羽，除了搶拍點斷斷續續的畫面以外，還要分秒處處左躲右閃，根本無處遁逃。

終於，神情尷尬的盧泰愚在安全人員高舉透明壓克力板的層層護衛下，草草結束了演說，只見台上台下像是在打乒乓球一樣，你砸他擲全靠隨扈奧運足球冠軍守門員般的精湛絕技來阻擋，這幅場景可真是荒謬至極的世界奇觀。群眾憤怒的烈焰一如燎原之勢方興未艾，宣傳布條和海報被撕扯後成堆焚毀，支持不同黨派的對立選民也扭打成一團，至於鎮暴憲警投放的催淚瓦斯更是無遠弗屆地刺痛了現場每個人的眼鼻喉肺。誰也沒料到七年前當時的大統領全斗煥派盧泰愚率軍鎮壓的「光州事件」慘案，仍是當地人民心頭解不開的歷史情結，以至於在群眾暴力的攻擊下形成四周血腥動盪的恐怖場面。

混亂中，高台上的候選人盧泰愚、隨行人員和包括我們在內的記者們，紛紛搶搭上三輛敞篷小貨車離開會場。孰料，正當走走停停卡在擁擠的錦南大道上，貨車竟也變為暴民洩憤攻擊的流動飛靶。我們根本分不出前後左右，夾擠在人群中，但見木棍、鐵皮、雞蛋、石塊、夷燒瓶、催淚彈向我們砸來，交織著恍若隔世的驚恐。踩擠得令人窒息、喧嘯得教令人膽寒，突見鄰座同業腦袋濺來的鮮血，自己彷彿是三十五年前難民潮中的滄海一粟，正頂著北朝鮮的槍林彈雨搶渡北緯三十八度線的板門店。當下這一刻令我萬分困惑：一九五三年韓戰結束，南韓殷切追求的是這片民主自由的南疆樂土，而今天他們的子民為什麼卻如此時空錯亂，在同一塊土地上倒行逆施內耗著相反的結局呢？

寒流

惶恐困惑憶起晨曦中平和安詳的錦南大道，怎忍心再親睹民主自由如此殘酷地自我吞噬毀滅？看看我和攝影記者正身陷怒火仇焰之中，恰似慘遭纏捲絞入了一道冰封冷峻的強烈高麗寒流鋒面，橫掃朝鮮半島。

狼狽地回到寄宿的旅店，我和小柯彼此默然相對，淚水不禁奪眶而出，哽咽在心底的也分不清是催淚瓦斯的辛辣折磨、是劫後餘生的慶幸感激，抑或是僅以身免的疑懼慨歎……。群眾意念任憑情緒宣洩如脫韁之馬、訴求手段與目的混淆昏盲，兩相衝擊出如此一座朝不夕保的危城，誰能說群體意識的脫序失控，不是每個外表民主自由繁榮社會的隱形殺手呢！

懷著這份寒流衝擊的心情離開金浦機場，也離開了為新聞採訪奮戰數個星期的大韓民國。即使大選終將落幕，後來盧泰愚也選上大統領，入主青瓦台。首爾潔淨的街巷已然還原成四處洋溢著耶誕的喜慶氣氛；當我在耶誕夜生日當天踏上歸程，滯留於胸中的困惑仍是那股足以載舟覆舟的群眾力量。

返抵熟悉的臺北家園，看到久別的市街巷弄，心中泛起的是濃郁的溫暖親切——寶島的冬天確實溫暖可愛許多。才到家，行李尚未來得及打開，公司已經敲來電話交代明天給我和攝影記者的新聞採訪任務。聽聞那是臺灣自一九八七當年解嚴以來，首次最大規模的臺北市中心群眾示威活動，想想明天是行憲紀念日，怎麼偏偏選在這難得的假日。

拋開連日海內外疲乏奔波的辛勞，一大早，我和小柯又扮起韓國採訪時的那般出征模樣；不過，今天「奔赴的戰場」不再是陌生的韓國光州到大邱和釜山，或是首爾的明洞到九老洞，而是熟悉的臺北西門町最繁華熱鬧的中心蛋黃區。

亮麗耀眼的陽光下，當年尚未拆除的「西門天橋」連結綿長的「中華商場」，恰似隻蜿蜒矗立的銀龍，襯托下方軍警滿佈的鐵絲拒馬，高高地俯視一片罕見麇集的人潮。放眼圓環四周集結的數千名群眾間，幾台宣傳車上不時輪換著斜披綵帶的人，透過擴音器不時高喊標語口號、聲嘶力竭在發表演講，也有不少掛著綠色臂章的民間糾察人員，在群眾中穿梭維持秩序。好個國定假日裡，西門鬧區雖然沒有喧嗚的車水馬龍，也沒有店家商號的爭奇鬥艷，然而分貝器還是八、九十的上上下下跳個不停，小攤販也趕來在快車道上賣起「民主香腸」、「自由麵線」，交織的自是市容另一種熙來攘往的熱鬧景象。

激烈的抗議聲伴著鑼鼓獅陣帶動了全場一波波熱烈的氣氛，一樣簇擁的人群中雖然偶有小小的摩擦爭執，時間分秒逝去未曾出現韓國那種蕭瑟抗爭的寒意。沒想到清晨才一過九點，卻見當年尚未地下化的鐵軌上突然站滿了人群，繼而竟然硬是蠻橫地讓正在通行經過的自強號列車，就在群眾的吆喝下進退不得。擋在火車頭正前方的幾位民眾，既不理會列車長和員警的制止，也不聽現場糾察的勸阻，更不管示威單位擴音器中傳來的撤離呼籲。從那群人嚼著檳榔的紅唇中，暴裂出來的只有怨懟不滿以及口口噴吐的煙霧。如此僵持不下——火車上焦躁的旅客、火車下壅堵的人群，前前後後、裡裡外外，就這麼圍困住一個無法動彈的老火車頭。

組織了群眾卻失控了情緒，還落得無人得以收拾的場面，真令人既無奈又寒心。至於，火車裡趁長假著急返鄉過節團聚的乘客自不免怨聲載道，小娃啼哭、大人煩悶，也只有毫無盡頭地枯等下去——誰能想像得到這般群情抗議的激憤失控，竟給全省西部幹線南來北往受阻的二十萬旅客無端惹來一場池魚之殃。

茫茫人海中，我望著一張張質樸的面孔，幸福富裕的生活對他們來說似乎本無缺憾，只是八方繁華的街景正上演四面楚歌的包圍，那分籠罩沉積於心底的冰封冷峻，就像從光州到臺北蔓延著一股攝人的群眾寒流。面對後來臺灣各地陸續出現更多一波波如火如荼展開的群眾運動，每每看到人群在瘋狂投入爭取抗議的行列；結局卻常不意導致群眾情緒失控，於是直接衝擊或間接波及影響到全體社會脣齒相依的安定。

時過午後，成隊的群眾開始轟鬧著鑼鼓轉向中華路繼續遊行，凝滯中斷了好半天的「西門圓環」這才逐漸流入了些許舒暢的氣息；不過各街口依舊交通阻塞進退維谷。我和小柯尾隨著示威隊伍緩步走回新聞採訪車，才驚訝地發現凹壞的車身被遷怒的群眾吐滿了檳榔汁液。再回首看看這片土地，那的確是伴我消磨了不少年少時光的西門町，此處不是韓國、不是全羅道，更不是光州；然而那份來自「高麗寒流」過境般的陰鬱沉重，至始至終輾壓在我的心頭。

望著一九八七年十二月底臺北高懸的豔陽天，坐回採訪車上，目睹窗外繁華如夢的街景、行人怡然自在的笑容，匆匆映入眼簾。我領悟到：同一塊富庶安樂的土地畢竟可以在群眾情緒的扭曲牽動下隨時兩極幻變。安定和諧的期望原本是人類自古至今亟力追求的目標，然而長治久安卻常不免令人逐漸淡忘了它的可貴，最後甚至為了溝通而阻礙了溝通，並且在過激的反應與附和的盲從之下，足以淹沒毀棄了一切。

烈日下寒流乍現在熟悉的土地上，其實它並不僅僅從光州到臺北，因為世界地球村裡的每處群眾，時時刻刻都有可能被激化衝撞出同樣教人心寒的社會現象。就看我們如何鍾愛自己的土地，又如何展現更理性的民主素養了！

漢江風雲初探——誰是群眾之首

重回韓國新聞現場

一九八七年十一月二十九日，農曆十月初九，在韓國十六年來舉行的第一次大統領直接選舉正是一個極為不尋常的日子。執政的民主正義黨候選人盧泰愚在全羅南道光州的政見發表會上，遭到當地民眾激烈的暴力攻擊，結果造成十個人重傷，八名嫌犯以殺人未遂罪起訴。現在讓我這個實人實地深入採訪過這則新聞大事的記者，在前面兩篇報導文學式的詮釋之後，以下繼續再用兩篇即時新聞採訪式的實錄，讓「讀者」首次得以跟著「筆者、作者兼記者、學者、旅行者」的獨特角度，回到親臨時空、真實經歷的一段段新聞事發現場。

群眾暴力險象環生

最令人談之色變的「群眾」——原本將光州火車站前廣場圍得水泄不通的「選

民」，頓時在激動的情緒下，突然變成了失去理智的「暴民」，他們瘋狂無情地對著候選人盧泰愚和他的助選團，甚至我們隨行的記者丟石頭、木棍和夷燒汽油瓶。這一段刻骨銘心的驚險歷程，在僅以身免之餘，著實令人對民主自由如此被曲解誤用感到痛心。

事實上我和攝影柯進輝在奉派赴韓國採訪總統選舉之前，就已經被告誡：韓國民風強硬，選情錯綜複雜，當心別被人給抓走了。即使這些話我們猶然在耳也謹記於心，但是一旦投入激烈的選戰現場，仍然無法顧慮自身的安危。為了必須拍攝到人生地不熟、話又不通的當地即時新聞，還要每日立刻趕著杳探線索、叫車、採訪、撰稿、配音、剪接、製作報導；一天最多三度前往MBC韓國國家電視台傳送衛星，以便在當天午間、晚間、夜間三次臺灣電視新聞時段更新播出。整個團隊卻只有我和小柯這兩個文字攝影記者，受派到一個陌生國度孤軍奮戰，硬著頭皮往裡面闖；儘管苦不堪言，最後總算以最匱乏的資源完成任務，也對於自己的人生得到了身心靈空前的磨練成長。

記得我們第一次採訪的政見發表會剛好是金大中在里裡市的活動，首先面臨最大的困難就是長途跋涉、疲於奔命。因為單單從漢城坐車到里裡一趟就要花上三、四個小時，幾乎等於臺北到高雄的南北距離，再加上言語不通，文字全是圓圈直線的站牌、車牌、門牌都看不懂。一路上我們連廁所也不敢去，只有傻傻的坐在第一排，耐心等待司機召喚何時該下車。

天南地北來回奔波

當然，實地採訪之前，不論在國內或初抵韓國之時，我們都儘可能做了萬全的規畫和準備，但是面對八位候選人隨時更動的競選行程，我們也只有跟著變通。畢竟大韓民國有四個臺灣地區這麼大，候選人的活動又是天南地北、無遠弗屆，我們區區兩名陌生的外國人，除了住在大田的台視駐韓記者王秉章的協助以外，只有單打獨鬥、千里單騎似的來回奔波。至於比起里裡市，更遠的光州市、大邱市和釜山市等地的競選活動的採訪情況就更艱苦了。

我們得黎明即起，雖然不必灑掃庭除，但是卻得冒著刺骨的寒風，帶著又是攝影機、影帶、又是燈光、電瓶、充電器的一大批家當踏上征途。到了深夜採訪回來，還得打著瞌睡寫稿編輯，然後漏夜再到位在漢城另一區的MBC（韓國文化放送電視台）配音、剪接，以便第二天一大早順利的用人造衛星傳回臺北。一個星期來日以繼夜的工作，我們足足有三個晚上通宵熬夜處理新聞，只有靠第二天在長途的車程上補充睡眠。難怪攝影小柯的夫人，還不知道後來有更危險的挑戰，就擔心得希望他快點回家。不過，對於一名新聞工作者來說，為了那份親赴第一線，做第一手報導的工作熱忱，我們必然繼續堅持到底。

經過從北到南七個城市的實地採訪，我們不但見識了韓國數十萬人參與競選活動的場面，最後也領教了群眾暴力對生命的威脅。

每次一到了個陌生的城市，只要看看人群流動集中的方向，就可以立刻判斷政見發表會在哪裡舉行。接下來就是我們得順著愈來愈壅塞的人潮，體會四處萬頭攢動的盛況。最困難的一次是在大邱，我們足足奮戰了一個半小時才擠到演講台前，當時的狼狽處境實在可以想見。因此當觀眾在電視上看到我們站立在無邊無際的人群中做現場報導時，連這樣十五秒口述的畫面都得來不易。

光州暴亂驚心動魄

至於，談到「一〇九光州暴動」的採訪經過，其中的辛酸困難就教人益發難以想像了。

基本上，位於全羅道（省）的光州從古到今，就是韓國人心目中動亂的根源；加上古時候新羅和百濟的相爭，也埋下今日慶尚南北道和全羅南北道在地域觀念上的強烈敵對。尤其韓國當代政治史上最大的懸案——一九八〇年五月十七號的「光州事件」，更因為數百人到數千人的死亡疑雲，牽扯出這次候選人金大中和盧泰愚支持者的正面衝突。

原來，盧泰愚正是出自慶尚南道的大邱，而金大中則是全羅道最支持的候選人。當七年前光州地區人民為了響應金大中的執政理念而在市中心的錦南大路一帶和員警發生衝突時，盧泰愚，也是當時的首都警備司令，便因為執行武力鎮壓而成了光州人，甚至全羅道人認定的元兇。一〇九的光州暴動就是在過去歷史的「結」和現代政治的「結」兩相交錯下恐怖的爆發了。

盧泰愚的光州競選宣傳之行，事先雖然大家都想到必然不會太平靜，不過總認為光州的不幸事件已經過去了七年，應當不致於會再出現嚴重激烈的反應。可惜這樣的估算錯誤了……群眾的暴力就像烈火般展開，一發不可收拾。

亂石群飛走避不及

為了下午兩點在光州火車站前的政見發表會，我們首先透過多方安排搭上直昇機，從空中鳥瞰數十萬壯觀的人潮。那從廣場延伸到四條主要街道漫無止境的人群真是世所罕見，柯進輝也拍下了這段令人嘆為觀止的景象。接著，我們再隨著記者專車牛步蝸行地擠入了會場的中心地帶，卻沒想到當盧泰愚才剛出現，石頭就從人群中陸陸續續的擲上講台。這時候慌亂的助選員只有趕緊用透明的壓克力板保護盧泰愚，好讓他安全唸完預先準備好的講稿，而有些護衛人員則手持宣傳木板小心翼翼地擋回一個個四面八方丟來的石頭，就像打乒乓網球一樣，民主自由居然演變到這種荒謬混亂的地步，真教人啼笑皆非。

至於，我們這一群記者們就沒有辦法這般幸運受到保護了！尤其攝影記者必須拍攝實況，而文字記者則必須記錄實況，專注的工作下根本無暇去分神留意身邊飛過的石塊或各種突發狀況。好在我們彼此默契不錯，當我在做現場報導時，柯進輝幫我留意後面有沒有突襲者；當他在專心拍攝畫面時，我則拿著採訪夾擋在旁邊，隨時準備對天外飛來石頭來個「強棒出擊」。

為了驅散群眾，接下來可怕的事情又發生了。所有的人突然感覺眼球正像在被刀片一絲一絲切割般痛苦，至於十幾個噴嚏和涕泗縱橫的反應更教人近乎於崩潰。原來這就是聞名已久的「催淚瓦斯」，在混亂的選戰現場，我們竟然首次領教其恐怖的殺傷威力！

劫後餘生感慨萬千

在盧泰愚草草收場，準備脫離現場的時候，一行人就是這樣一把眼淚、一把鼻涕地急促驅車而走。而此時到處是簇擁的人群，支持不同政治立場的選民更是纏鬥得難分難解。舉目所見盡是激烈的暴力衝突，充耳所聞盡是叫喊哭鬧。置身其中，望著熊熊烈火從被焚燬的宣傳看板中竄出濃焰，混合著催淚瓦斯還不時發出嗶嗶剝剝的駭人聲響，不禁使我產生有如置身戰場的恐懼。

「戰場」，的確像是個被敵人重重環抱的殺戮戰場。

當包括盧泰愚專車和載滿眾家助選員和記者群的貨車準備要逃離開現場時，頓時驚見更密集的石頭、木棍、鐵板和汽油彈紛紛從四面八方飛來。在如此「槍林彈雨」的攻擊下，我們記者成了毫無戒備的肉靶子，因此接二連三看到身旁的同業被擊中，血流如注，或是攝影機、身體、腿部被攻擊。在整個混亂的場面下幾乎無人得以倖免。我們也就是在這樣的情況下，拍攝到最為攝人心弦的一幕。

當我們好不容易脫離暴動的群眾，我總覺得內心一直還在不斷深沉地慨歎——面對一個民主國家如此失去理性的暴力，其所波及的苦難負擔何止是敵對的雙方而已；事實上，整個社會的安定和諧都付出了無法估算的慘痛代價。

漢江風雲二探——我獨家專訪盧泰愚

自從一九八七年十二月初完成了第一波韓國總統大選的競選實地報導之後，我和攝影柯進輝經過短暫蒐集資料的準備工作，終於在幾天後再度踏上征途。

這次面對的不但是投票前後更激烈的政治狂潮，也同時面臨了來自臺灣及全世界各大新聞媒體少有的新聞競爭。在這樣的壓力下，每天還必須趕赴傳遞衛星的電視公司，借用剪接機器製作報導，再依早先既定的國際衛星時間去傳送最新報導回到臺灣——至少一天一次，多的時候高達三次。而各個新聞現場幾乎都分散的有如天南地北般遙遠，加上環境的陌生、語言的障礙，要像在國內一樣掌握新聞線索，並得到全新聞部的後勤支援幾乎是不可能的事。

總算，我們一一克服了萬難，按照預定計畫，在全面掌握各種突發事件的情形下，順利完成了這項對記者來說可能是一生中千載難逢的新聞磨練挑戰。

選戰新聞戰雙雙白熱化

隨著投票日期一天一天的迫近，各個候選人無不更加全力以赴，近乎肉搏戰的競選活動實在已經進入白熱化的最高潮。其間更不時爆發各種戲劇性的大勢變化：首先，唯一的女性候選人洪淑子宣佈退出競選，倒戈支持金泳三；金善積也宣佈退出，倒戈支持盧泰愚。接著另一名代表激進學生勢力的候選人白積玩，則在積極遊走說服金大中、金泳三合作，促使在野勢力單一化的努力失敗後，也含淚退出。如此一來原本八位總統候選人，竟然一下子銳減為五位，除了眾所矚目的「一盧三金」——「盧泰愚、金泳三、金大中、金鍾泌」以外，只剩一體民主黨的申正一。其中特別是盧泰愚、金泳三和金大中三人在支持的群眾上、競選的聲勢上幾乎都呈現平分秋色、三雄鼎立之局面，因此，大家早已預料在無人能享有絕對多數的勝算下，選戰的尖銳競爭亦乃必然也。

撇開選舉如戰爭，那時候即使新聞採訪都儼然是另一場戰爭。

在最後一週裡，韓國各地旅館早已住滿了來自全球各地的記者，我們臺灣特派前來的記者，也從廣播電視到報紙雜誌均齊聚一堂。每每身處百萬人的政見發表會上，記者群自己就摩肩擦踵擠成一團，不時火藥味十足；一旦遇上了突發的新聞事件，大家更是各布眼線，自憑本領，以便在激烈的新聞戰場上暗中較勁。畢竟，不論用衛星、傳真機、電話或飛機、各種不同的工具快速傳送回臺北的新聞報導，都將是臺灣兩千萬人雪亮眼睛立即比較評斷的成績單。記者們打趣地說：「每天都在參加考試，新聞一經播送刊出，就是打分數的時間！」在這種情形下，每名參與採訪的記者，不但對第二天聯絡計畫的前置作業得周全應變之外，尚需逐日仔細檢討當天採訪的進退得失。如此多重的壓力挑戰，使得我們這一階段半個多月的採訪過程中，經常三餐不繼、晚睡早起，赴韓的前十天甚至連旅館附近熱鬧的明洞、南大門市場都不曾逛過。

由於人生地不熟，語言上又幾乎完全不能溝通，為了跑得更出色的新聞真是必須大費周章來擘畫安排。首先我們不惜特別禮聘三名肯跑肯做的華僑青年擔任翻譯及嚮導，每天並且花錢雇了好幾名計程車司機做為突發新聞事件的眼線——當他們載客四處奔馳時，若遇到突發事變立即以電話連繫。像十二月十八日上午的九老洞開票所暴亂事件及漢城市中心的騷動糾紛，我們就是這樣得來第一手資料而最早抵達現場，才做到完整的報導。

至於，若以翻譯來說，並不是只會講中文和韓文就可以，實在必須具有新聞工作者努力的衝勁和幹勁。特別在我們苦心安排的專訪盧泰愚、金泳三以及突發的全州、群山、九老洞暴動當中，翻譯者本身是否具有應變的能力和過人的膽識就相當重要。我們的幾位翻譯像王丕祥，宋佐恩等都是韓國延世大學和高麗大學的華僑學生，雖然從來沒有新聞採訪的經驗，但是在我們隨機緊急特訓磨練下，也都甘於跟我們南北奔波，甚至幾乎出生入死都在所不惜，共同經歷那些新聞第一現場的各種突發狀況或是永生難忘的幕幕險境。

當然，在我投入這場新聞戰的同時，也深深感到一個電視公司新聞部門，在進行採訪專案的決策時亦至為舉足輕重。像我們受派以兩波的方式分段密集深入採訪，事後便證明是個明智的決定。因為，有著第一波豐富的臨場實地採訪經驗，第二次赴韓，當一切進入最尖銳的新聞熱潮時，我們便自能得心應手，兼及採訪的深度與廣度。只是，以人手上來看，除了我們特聘的翻譯以外，僅有攝影記者柯進輝和我兩人，比起日本 NHK 共派出兩百四十五人，實在連零頭都不夠，其他美國 CNN、CBS、ABC 等媒體特派的人員與設備也令我們瞠目結舌。不過值得驕傲的是，即使在人力、物力如此懸殊的情形之下，我們製作出來的報導卻在每天傍晚各國媒體輪流傳送衛星的時候，總是引來最多爭看觀摩的外國同業。

當他們知道臺灣的一個電視台只有派遣兩個人卻能完成這麼深度複雜周延的報導，無不驚歎臺灣人刻苦專業實力。尤其對於總統候選人中公認最不可能接近的盧泰愚和金泳三，臺灣記者竟然有辦法一對一獨家專訪最敏感的政治問題，對世界和韓國的新聞媒體來說根本是做夢都不敢相信的事，何況我們只是陌生的外國人。

傻勁加時機獨獲四專訪

回想這兩段最令人終身難以釋懷的採訪過程，實在正是傻勁和時機兩相配合所促成的。以周圍安全警備最為森嚴的韓國執政黨總裁盧泰愚的專訪來說，別提外國記者根本無法靠近周圍兩公尺，即使一般韓國人站在他面前也不免發抖。事實上，我們從第一次赴韓採訪開始就已經在積極的籌畫安排，不但屢次打電話給其競選總部、當面請託其幕僚大臣轉告，甚至，還兩度透過我國駐韓大使館以正式管道發出公函，只是這一切竟然都石沉大海，實在令我們數度陷於絕望的困境。周圍的人也一再勸我們不必自討沒趣，連本來我們要求一起搭配爭取訪問的日本富士電視台也以「絕對不可能」為理由，婉拒了我們搭配出擊的美意。

正當一切似乎面臨瓶頸之時，最後的絕招只有使出，那就是徹夜苦守、全天候緊迫盯人，把握任何可能時機完成採訪。特別是當時盧泰愚已經不止一次公開對選民表示當選後將和中共建交，使得未來臺韓關係更是臺灣密切關心注意的焦點。

如此一來，我們的心情也就好像承受了寶島兩千萬人的託付，更深深確信我們必須做到這個獨家訪問。首先，我們苦苦地在盧泰愚家門前的巷口等到深夜兩點，想等他一回家就來個隨機採訪，但是後來才輾轉知道他已從另一邊進到家裡；不過，幸運得知他第二天一早五點即將赴市場沿街問候選民。於是，我們立即決定守候到天亮，以免他提早出門我們又功敗垂成。

漫漫長夜，在刺骨呼嘯的北風中，猶豫、煩躁、鬱悶……不斷襲擊著我疲憊的心。惴惴忐忑著，因為我既不忍攝影和翻譯陪著吃苦受凍，又擔心等待後的黎明仍將是一次絲毫無法掌握的變數。這一夜，好比「伍子胥過昭關」，前途茫茫、成敗未卜，雖不至髮蒼鬢白，但年少的心卻不曾如此困惑過……。

總算黎明乍現的一刻掃盡了心中所有的陰霾，六點二十七分盧泰愚終於整裝出發，然而我們也做了第一次失敗的嘗試。徹夜苦守，果然在一分鐘之內前功盡棄，望著揚長而去的大宇轎車，心中的悲痛早已不是淚水所能詮譯的。收起波盪的心情我們再追赴第二個、第三個現場——「東大門市場」在熙來攘往的人群中，比第一次更令人失望；接著他在汝夷島號召了一、兩百萬人潮的政見發表會，也就更不可能靠近了。我們除了緊跟在足足有兩層樓高的講台上，意外的再次遭受催淚瓦斯的襲擊以外，當我們好不容易擠近盧泰愚，想進行訪問時，卻又被剽悍推擠後，隨安全人員兩人蠻橫一字架開，實在好不難堪。

終於，我們無意間得知他將在下一站到MBC（韓國文化放送電視台）做競選演說，因而立刻驅車先守在電視臺大門口。不多時，果如預料他翩翩來到，一下車我就拉著翻譯衝上去問；但是還不及翻成句子，我們又被擋開，安全人員還死命猛扯我們的麥克風線，在拔河般的阻撓下又只能嗟歎地望著盧泰愚閃過的身影。最後經過攝影棚外兩個小時的守候，當他錄影完成我們再度潛到附近伺機訪問。忽然間，就是那麼一個奇怪的空檔，沒有人講話，也沒有人阻礙，我竟然蹲到盧泰愚的身邊，攝影與翻譯也適時卡位，終於針對關鍵問題順利完成了訪問。事實上發現他本人非常和氣也非常誠懇，對於我們尖銳的問題亦表達地十分得體。當天下午國際衛星傳回臺北，台視新聞立即打出快報，晚間新聞更以最大篇幅頭條播出盧泰愚獨家專訪，隱藏於此則採訪幕後的一切酸甜苦辣，這時總算才有了圓滿的交代。

至於，金泳三的訪問，也幾乎是在類似的情況下完成的，我們一路從首爾追至釜山，再由釜山趕往大邱，大邱又跟蹤盯回北方邊界上的板門店。一再的挫折、一再的困惑，總算在鍥而不捨的努力下，最後令這名韓國最知名在野領袖都笑著說：「你這小子實在傻得可愛，看來我非接受你的訪問不可了！」我們不但合影留念，更做了正式深入的專訪，總算功不唐捐。誰會料到這次的大統領選舉結果，金泳三雖然失利，名列第二，但是他和金大中都在接受了我的世界獨家專訪之後，成為了韓國繼盧泰愚之後下一任與下下一任的韓國大統領。因此，後來同業常跟我開玩笑，說著一個傳奇的故事——澔平「預知通靈的手氣」真好，一九八七年十二月在首爾一次採訪報導過的新聞，創下了大韓民國十幾年來連續三任大統領全球獨家貼身專訪的歷史紀錄，空前絕後。

現在，回頭想想：當時既要掌握每天選情的時效性要聞發展，又得按部就班暗中安排專訪，實在捏一把冷汗。原因就在於我們只有兩名記者，特別是在當時「三金一盧」當中，我們已獨家專訪了三位，就剩金泳三一人。這時，不但其他新聞媒體正密切注意、並積極爭取訪問以外，當時的態勢下他更是呼聲最高的在野候選人，極可能榮登寶座，這些因素均使金泳三的訪問勢在必行。一個月下來，我們從金鐘泌、金大中的專訪，一氣呵成地又採訪到盧泰愚和金泳三，也算是由這南韓「四大天王」的政治理念中，進一步認識了我們鄰近的友邦國家。

選後起動亂採訪多艱險

除了這些苦心守候安排的獨家訪問以外，我們的採訪能力不久後又再一次在投票後最慘烈的兩大暴亂事件中受到嚴厲的考驗。

那時，雖然全韓國各地的開票所已經統計出大致的票數：盧泰愚以八百萬票領先了六百多萬票的金泳三、金大中和一百多萬票的金鍾泌，看來當選第十三代大統領已成定局。但是就在漢城九老洞地區的開票所，卻為了疑似的「換票風波」造成青年佔據開票所，選票一張也沒開出的枝節。

僵持不下，十八日清晨韓國憲警展開拂曉突擊，衝入區廳大樓，造成至少八人死亡，七十四人輕重傷，九百一十三名學生民眾遭到逮捕的重大騷亂事件。接著，幾個小時後的下午，首爾最熱鬧的市中心也爆發出激烈的街頭暴動衝突。這兩件投開票之後韓國最激烈的群眾事件，我們都在取得消息後，以最快的速度抵達現場；除了在艱苦的情形下拍攝畫面、收集資料外，還得忍受一波又一波威力無窮的催淚瓦斯，特別是擦身而過、四處襲擊的汽油火瓶和石塊木棍。

偏偏我們早先花錢購買的膠盔和防毒面具都因為時間緊迫，又不確知實際狀況而留在旅館未帶，真是「人算不如天算」！再度冒著肉靶子的危險，雖然機靈躲過一劫又一劫，但在奔跑中眼鏡被摔壞，小柯的腰痛也舊傷復發；而那些兇悍的鎮暴員警更是十分蠻橫的無差別執勤，害得混亂中的我盡在鏡頭前被推擠得跌跌撞撞，險象環生。

一次又一次的面對危險，只感覺整個擁擠、混亂、奔逃、狂嘯的過程固然令人怵目驚心，而經歷這種種由政治對立所引發的群眾運動到暴力衝突，實在太值得同為民主轉型期的我們深思檢討。畢竟，從戰後的紛亂到一九八〇以至一九九〇的臺灣黃金發展年代，雖然同被列為「亞洲四小龍」的強勢經濟體，無論南韓或我們都應該更為珍惜這難得的成績，否則遭受痛苦折磨的不僅是人民和記者，或將更是整個家國的前途吧！

心靈有情不變的初心

四個智慧教誨的善，
因真情而恆久榮耀我們的初心

恆河對話錄——在窮鄉僻壤裡的高貴靈魂

「聖跡之所，並建伽藍（寺院）。五歲一設『無遮大會』，傾竭府庫，惠施群有（眾生），惟留兵器，不充檀舍（施捨佈施）。」

——唐・玄奘《大唐西域記》卷五

就在今年二〇二五冬春交替的季節，我終於到達了計劃期待許久的印度恆河（Ganges）、亞穆納河（Yamuna）、隱形的妙音天女薩拉斯凡蒂河（Sarasvati），像蛇纏繞的三河匯聚地桑加姆（Triveni Sangam），古印度教五千年靈修獻祭沐浴的聖地普拉亞格拉吉（Prayagraj），原名阿拉哈巴德（Allahabad）。歷經了玄奘在西元六四二年就參加過戒日王舉辦佈施數十餘萬人的「無遮大會」，終於輪到了每十二年才一次太陽進入摩羯座，剛巧也是年中國春節乙巳金蛇年正月初一，開春新月、地球、太陽和木星連成一線，又像長蛇般排成那樣一百四十四年來才一次，真正最盛大的超級「大壺節」（Maha "Kumbah Mela"）。

上億的人潮在四十多天的聖典中陸續湧入這原本百萬人口的北方邦大城，方圓幾千里的平地上，搭建起數萬個臨時的棚架、圍欄以及講經說法的論壇。現場不但大師雲集，來自全印度四百萬的苦行僧（Naga Sadhu）也匯聚到聖河沐浴淨惡祈福，並展現他們凝聚古印度吠陀智慧土水火風四大元素，各種多如八億四千萬恆河沙千奇百怪的修行法門。這讓立意平等大慈悲的所謂「無遮」，透過不分貴賤智愚僧俗高下，不僅佈施食物珍寶的「財施」，也經由法義辯論進行弘揚佛道的「法施」。

當我長途跋涉，擠入萬頭攢洞的三河交會聖地，隨男女老少民眾難得不分種姓階級，跟著長髮天體的苦行僧眾，一同把自己整個頭身完全浸沒在神聖的河水裡三次，再將聖水向四個方位輕撥祈福。接著可以向河裡倒入獻祭濕婆神的牛奶，或是在塞滿鮮花的小紙船上燃起蠟燭，任其隨波把祝願漂向遠方。如此靈修之旅，正是在練就一種如同修行人間，即使我們的人生同樣不免時時身處此際喧囂吵鬧混亂、周遭人跡雜遝擁擠的娑婆世界，仍然能像自己一旦浸覆在母親河水甘泉中的這般安詳寧靜，時空剎那間完全懸浮停止在了圓融善美的幾秒鐘裡，有若至臻永恆。三十五年以來我曾多次深入印度尼泊爾各地，從瑜珈的發源地瑞西開西（Rishikesh）、哈裡德瓦（Haridwar），到達蘭薩拉（Dharamshala）和八大聖地鹿野苑（Sarnath）、菩提迦耶（Bodhgaya）、藍毗尼（Lumbini）、德拉敦（Dehradun）……等地，就是不斷在尋找這種身心靈善美真純的合一感覺。我也有幸得見過許多位修行人和高僧大德，並向前輩老師先進們請益。但是，這一切都不如在這次印度之旅的一個清晨，當我獨自徒步到恆河更上游，不期而遇的一段經歷來得奇妙又獲益滿滿。

我一直無法忘懷自己躍入恆河的那個瞬間，初春的河水寒冷凜烈，身體四肢卻異常地暢快溫暖。不知不覺間我游走到了一位看似百歲修行老者的面前，兀自在他身旁的水中閉目靜思打坐，突然聽到一句清晰的英語似乎是在沖著我訴說：

“Why do you come so late? I am here waiting for you for such a long time.”

「你為什麼這麼晚才來？我在這裡等你很久了。」

盤腿席坐於水中的我立刻左顧右盼，確實只有我一個人在他的面前啊！於是我索幸走近他，直接坐在他位於河濱沙地水上打坐的矮床邊，細看他白蒼髮鬚迎風拂面。接下來聽到一長串的話才教我彷彿承受了暮鼓晨鐘般的當頭棒喝。我所感念的並非只是以往宗教活動裡拍攝記錄到那些熱鬧的陣頭儀式，而是首次撞擊自我內心認知的層面，處處盡是深奧奇幻的領略省悟。

閉目的他問我：知不知道今生的「使命」何在？我答：「願聞其詳。」

他竟然舉起手中已經轉動多時的木紡錘與棉線球，示意這就是我今生最重要的「功課」——你就要像這個紡錘一般，不斷自我旋轉吸收、融會貫通各種寬廣深邃的資訊、知識和智慧，再像搓擰飽滿的紡錘，把雜亂的棉麻絲紗絹毛等等不同的原料梳理妥當之後，繼而全面既有系統又深入淺出地加以歸納整理，將紡錘脈絡清晰地捲出一綑綑人們可以隨手簡易輕便使用的線球。

他告訴我：聖雄甘地當年為求印度脫離英國獨立而提倡了「不合作運動」，就是要求全體被殖民的數億印度民眾以紡錘棉線自立更生，拒買英國傾銷的豔彩雪紡紗。這一刻，雖然我浸潤於恆河中全身溼透卻倍感異常溫暖，我何其有幸，不僅重溫古國歷史；更在一位印度教的修行人面前，任他如此深刻撞擊到內觀本我，明心見性自在如來的靈動。我們每一個人今生的「功課」又在哪裡呢？或許也可以「如是我聞」，在世界不同的地方，藉著不同的機緣啟迪，即便是深入偏遠卑微的角落裡，都能處處溫柔敦厚地與高貴的靈魂相遇，漸次體悟到山高水長的人生境界。

走遍地球村，我們可以發現有著極高比例的人群所抱持的心靈信仰，全是來自於他們出生成長的環境與約定俗成的習慣，並不一定經過詳讀經典或親身的驗證與思辨。至於當地人也不免經常會對於來自外國的旅行者質疑：為什麼不認識自己所遵奉的「主」或是「真神」，畢竟那是在他們終其一生侷限狹隘的世界裡存在最崇高的價值。當我們在旅行途中遇到這樣的情況，一定要學習尊重包容，尤其在參與和拍攝紀錄相關宗教活動的時候也必須謹守各項禁忌規章。

不過回歸到「人」這個本體上，只要敞開胸懷細細心領神會靈光乍現的境界，往往真的可以獲得來自超越不同宗教的共同美德啟發。不僅前述的印度教、佛教，我在菲律賓邦邦牙省的天主教復活節親身被榔頭敲鋼釘穿過手掌心釘上十字架、在沙烏地阿拉伯辦到特許證帶著眾牧民的念珠進入聖城麥加與麥地那朝聖、在耶路撒冷猶太教的哭牆前一起伴隨他們吟唱摩西五經並呼求彌賽亞的來臨、也在錫克教金殿旁與信眾一起跳入元旦前夕冰冷淨身祈福的大水塘。後來我多次的旅行，從埃及出紅海進入耶律哥城，抵達流奶與蜜的應許之地，走完聖經的路線後，也自西安、新疆帕米爾、中亞進入阿富汗與巴基斯坦、印度完成了玄奘西天求取真經的旅程。

凡此總總必然在我的心靈福田裡埋下了不少般若涅盤與天堂善美的種籽，經由虔敬寬容的敦厚潛修悄然鞭策著我，無所不在地擁抱溫柔敦厚的情懷，向著省悟參禪的人生更高境界永不懈怠地學習努力精進。此刻我深知印度老者以其手中紡錘給予我人生極為可貴的開示，終於提醒了我：自己人生的另一階段正在啟航！

我將無畏地駛向大海汪洋，揮別身後五光十色的海岸。

大藏般若之旅——拉薩河犛牛皮筏浮生錄

「至沙河間，逢諸惡鬼，奇狀異類，遶人前後，雖念觀音不能令去，及誦此經（般若心經），發聲皆散，在危獲濟，實所憑焉。」

——《大唐大慈恩寺三藏法師傳》

如果想帶一本書去全世界旅行，我會選擇鳩摩羅什和玄奘先後譯著的《般若波羅密多心經》。

不只因為一千四百年前，唐朝的玄奘法師艱苦西行印度取經，穿越沙漠高山，自言靠誦念《心經》消災解厄，遠離顛倒夢想究竟涅槃；更由於《心經》慈慧雙全、顯密兼修的哲理，完全可以銓釋抒放昇華任何一段，我在環球旅程途中的波折與疑惑。

我就是這樣展開西藏的雪域高原之旅。

圓融善美

「般若波羅密多心經」

「般若」是一種高妙的人生智慧，其乃參悟生命覺醒而能「密多」去到，寂滅煩惱了脫死生，且法喜圓融善美的「波羅」彼岸。這就是一本需要用全「心」來修習的真「經」典。

一九九〇年秋，我從尼泊爾首都加德滿都直飛西藏拉薩。空中鳥瞰高山縱谷裡壯麗的雅魯藏布江，那湛藍色的河水美得教人心動，這是我有生以來目睹到最美的「藍」。緊接著包括珠穆朗瑪峰在內的五座八千米雪峰一字排開矗立眼前，又讓我見識到最美的「白」。

這一刻我是如此慶幸，出發前所有尼泊爾友人一再阻止我入藏，並沒有動搖我臨時啟程的決心。這一段從加德滿都的娑婆「此岸」邁向拉薩的波羅「彼岸」，中間橫亙阻隔著歐亞與印澳兩大版塊撞擊出，全球最高的喜馬拉雅山脈。想要「密多」前往抵達，從古至今確實非常艱困；其中最大的障礙其實就是《心經》的「心」這個字，而且必須具備有所謂「般若」——高妙智慧的心。

畢竟海拔一下子從尼泊爾河谷的一兩千米陡升到八千米，在青藏高原的平均海拔也達四、五千米，很多行者自然擔心空氣稀薄的缺氧高原反應而卻步。然而我發現關鍵還是在「心」態上，只要我們堅定自己的目標，自然可以把注意力不致分散到膽怯擔憂的心思上。如同玄奘西天取經，立志目的地天竺印度一天不到，他一天絕不東移返回華夏一步。如此的精神使他感動了烽口守軍和高昌國王麴文泰，幾經波折終至給予了他更多的協助。我也在潛心學習這樣堅定自信的起心動念，才能在數十年來一面旅行又一面修行，克服聯繫安排機票交通行程上的種種波折，安享到此刻飛機上目睹絕美藍白景致的圓融善美。

放下執念

「觀自在菩薩，行深般若波羅蜜多時，照見五蘊皆空，度一切苦厄。舍利子！色不異空，空不異色；色即是空，空即是色，受想行識亦復如是。」

當飛機降落在拉薩的貢嘎機場，所有的難題才開始蜂擁而至。

對於一個自助旅行的孤獨遊客而言，必須面對行程上的變數實在太多了，無法像安之若素的「觀自在菩薩」，能以「行深般若」的大智慧去「密多」企及人生關照、明心見性體悟的「波羅」彼岸，不受所有「五蘊」——色受想行識的牽絆。於是，「行者」藉著旅行來修行，祛除「苦厄」的哲理學習，在此次第展開。

表面所看到的「色」相是不存在的，而由其所衍生的感受、想法、行為、意念一樣，「即是」等同於「空」的虛無，因而要學習放下五蘊「即是」虛空的假像執著。進一步同時提醒我們：欲修持真如萬有之「空」的境界，又絕對「不異」不能遠離我們五蘊「色受想行識」等，必須身處其整合積聚而成的真實生活旅途中，去具體歷練接受其挑戰試煉的紛雜磨考。

至於，旅行到西藏的當下，首先迎向我的難題竟然是距離拉薩市區，尚有一個多小時山路車程的貢嘎小機場，眼前卻沒有一輛計程車能讓我搭乘。原因是那天只有國際航班，外國旅客規定必須隨團隊行動，順應崎嶇地形狹窄路況的安排，兩台中型遊覽巴士早就在外久候，一車載人、一車載行李，唯獨我落單。

雖然我是第一個快捷通關，火速走出當年相當破舊狹小的機場門外，但卻無處可去。我四下張望一番，除了遠處兩三隻野犛牛兀自吃著乾草以外，連個人影都沒有。通常一般人遇到這樣的突發狀況，必然揮不去心中因為資訊錯誤招致的懊惱陰霾、拋不開眼前色相表象的無助，可能立刻就抱著執念，盡想縮回去狹小的候機廳哭，任自己遭心念的五蘊困蹇囚禁，沉浸在本即虛無的苦厄之中無法自拔。

想到《心經》的這一段文字，我必須學習行深般若所照見的逆向思考，立刻跳脫以往習慣退縮埋怨的假面「舒適圈」。儘管我努力也無解的難題，依然無法虛空不存在，度化一切苦厄；不過至少燃起一絲勇氣走出去，哪怕勉為其難我也要硬著頭皮邁開大步，率先放下心裡太過關注自我行程的執念，張開眼睛看看別人在做什麼？關心四周別人是否有需要我的幫忙之處？

果然，眼見兩名司機辛苦地扛著老外團隊的大行李，因為只有一個旅遊團，所有轉盤上掛著紅布條的行李，大大小小都得搬上一台中巴。反正我無處可去，閒著也是閒著，就一起加入「捆工」的行列。搬著搬著大家就聊了起來，聊到最後他們共同的疑問是：「你來西藏玩，怎麼還不快去玩，還在這兒幫我們搬東西呢？」我說明處境，他們竟然說：「如果你不嫌棄的話，就先搭乘我們載行李的車子走吧？」

我真是欣喜若狂，連忙搗蒜般點頭，怎麼可能會嫌棄呢！

修持般若

「舍利子！是諸法空相，不生不滅，不垢不淨，不增不減。是故，空中無色，無受想行識；無眼耳鼻舌身意；無色聲香味觸法；無眼界，乃至無意識界」

原來人世間一切「有為法」所形成建構的現象本質，並沒有生滅、垢淨、增減的差異，所以藉著上述「空」的放下執念，繼續從旅行過程中參透修持「般若」，進一步超越「五蘊」色受想行識、「六根」和「六識界」眼耳鼻舌身意、「六塵」色聲香味觸法。

這段訓練修持的考驗，立刻出現於眼前江水滔滔湍急的拉薩河畔。

好心的司機帶我跑了幾家便宜的小旅館，都因我的「外賓」身分被拒絕，他只有照我的意思隨處把我放下。不料才下車目送他揚長而去趕赴賓館與旅遊團會合，我就後悔了。因為我的眼耳鼻舌身意直接「六觸」的外面世界，只有一個寫著「青藏公路紀念碑」的大石樁，四周又是一片空無，見不著個人。

我的心裡處於色聲香味觸法「六境」完全虛幻無助的處境，很努力向遠方瞧，唯一會動的似乎僅僅一個不知道什麼怪玩意兒，在下方的拉薩河面漂來蕩去。基於好奇，也因為無處可去，我拖著沉重的步履拉著行囊又是萬分無奈，勉強緩緩走近。這一看可令我開心啦！原來這是一艘由四大張氂牛皮縫製而成，真正方形的「高原之舟」氂牛皮筏子。

霎時我再度放下自己執著的雜念，專心修持於這值得注視研究外加拍攝紀錄的藏地民俗文化，早就忘記今晚可能露宿街頭的窘境。小船伕與上下船的民眾都不會說漢語，我們比手畫腳大概知道一趟船程約十五分鐘，一個人和一台單車各一元人民幣，正可通往拉薩河對岸的堆龍德慶縣。我開心極了，反正也上不了船，一股腦地左拍右照。等記錄完成，我索性就在岸邊順便幫忙大家，抱個小孩、遞壺酒缸、傳張鈔票、提輛單車什麼的舉手之勞。

我不知道所有語言不通的陌生人全都默默看在眼裡，不覺間連瞅我的神情都慢慢在好轉。十六歲的船伕招我過去，示意這趟還有空位我可以一起上船。可是匆匆下機的我，不但還沒找到住所，連外幣也沒處兌換。於是我掏出一張一元美鈔給他，大家沒人看過嘖嘖稱奇；但是對於我而言，乃「色」相實用的美金，對於他們來說，卻是不識「空」虛無用的廢物，果然退還給我──「不要」。我正失望之餘，發現全船的人都在用笑臉喊我上船：「不要錢啦！」。

站在牛皮筏子上，洶湧的江水不時竄動著我的腳底，心頭卻是溫馨無比。我和七位「十年修得同船渡」的乘客素昧平生，人與人原本即無生滅、垢淨、增減的差異，此刻更是歡聲笑語的像「八仙過海」般同舟一命。語言無用，心靈已然如此親切貼近。

太陽西斜，他們上指下點地問我：「住哪裡？」這才提醒我，我傻楞楞聳肩搖搖頭。立刻引來全船一陣騷動，竟然紛紛延請，甚至些許央求的神情爭取我到他們家住。我心裡偷笑到快要樂昏了！方才乏人問津的不速之客，忽然變成他們競相邀約的座上賓，可能正是因為我修持好這種「利他精神」——幫助別人的實際行動，感染了陌生的人群嗎？這份福報真的太快又太豐碩了。

辯證覺悟

「無無明，亦無無明盡，乃至無老死，亦無老死盡；無苦集滅道；無智亦無得。」

緊接著這堂課就是辯證覺悟生命課題的人情世故，以及「十二因緣」貪嗔癡無明、行、識、名色、六入、觸、受、愛、取、有、生、老死，還有苦集滅道的「四聖諦」。以上皆應當既「不要」受其牽絆，又「要」不盡離其給予我們修持磨練的歷程，方得在滙「集」了人生八「苦」因果後，達到「滅」絕苦果之「道」。如此一來所有能觀修之「智」與所證「得」之理，遂同禪宗一體兩面的辯證理解——既藉其菩提與明鏡來歷練「格物、致知、誠意、正心、修身、齊家、治國、平天下」，亦當「知行合一」以傳習心法完全拋散為不惹塵埃的「本來無一物」，跳脫其囿限於「身當菩提、心做明鏡」的框架藩籬。

這門「小課堂」就直接開在了夕陽彩霞滿天映照的拉薩河面上。

最後我選擇住到小船伕的家，沒想到我竟失算……。

當他在對岸架好羊皮筏子通風晾乾後，我們開始踏著江面回家，我指指手錶問他：「要走多久？」他手指比「二」。我想兩分鐘不可能，直到走了二十分鐘也終於知道不可能——那就意味要走兩小時抑或兩天？剎那間我的臉拉長到了腳底，儘管他幫我提著沉重的行李，有時水深之處還主動來揹我，我卻笑不出來。我的「無明」貪嗔癡呀！隨著「貪」玩又「貪」小便宜的心態，現正「嗔」怒在氣自己，為何「癡」傻挑選了一條最耗時費力的無聊行程？於是有好長一段路，我都沉浸在如此蒙蔽慧眼的煩躁過程中，枉費斑爛霞光正把濃墨重彩潑灑在身旁的拉薩河面，那無與倫比的美呀！

我頓時想起《心經》這句相對辯證，無分好壞高下軒輊的文字，驚覺我應該珍惜任何一段，從表面上看起來「有意義」還是「無所謂」的人生旅程。於是參悟的當下我立刻開懷大笑，從他背上跳下來，決定應該親身體會踏上這段給我磨練的路；不料一個重心沒踩穩，跌到水裡濕了大半身。正害他緊張來搶救之際，我歡喜大叫：「寶石」！原來雅魯藏布江的大支流，也是拉薩的母親河床裡全部都是艷麗七彩的佛家七寶之一，「瑪瑙」。

這時開始我還嫌路程太近、時間太短，水深不夠呢！一路挑揀瑪瑙，樂不可支。唯見船伕疑惑不解，對於西藏多到如「空」無的不希罕，沒人要的爛石頭；我這旅行背包客卻如此為其「色」相的萬有價值，愛不釋手想要去不斷擁有獲得。

令眾生莞爾一笑。

歸零妙空

「以無所得故，菩提薩埵。依般若波羅蜜多故，心無罣礙；無罣礙故，無有恐怖，遠離顛倒夢想，究竟涅槃。三世諸佛，依般若波羅蜜多故，得阿耨多羅三藐三菩提。」

快天黑前，我們順利走到船伕住的小村子，的確是走了超過兩個小時，一旦放下所有的愚「智」「得」失，將前面的三堂課「正、反、合」，直接把煩憂的「萬有」和「妙空」皆同步歸零。此刻只消盡情屏除罣礙，舒展我們與生俱來最清澈單純的心靈，感知所有人際互動的應對進退，就會發現不論遼闊山高水長抑或咫尺涓滴細流，都是俯拾皆得的桃花源。自然破除顛倒夢想，達到寂滅煩惱的涅槃境界；如此過去、未來和即將成佛的天地眾羅漢菩薩，都能由此得到最為至高無上的「正等正覺」。

果然我出現在他們的小村裡，帶給村民極大的歡樂。

首先，飢腸轆轆的我看到每家每戶的牆上都曬著整排好似披薩的大圓餅，惹得我口水直冒，很想趁村民不注意的時候偷咬一口餵飽五臟廟。不料此舉逗得全村老少大笑在地上打滾。原來那是他們正在曬乾當燃料生火用的犛牛糞便大餅！後來，船伕的妹妹拿出一個碗，裡面不斷用她黑黑髒髒的手指搓揉著碗裡有如土色的陶泥給我吃，我反倒突然發現自己其實一點也不餓了。終於，總算搞清楚那是藏民的主食青稞糌粑，我也學著配上熱酥油奶茶的佳餚大快朵頤，大家自是和樂融融，言語不通照樣能歡暢開懷笑成了一團。

我看著船伕沒上學讀過書的媽媽，除了村子以外哪裡也沒有去過，今天第一次見著我這個外地人，居然可以帶給全村這麼大的快樂，每個人的眼角還笑出了淚水。這一切讓我何其慶幸一旦自己歸零了自我，丟棄外面那些所謂先進社會文明綑綁的規範罣礙，就當個剛學走路還不會講話的孩童，跟藏民重新愉悅學習這種雞犬相聞、怡然自得的簡單人生。

分享慈慧

「故知：般若波羅蜜多是大神咒，是大明咒，是無上咒，是無等等咒，能除一切苦，真實不虛。故說般若波羅蜜多咒，即說咒曰：揭諦揭諦，波羅揭諦，波羅僧揭諦，菩提薩婆訶。」

《心經》之所以顯密兼修，就在其皆為經律論的名言敘事哲理，但是最後卻以「能除一切苦真實不虛」的「陀羅尼」咒語畫上句點。以往我只當這是譯經「五不翻」之一的咒語不譯。直到我赴藏地重新審視，竟發現玄奘和鳩摩羅什偷偷翻譯了一個音近義同的字——「僧」，指「眾人」之意。亦即「揭諦」去吧，去到高妙慈慧兼修的「波羅」彼岸；帶著「僧」眾人一起「分享」慈愛與智慧，到達「菩提娑婆訶」法喜圓滿的彼岸吧！

整晚我們在酥油燈下仍然歡聲笑語，他們示範各種農具的用法給我看。我逐漸學會分辨：哪個是整地犁田的、哪個是收割青稞的、哪個是打油菜籽的，哪個又是為牲口挑鬆扠起過冬乾草的耙子……。

夜裡，船伕把墊子搬到地下去睡，讓我睡在屋裡唯一的那張小床上。我當時心想他的母妹女眷應該是到其他房間睡吧，畢竟留宿陌生男人在家裡還是要迴避一下。十月下旬深秋時分，西藏高原半夜已經冷得下霰結霜，濕濕的棉被根本無法保暖。偏偏深夜尿急，也不知他家廁所何在？於是只有合衣直接衝出房外找，竟然看到他的媽媽和妹妹睡在外面露天的泥土地上。月光灑在她倆高原紅漬的臉上，各紮著兩條辮子的髮絲，還有她們的眉睫與唇邊的汗毛，處處閃爍著玉潔冰心晶亮的霜雪，這一幕教我看著不覺淚崩。

原來他家是貧戶，只有一間房，不但把家裡僅有的雞蛋和土豆馬鈴薯都給我吃，還把唯一的床也給我睡。這份充滿智慧無私的慈愛佈施，為我的旅行上了「分享」——這最後卻最重要的一堂課。

永生難忘。

一葉菩提——印度菩提迦耶奇遇記

為了一棵樹

印度菩提迦耶炎熱的午後，陣陣薰風從寺院吹來令人昏昏欲睡，然而從世界各地來的佛教徒，卻以甚有紀律的僧團形式紛紛不遠千里前來，匯聚在這一片菩提樹下的空地上。

每個人都心知肚明，大家都是為了「一棵樹」才會來到這裡——那是兩千六百年前臘八日佛祖釋迦牟尼樹下打金剛座，禪觀開悟證道無上正等正覺成佛的一棵古老菩提。仰頭望去只見綠意盎然枝繁葉茂，樹下來自全球的僧團有北傳、南傳、東密、藏密……，幾乎涵蓋了大乘與小乘到各種宗派的信徒。耳畔縈繞的是南腔北調卻異常安詳和諧的誦經聲，不覺吸引我赤足走進他們團體壁壘分明所空出還算寬敞的通道間。大家看似閉目專注誦經，其實全都朝向菩提少的方向，並且仰頭微睜緊盯著樹上的葉片，似乎即使一瞬間也不願把視線挪移。

為了一片葉

忽然間我聽到四面八方傳來驚嘆的呼叫聲，我順著眾人的眼神，將自己的目光焦點移到樹梢，果然發現正有一片菩提樹葉剛剛辭枝，隨著微風飄呀飄，攫獲所有信徒亦步亦趨盯矚的眼神。

原本法喜充滿，因緣殊勝的佛國聖地，居然一片葉子就立刻中斷了所有怡然自得功德無量誦念的經文；取而代之的竟然似乎是一種極為屏氣凝神又蓄勢待發的爆裂膛炸。就當葉片逐步輕緩飄到了我的頭頂，繼而緩緩略過我的面前，並且開始從我代表「身、口、意」的「眼耳鼻舌身意」，順拂過我的頭、臉、胸，即將落到我的腳上之時，我驚愕感受到自己變成了「眾矢之的」。為了等候一片菩提聖樹的落葉，突然間平和溫順的佛教徒修行者，由鋒利眼神射出的起心動念，霎時變成一支支凶惡殺戮的弓箭標槍，紛紛聚焦鎖定著我，就此即將撲天蓋地觸擊撲撞而來。

為了一顆心

這一時一刻其實我的心裡極為難過，我為他們真誠修持的心擔憂；也為自己當下的處境擔憂。

於是，在這千分之一秒鐘，我反射動作往後面火速大大撤退了一步；立刻目睹三個衝過來大搶聖葉的僧侶和民眾，彼此扭打撕扯成了新湊合的另一組「全武行誦經團」。圍觀的群眾叫罵呼喊聲浪連連，我急忙退到最外圍準備離去。

忽然間一名苦行僧，也就是佛陀剛開始修持之時，原本採用古印度教主流苦修法門的那群人，他赤身裸體席地而坐，一把抓住我的右腳親吻，嚇了我一大跳！他說：

「那片葉子本來就是佛祖要給你的。眾人都在笑你笨，居然不懂領受，還讓給別人。但我是為了你的一顆善心，怕搶奪的人撞傷而退讓；第一時間您竟然不是用腳去踩踏佔有落葉，而是禮讓出空間拱手送人。所以，我親吻高貴的靈魂……。」

他手持代表濕婆神的三叉戟，額頭上也用黃色與紅色的油彩畫上三位一體的印記，用著非常流利精準的英語說：他跟四五百萬的苦行僧今年參加完十二年一次恆河上游的超級「大壺節」（Maha "Kumbah Mela"）——這正是源自於《往世書》記載的「乳海攪拌」神話，眾神與阿修羅也是為了「搶奪」一個裝有玉液瓊漿長生不老藥的大壺，因而打碎落入凡間四個聖城而來吉祥沐浴。至於他，何嘗不也是想斬獲「搶奪」更多的香油錢，才會以印度教徒之身跑來此熱門的佛教聖地景點化緣。沒想到遇見這裡清淨佛國聖地的修行人，心心念念更如囚奴同樣在守著欲求「搶奪」聖葉……。二〇二五年的現在外面的世界也處處在「搶奪」——俄國普丁總統正在入侵「搶奪」烏克蘭所謂原本屬於俄羅斯的領土、美國川普成功「搶奪」回來原本屬於他連任的總統大位政權、以色列公然轟炸「搶奪」巴勒斯坦原本不屬於猶太人的領土……。幾千年來，從每個神到每個人，大家都在宇宙天地間爭求「搶奪」，誰也不讓誰、誰也不必笑誰，反倒是他說：「看到你卻有著一顆不一般的心。」

為了一盒禮

我步出大殿，正準備快跑趕往團隊集合的遊覽大巴，竟然聽到有人叫我的英文名字，一轉頭是個穿著露肩袈裟的小乘和尚，過了一會兒才認出他是我在緬甸蒲干佛塔群結識的出家人。沒想到他已經遷來菩提迦耶修行並擔任志工服務八年之久，一開口就盛情邀我到他的「寮房」坐坐。

我看到集合時間還剩十分鐘怕會遲到，但又禁不起好奇心的驅使，於是跟他跑進整齊乾淨的寢室，想說看一眼就走。未料他從床底下拿出一個紙盒給我看，打開裡面滿滿全是那一株菩提聖木的落葉，原來每天落日清晨就是他負責打掃那個地方，於是把他收集了八年的樹葉都裝在這裡面。

我匆匆揮別，他拉住我說：「請把一盒禮物帶走！」

這才發現他塞進我胸口的就是那一盒外面搶翻天的菩提葉，我連忙稱謝繼續趕回車上，足足倒過來遲到十分鐘。全車原本慈眉善目的虔誠佛教信徒們瞬間也有如爆裂膛炸般「變臉」，各個怒目圓睜、劍拔弩張、興師問罪，我只有據實以告。接下來實在太過戲劇化，因為瞬間「變臉」戲碼又再度正反合一樣上演——當眾人堆滿笑臉歡顏迎來均分獲得到了一片菩提葉，早已不計較曾有過任何人的遲到。

最後我留了八片，其餘全部送給同車有緣人，還把盒子與裡面剩下的三十幾片菩提葉，全部送給一位大德住持做為他即將新建寺廟奠定基石之用，功德無量。

就是為了一盒禮，皆大歡喜。

親身釘上十字架——巡禮哥林多前書愛的真諦

目睹受難記

每年歐美各地的基督教、天主教徒和東方正教信徒，都會盛大舉辦紀念耶穌基督在兩千多年前歷經大約在四月裡，一個黑色週五受難日（Good Friday），到週日復活節（Easter Sunday）的儀式與活動。

其中重現耶穌基督艱苦扛著十字架走過十四站苦路，一直到最後釘到十字架上為世人贖罪的過程，都是朝聖遊行的重點。只不過全世界幾乎都是以戲劇表演的方式來呈現，唯獨在這個亞洲最大的天主教國家流傳數百年的菲律賓一處，每年由古毒（Cutud）小村的居民志願者，實實在在將真人釘上巨大的木十字架上，矗立起大約二十到三十分鐘後，再把十字架倒下，拔出不銹鋼粗大的鐵釘。

二〇〇四年四月九日，我等待了十年之久，終於排除萬難抵達了這個菲律賓邦板牙省（Pampanga）聖佛雷南多市（San Fernando）聖彼德鎮（San Pedro）的古毒小村，拍攝一年一度真人釘上十字架的傳統儀式。該村舉辦這種儀式已數百年，此前從來就沒有外地人當過真人被釘的主角。為了體驗耶穌釘十字架的痛苦，我竟然意外成為了千百年來第一個自願被釘上十字架歷練的外地人、外邦人、外國人。

其實來此之前我完全沒有預期想要被釘的任何計畫念頭，反倒是被村民胡亂索取小費的舉措搞得非常不滿。因為從一瓶高價的礦泉水，到特准進入圍欄內拍攝的天價門票，在在令人咋舌。更沒想到的是，世界各大電視媒體都是受派，像我以前在臺灣第一份工作的新聞記者和攝影前來採訪，把村民模擬聖經記載而設置立起三座十字架的小坡，擠得水洩不通。每當志願者的一隻手被榔頭敲下鐵釘時，最多僅僅擠得下三台當年碩大笨重的專業ENG攝影機，其他人就只能拍到別人的後腦勺或是背影，完全被擋到。於是眾家媒體頗有些上了賊船，騎虎難下的進退兩難，紛紛再加碼了一筆筆天價小費。我也必須跟進，不然電視影像視頻紀錄若是沒拍到的話，可不就等於白來了嗎？於是，趕緊不得遲疑痛心付出疊加高額的美金小費之後，終於直到第三個村民的左手被釘之時，我才輪流拍到所謂關鍵的經典畫面。此時已經不只是怵目驚心，全身更早就汗流浹背，精疲力竭。

儘管對於以前的我，當過一名受派的專業新聞記者來採訪報導一則事件而言，已經算是高標達成任務，足以交差了事；但是，現在的我不再是受派的員工記者，而是獨自一個人自費自助旅行，來採訪記錄我自己認為值得探索瞭解與體驗的人生地球村，至少應該完成對自我身心靈歷練上的交代。問題是當下舉目所見，我的確完完全全實在無法說服自己！在這樣原本極為崇高莊重的心靈宗教傳統儀式活動中，卻感覺好似在經歷的是一場戶外行為藝術表演的鬧劇，抑或是情節陳腐重複虛以委蛇的連環荒謬劇？對了，我慢慢意識到底是哪裡不對勁了——那就是即使跳脫開歷史宗教文化的虔敬信仰，明明在紀念耶穌基督「大愛」的地方，我為何到現在卻感受不到一點點的「愛」？

即便耶穌基督只像是司馬遷在《史記》列傳第一，所推崇的伯夷、叔齊那樣一位普通的歷史小人物，其精神情操志節卻是同樣誠屬難能可貴。尤有甚者，當耶穌受到背叛誣陷又遭致莫須有罪名的毆打屈辱之下，仍能以自己期望「道成肉身」的信念擔當，承受了釘上了十字架等所有必經的苦路歷程，應許將自己的寶血為世人完成贖罪的彌賽亞降臨「大愛」。思之至此，我忽然想到聖經《歌林多前書》的文句：

「如果你會說萬國的方言、會說天使的話語，卻沒有愛的話，你只是個會響的鑼、會鳴的鈸。」

我怎麼忽然從宇宙高空的遼闊視角，第一次看到了現場渺小的自己！我竟然用示現的這段經文來審視詰問我自己——你不是環遊世界旅行了全世界最多的國家嗎？或許也是一種「會說萬國方言」的象徵。另外，你探訪了最多神秘的古文明和最多不可思議的全球未解之謎到外星人，似乎每個人想瞭解所謂「天使的話語」，也總是第一個就想要來問你……。然而，像我這樣的一個男人，去做任何的事、進行任何的旅行，特別是探索採訪記錄所有世界點滴的經歷，內心深處到底有沒有一份源源不絕的「愛」，在持續地付出和分享？否則，假若只是沒有溫度，無愛的冷淡應付交差了事，像被動響鳴的鑼鈸般虛應一故事，那可就真的枉費老天賜給我這樣豐富多彩又驚異萬分的人生功課了呀！

於是幾經心裡的百轉糾結，在六名村裡的志願者釘完十字架後，算是第一大階段結束之際，我怯生生地開口向一旁釘人的長老還是祭司的老人詢問：「我可以做為下一個被釘的人嗎？」竟然立刻被他嗤之以鼻、破口大罵到：

「你以為我們在玩嗎？此乃極其莊重嚴肅的古老傳統科儀，更是《聖經》對人類信仰、信念、信任的艱鉅考驗，不是好勇鬥狠的蒐奇冒險！你們這些自命正統清高的外邦人，既不要再來批判我們的儀式是什麼野蠻封建迷信的魔鬼，也不要如此佯裝想來體驗，其實根本就是想要來試探並加以嘲諷我們！你們根本就不懂得耶穌基督寬容尊重不同文化習俗的氣度胸襟。連羅馬地方官長都懂得尊重聖地耶路撒冷猶太文化的傳統，想為被誣陷的耶穌緩頰，還讓聖城民眾自己來決定羅馬父母官有權得以特赦的唯一人選：到底該釋放那個十惡不赦、殺人無數的大盜匪，還是這個不該在猶太安息日救人治病而被法利賽祭司定罪的耶穌？」

這段如雷貫耳的話用英語說得不卑不亢，鏗鏘有力、擲地有聲。我這才意外從過往媒體新聞報導、寰宇搜奇探秘，偏向負面與浮面的膚淺成見印象泥淖中，真正把自己拉了出來。終於，我回歸到一名專業新聞工作者，為閱聽受眾當守門人的天職，現場仔細觀察探究，發揮知識份子持平客觀的思辨能力，兼及感性與理性兩個層面細細體會。

我瞭解到原來這個小村會有這種獨步全球，將真人釘上十字架的傳統，其實跟當地古代少年的「成年禮」有著密切的關係。千年以前，所有村裡的男孩要成為男人都要學習射箭打獵和保衛族群，於是就會拿製作尖細矢鋒的箭竹，直接刺穿少年的手掌心，以示通過「成年禮」試煉的痛苦考驗。後來西班牙人航海而來把天主教傳進菲律賓成為國教，於是當地原住民改信耶穌基督以後，就把這兩種傳統結合成當今全球復活節活動裡，最震撼人心的志願者真人釘上十字架的獨特傳統。

我緊跟著那位老人，明確表示我完全同意他的說法，也表示，不僅僅當年聖城耶路撒冷的猶太民眾竟然荒謬選擇要求特赦大強盜，反而堅持把耶穌釘死十字架；其實時至今日人類的盲目和愚昧仍然不時就類似上演一番，所以村民才必須要有這樣屬靈福音的復活節儀式，每年為世人醍醐灌頂示現提醒：切勿一再重蹈覆轍。

體驗受難記

結果，出乎我意料的是：這位由他拿著榔頭鋼釘，把村民一個一個釘上十字架的老人，原本以為是德高望重的地方士紳長老，或是天主教的神父祭司主教吧？他竟然在一番義正嚴詞，發了一頓大牢騷之後，話鋒一轉直接表明：

「一千年以來，從來就沒有我們古毒村以外的人，提出過如此入境隨俗，躺上復活節大木十字架上，真正要跟我們一起『受難』的人呢！你是第一個。問題是儘管我們千百年來從來沒有一個信徒嚴重受傷或是殘廢，我不知道我們村裡的耶穌基督和聖母瑪麗亞會不會一樣能保護外邦人？萬一你傷殘了，難道我們村子還得養你一輩子嗎？……更何況，我只是一個敲榔頭、釘釘子，手不會發抖的『老木匠』罷了。你要去找村長、鎮長、縣長、市長、省長……由他們決定，應該還要再簽寫個什麼生死狀還是切結書的吧？」

我一聽頓時眼前一片發黑。

一個木匠？想也難怪吧！如果責成我來釘一個活人，絕對發抖驚嚇到不能自已，準會把人滿手釘得都是洞卻還都給釘歪了。但是，我該怎麼辦？任憑他隨口胡亂指了找個「羅馬官長」般裁示的方向，還不是等於一籌莫展嘛。同時間，就在現場旁邊的村夫民婦們聽聞，居然有一個外國來的「白癡傻蛋」要求跟村民「個位數的志願者」一樣，現在想要一起被釘上十字架，紛紛開心歡迎卻充滿調侃揶揄的口氣，你一言、他一語：「太好啦！」「全世界大家都來釘呀！」「第一個釘完臺灣人、再釘美國人」、「對啦！還要釘日本人、又釘韓國人！」

瞬間，夾處在混亂現場的我，內心百感交集開始自責：我好不容易把自己從一個原本狂要小費的庸俗雜亂會場，稍微找到一些神聖大愛的脈絡，正想到好像可以由我來改變或是成就些什麼；怎麼從跟我對話的人縮水為一名木匠開始，四周的民眾又變成了一齣大型荒謬劇的群演嗎？

聆聽我這麼誠意的理解訴說，老人終於停下腳步，回頭看著我的雙眼，問我為何想要被釘的理由。一時間其實只是一種直覺的感應，好像在這交雜著世俗與聖潔的現場，有一股靈動的力量，將我持續想交付自己給這個地方。好像是在叫喚我，必須由我去做些什麼、經歷些什麼，才能成就些什麼似的。於是我說：

「你們讀聖經學習的『信望愛』福音到哪裡去了？連第一步的信任都懷疑做不到嗎？是您自以為在開玩笑，不相信真的會有一個外人來試煉考驗你們嗎？看這麼炎烈太陽下的大熱天，我的手臂短袖內外才一個多小時，已經曬成了兩個顏色，而且很奇怪的是：現在你看看我全身卻佈滿著寒凍才起的雞皮疙瘩。我也不知道是什麼原因，只是感覺好像聽到了一個聲音，像是"Calling"的一種『召喚』，不斷地要我向你們提出這個請求。這個聲音也不斷在問我：『你完成環遊世界，經歷體驗了各種人類民俗的傳統文化，但如果今天要你釘上十字架，你願意嗎？你敢嗎？』」

這一刻的時空，好像嘎然靜止了。

遠方傳來每年壓軸扮演耶穌基督的主角，頭戴荊棘冠、赤身裸體滿身血痕、扛著沉重的木十字架，正從十四站模擬的苦路顛簸哀戚地向我們走來。兩旁由扮演聖母瑪麗亞和抹大拉馬利亞的兩名中東古裝婦女護持，眾人簇擁大聲哭嚎並高唱聖歌，浩浩蕩蕩走上酷似聖經上耶穌受難的小山丘，躺上平擺的另一個大木十字架上。

我立即丟下身邊喧鬧的群眾，轉身就拿著攝影機跑去拍攝，這每年復活節在菲律賓邦板牙省最關鍵的一段紀錄影片。整段畫面在這名已經連續釘了二十七年的中年村民，被榔頭敲擊一吋半直徑的大圓釘頭，親眼目睹那兩根花了一整年從完整不鏽鋼條，手工研磨出來的四吋方形長釘，直接分別穿過了他的兩隻手掌心！

這次看得太近太清楚啦！眾人皆在目擊心驚肉跳之餘，發出了一波波整齊的驚嘆聲。此時也不知是誰？忽然就在我貼近攝影壓軸的主角被拔出鋼釘，攙扶走下十字架的同時，傳出了一段濃重尖銳的菲律賓鄉土口音英文：

"If you like you lie down; otherwise next year."

我愣住了，用手指著我自己的鼻子，示意問大家，是在說我嗎？舉目所見，每個純樸的村民包括剛剛的兩個瑪麗亞和耶穌，都在點頭。於是，我二話不說，把攝影機交給旁邊的路人，依照他們的教導指示脫掉上衣和鞋襪，躺上十字架、腳踏著一個小支板，接著就有人來拿兩條小布帕把我的手固定綁在十字架的左右兩端。一切進行的都是如此順暢迅速，其實我們剛剛還在爭論不休，當然沒有彩排，甚至後來才明瞭我根本連自己許願磨了一年的釘子都沒有啊！那要怎麼釘？居然這一切全靠方才跟我對話過的老木匠給搞定。

我躺在十字架上，四周千百雙眼睛盯著我瞧，我的心裡驚魂未甫，忐忑不安七上八下，忽然仰望見到拿著榔頭和釘子走向我的，就是那名言詞犀利的老木匠，讓我的身心靈此刻安頓了不少。他說：今天村裡臨時有一名青年，磨了一年的釘子泡在玻璃罐的酒精裡，卻在儀式開始前，屁滾尿流害怕到歇斯底里哭鬧不止，大男人腳都軟到走不出家門，所以剛好用來釘你。他還面露慈祥地用英文說我可以許願：

"Oh! You can make a wish!"

我當下閉眼許好心願，因為他還說，這裡許的願望最容易實現。不料，這次他的玩笑是不是開得太大了？竟然慢條斯理地補充說道"But"：「但是……如果不幸你所許的願望沒有實現的話，你必須每年繼續回到這裡被釘，一直釘到你的願望實現為止。」

我的眼前又是一次完全發黑，趕緊詢問可否更改願望？他倒是直接乾脆否決毫無懸念。還好我許的願望是：那天四月八日，等到當年五月九日的臺灣金曲獎頒獎典禮上，我果真得到自己的第五座金曲獎，不然我一直要釘到現在呢！我問他：「那個釘了二十七年的村民到底是許個什麼願，一直沒有實現才釘到現在嗎？」他說：「就是嘛！樂透彩券至今一毛都沒中過。」

蒙恩受難記

周圍的空氣彷彿凝結了。

當地的民眾紛紛圍攏過來，緊接著世界各大媒體的記者也紛紛集中到我的身邊，他們一再確認躺在十字架上，馬上要被釘的這次最後一個人，是個來自美國康乃爾大學人類學博士的外國人，以前也跟他們一樣是臺灣電視台著名的新聞主播記者嗎？我發現周圍每一個人看我的眼神，跟早先看村民的桀傲不遜完全不一樣，他們皆由本來受派來採訪或搜奇的角度，流露出那種好比看馬戲團表演老虎跳火圈一樣輕蔑的神情，轉變成真正體會到一個活生生的人體，正用肉身堅持的信念、希望與愛，即將凌遲承受俗世苦難的感同身受。這一瞬間，我終於欣慰地逐漸瞭解到：為什麼是需要「我」來經歷眼前這所有的一切，原來是要為現場的人習以為常蒙蔽失明的雙眼，重新復活看清體會再演示整個歷史事件的真諦。

特別是在老人把釘子敲入我手掌中心的那一秒鐘，我感到整個十指連心的身體被狠狠地撕裂爆開，無法況喻那種前所未有到無以復加的疼痛，心包經緊縮抽搐，從手心向上的勞宮、內觀、尺澤到雲門、中府穴道，一路直搗天突、膻中、膏肓、中脘、氣海、會陰，令人幾近昏厥，心臟都快停止跳動了。

接著我的十字架在眾人協力之下矗立起來，我發現自己被懸掛在半空中，放眼望去這樣的高度把遠近上萬的人群讓我看得一清二楚。正午炙烈的艷陽被雲層掩蔽，我仍然看得到每一張仰望我的人，他們臉上的表情不只外國記者體會到耶穌大愛當年肉身寶血為世人贖罪的情操；當地的村民更是首次得到外國人親身跟他們同體受難而感動到哭泣流淚。現場聖歌四起，特別是我在下十字架的時候，得到了全體村民如雷的掌聲。

不過，最難熬的還是我被掛在十字架上的那幾十分鐘。當群眾把我的十字架抬起來高舉固定時，只要一點點的小震動，甚或是吹過來的風，都能將穿透釘子的掌心傾瀉像核彈爆炸震央般的痛苦無限擴散延伸，盡是一波又一波海嘯狂濤摧枯拉朽劇痛的折磨。

我想到兩千多年前當耶穌基督被釘上十字架的時候，祂是如何從一路被折磨羞辱鞭打到釘上了十字架，第一句便開口對上帝無奈地感嘆：「主啊！祢為什麼離棄我？」一直到最後被羅馬士兵用長毛刺向心臟肋骨而斷氣前，祂喜悅地說到：「成了！成了！」

我的思緒飛回到了耶穌「最後晚餐」前，在喀西馬尼園裡橄欖樹下的禱告——門徒彼得等他們從來也沒有看過自己的老師，如此緊張恐懼到全身冷汗濕透衣襟，還發著抖對上帝禱告訴願：「主啊！請祢把這個『苦杯』遠離我吧！但是請順祢的意，不要順我的意。」

掛在十字架上的這一時一刻原來如此充滿屬靈的恩典，我發現直到現在我才頓悟瞭解聖經的這一段敘述。正是為了要成就上帝為人類贖罪的事功，苦難亡國的猶太人幾千年來一直在耶路撒冷的西牆邊哭喊祈求「彌賽亞」來臨，而新約聖經就是由上帝派了祂的兒子耶穌來世界當「彌賽亞」來臨的救世主，但是必須經歷整個耶穌已經被告知如「苦杯」般的屈辱折磨，繼而釘死在十字架上的痛苦。在此處是沒有施作任何一點神蹟，全靠人的肉體軀殼去實實在在親身受難。任何一個人體肉身面對這樣的擔當，難免都會害怕退縮和恐懼；不過，那一句「請順祢的意，不要順我的意」就完全體現耶穌大愛的氣節情操，感人肺腑——為了更崇高的使命若必須飲下苦杯、煎熬受難也義無反顧迎向前去。

我又想到，當耶穌與其他兩名罪有應得的盜匪同時釘在三個十字架上的時候，有一名匪徒問了祂一句極其弔詭的話語：「祢之前不是很會行『神蹟』嗎？一下子讓跛足能走、盲人得見，一下子又把清水變美酒的，假若祢現在能把我們十字架上的三個人都變不見，我就『信』祢！」釘在十字架上的我，彷彿自己被問到，這是個邏輯學兩難式的議題，怎麼答都錯呀！耶穌沒有理會，只是面對底下一再來嘲諷羞辱甚至鞭打刺傷他的士兵，向上帝禱告，這段經典的文字竟也同時妥善回答了那名盜匪的詰問：

「主啊！請祢原諒赦免這些人吧，因為他們不知道自己在做什麼。」

此時聽聞這一切的另一名歹徒，悲憤地喊到：「我們是罪有應得，但是耶穌什麼都沒有錯，卻跟我們一樣遭受刑罰釘在十字架上。祂不但不怪罪怨恨這些害祂的人，反而還在為他們祈福禱告，實在讓我的精神頗受感召，痛改前非。耶穌啊！祢崇高的美德一定會上天堂享福的，我自慚形穢沒有資格追隨，只求祢到天堂上帝那裡，還能記得我的名，曾經有過我這樣一個渺小且罪孽深重的人。」

耶穌聽了說出了在十字架上最振奮人心，充滿「信望愛」最高境界的一段福音：「當你存有這樣的一個信念，今天晚上你就將在天堂裡，跟我一起共進晚餐了。」

不久，我忽然聽到救護車來了。

本以為是否我是第一個被村民釘上十字架的老外，所以當地政府擔心我會無法承受這樣的痛苦，而派來兩輛救護車緊急援助？結果真的是我想太多啦！——事實上是有兩個人看我被釘的時候太過驚嚇激動，一位昏倒、一位休克，最後救護車是來把他們給載走了。

這段小插曲，整個經過我在十字架上看得非常清楚，也發現這是儀式現場給我上了人生最可貴的一課。擺明是我被釘，怎麼他們光是在旁觀看就能看到比我還疼痛心梗？原來，人生最大的傷害打擊並不是來自於外在那些施暴欺侮於我們精神或肉體的人，而是我們自己內心的恐懼退縮才是傷害打擊我們最大的「敵人」。

我這時心頭油然而生一種非常恬適滿足的快樂，我慶幸我戰勝了自己心中讓我退縮恐懼的敵人，機緣巧合地接受了人生環遊世界以來最嚴苛痛苦的一次考驗；更高興看到所有人的眸子中流露著溫柔敦厚的寬容與愛。當我的十字架緩緩放平，看到老木匠又來用榔頭的背面幫我撬開兩支鋼釘，所有的人都圍過來扶我下十字架，外國記者幫我拿衣服和背包，一直佩服我的勇氣也問我疼痛的感覺，還安排我到附近的大醫院打破傷風針和照X光檢查。

一不留神，全體村民把我高高地舉起，大家歡聲雷動，紛紛問我來菲律賓現在是住哪裡又在哪裡吃？我說都在旅館和餐廳啊！他們立刻爭先恐後地拉我去他們家，口中還一直嚷著：「不要住旅館了，來住我家！」「不要吃餐廳了，我媽媽煮菜比較好吃！」

就這樣，全村的「瑪麗亞」都變成了我的家人，整個紀念追思復活節的現場，此際處處充滿著愛。終於在我的耳邊恍惚聽到了一句「成了成了」……，隨即四面八方揚起了《聖經》歌林多前書裡的詩句歌聲「愛的真諦」——

「愛是恆久忍耐又有恩慈，愛是不忌妒；愛是不自誇不張狂，不做害羞的事。

不求自己的益處，不輕易發怒；不計算人家的惡，不喜歡不義只喜歡真理。凡事包容，凡事相信，凡是盼望；凡事忍耐凡事要忍耐，愛是永不止息。」

這場臨時起意的冒險經歷其代價是一個月不能盈握雙掌，但傷口癒合神速，隔天即止血收縮不必包紮，但是真正刺骨痛筋的內傷直到半年後才痊癒，否則只要按壓到傷口依然會像是又被釘了一次，疼痛大叫地跳起來。

且讓我把這一段體會感應並得領受恩典的「信望愛」，刻骨銘心，永誌不忘。

生活有情不變的初心

四個城鄉流轉的夢，
因真情而恆久縈繞我們的初心

橫斷蘇聯——東行從莫斯科、新西伯利亞、伊爾庫茨克到伯力

橫貫前蘇聯

前蘇聯，當一九八八年之時擁有二千二百四十萬平方公里的國土、三億的人口、十五個加盟共和國，東西歐亞兩邊六個附庸國。

這個美麗如向日葵、兇狠如北極熊的國家與臺灣遙隔萬里，四十年來各自在不同的世界舞台上嶄露頭角。雖然相對彼此疏離而陌生，但是這四十年前後所曾糾纏的歷史、政治與時代情結，卻不能不令我輩知識份子緬懷深思。筆者曾在當年以事假自力隨團深入剛開放的蘇聯，從西方歐俄首府莫斯科，經新西伯利亞、伊爾庫茨克、布拉茨克、貝加爾湖到東方黑龍江、烏蘇里江畔的伯力（哈巴羅夫斯克），一路搭乘飛機、車船，外加西伯利亞大鐵路東方特快火車，橫貫了前蘇聯跨居歐亞兩大洲區的廣袤領土。

橫斷蘇聯，以世界的眼光、人文的情懷，由西到東，既横越亦探索這片當時首

度對外開放，如同初次開箱般，直擊這一個封閉又令人好奇的「俄羅斯世界」。

俄羅斯世界

"WELCOME TO OUR WORLD!"
「歡迎到我們的世界來！」

走在莫斯科機場入境的人群中，跳開了眼前各種奇怪的字母和耳旁陌生的言語，我定睛聚焦在這段唯一熟悉的文字上，描述地真實貼切。

當時前蘇聯對我們來自臺灣的人來說，的確就像是進入了另一個時光隧道截然不同的世界，從語言文字到思想制度，莫斯科自有其一套專政統治的理念。相離十萬八千里，邱吉爾所說的「鐵幕」隔絕了四十年，踏上這片陌生的土地，看到的不只是不同於東方的社會風貌，俄國和西方歐美陣營也有著極為明顯的差異。至少此刻我才深深感受到自己對「蘇聯」的瞭解竟如此貧乏有限，而且顯而易見的是她不像世上其他的國家，可以用我們一般熟悉的思考模式去理解，甚至用各處附註的英文去觀察溝通，進一步認識那個「世界」。

「蘇俄的本土，原僅限於歐洲的東北一隅，經帝俄與蘇俄兩個階段的外侵和擴張，成為今日世界面積最大的國家。」

腦海裡我想起高中地理課本上寫到「蘇聯」的開宗明義。除了這段空洞的陳述以外，或許就跟其他臺灣的莘莘學子一樣，我只記得當年為了應付聯考，背得滾瓜爛熟又食古不化的什麼：「蘇俄烏拉山鋼城是馬克尼土哥斯克，其次是斯弗羅夫斯克與車里雅賓斯克」、「貝加爾湖是世界蘊藏淡水量最高的淡水湖泊，周圍大城包括伊爾庫茨克、布拉茨克」……。這些拗口無意義的「斯克」又「茨克」的名詞，摻和著因鯨吞蠶食中國領土的情緒化民族讎怨，幾乎充斥我們對「蘇聯」僅有的瞭解——如果那算是一種瞭解的話。

經由曼谷飛往莫斯科的八個小時航程，半夜抵達首都機場，腦海裡還記著伊留申號裡簡陋的機艙與忙出忙進頗無效率的俄國空姐，但是自己旅途的疲累面對莫斯科國際機場大廳旁，上百名席地而睡擁擠候機的俄國民眾實在不算什麼——他們似乎不只在等待民主開放，也在這片紅色大地許多鮮為人知的角落，進行著日常行住坐臥裡任何一項早已習以為常的等待。

巴士開動劃破晨曦，俄羅斯大平原上的秋日曉月稀微映上白幕般的薄霧，真令人有著一股想急於揭開她神秘面紗的衝動。寒瑟瑟的清晨，已經可以看到某些街角排著長長的隊伍，或是買車票或是買早點，四處又佇立著俄國民眾安於各種更為生活化的等待。每天清晨的開始，對於我乃是好奇與觀察的開始，對於他們卻是無盡循環等待的開始。

紅星無顏色

莫斯科寬敞的街道旁舉目可見頂著巨幅紅星的大樓、教堂或機關房舍屋宇，它象徵著至高無上的共產主義，也象徵著無所不在的無產階級專政。但是都會體系和集中農場的物資缺乏，造成即使在這全俄國生活物質最充裕的首都地區，都得讓民眾排上一個多小時的隊伍才能買到黑麥麵包與肥皂。戈巴契夫四年當政大力的經濟改革，看來一時半晌還是無法讓那一顆顆街旁蒙塵的紅星恢復光彩，只能無處不見地成為民眾心裡私下暗自竊笑的對象。

“If we cannot produce enough soaps for all Russian people, it is not worth having an excellent spaceship.”

一位萍水相逢的莫斯科年輕人坦白地用英文告訴我，一針見血把蘇聯四十年來致力發展國防太空軍武科技，然而徹底忽略民生需求的偏頗經濟現況批判得淋漓盡致。他叫保羅・科諾伐斯霍克，我們是在一起排隊買烤烙餅時認識的。他只是一個平凡的英文老師，比起一般幾乎完全不諳外語的俄國同胞來說，至少他幸運地能將心中的苦悶告訴我這幸運的外國人吧！

他認為：金融遲緩與貨幣供應氾濫正是社會主義國家的通病，但是撇開蘇聯中央銀行當天不久前才宣佈俄國貨幣盧布貶值百分之九十的政令，小老百姓不僅早知政治改革其實是殷切無望的「等待」，經濟的繁榮富裕也早已是另一份更為遙遙無期煎熬的「等待」。只不過一般外面的遊客來到古都莫斯科，多半只見紅場三萬坪大、廿四米高的壯闊宏偉，聖瓦西里東正主教堂紅白黃綠藍相間的斑斕華麗，還有兵器博物館裡帝俄皇室寶藏目不暇給的炫耀輝煌，總是觸碰未著、傾聽不到蘇聯人民，對俄共政府千變萬變也不變的信心不足，乃至微詞不滿。

封閉的蘇聯和自由世界再次相遇，她的文字還是令習慣於拉丁字母的歐美人納悶——為什麼R、V、N、L、M、K、P在九世紀希臘傳教士創造的斯拉夫文卅三個字母裡，不是反著、倒著就是合併？甚至驚訝抱怨竟沒有人會講英文，沒有任何將「國際語言」英文習慣性列在一旁的說明看板裡——這些現象或許正顯示同樣接受西式主觀教育的我們，也往往難免跳不出這種本位臆測的窠臼。

無產慘階級

縱橫在如「地下宮殿」般的莫斯科地下鐵網路裡，我乘著斜陡近四十五度、長達數十公尺的扶手電梯向上移動，另一旁的甬道則相反由上而降，與我迎面擦身相對的盡是一張張與西歐不同的高額細眼面孔。胸前結紅領巾的小男孩、髮上繫紅絲巾的小女孩，到底這紅星褪色的俄羅斯大帝國將會許給你們一個什麼樣的未來呢？

地下鐵站牆上細膩的仿十八世紀油畫，其實就像紅場中央排了一整天隊伍，才能瞻仰到俄共國父列寧遺像的人群一樣，在不得改善生活的前提下都是無謂的粉飾。倒是前蘇聯在體育、音樂、舞蹈與馬戲特技藝能的精湛，成為今日這保守的斯拉夫世界裡集中全力淬練的成就。

誰能想像一名芭蕾舞者縱身躍起能在半空中自轉三圈半，連兇猛孤僻的北極熊也能被馴服訓練成溜冰刀的高手——然而舞者自歎前途晦暗、馴獸師生計僅以餬口。這群祖先曾在一世紀初南向喀拉巴阡山、北向維斯杜拉河開拓的「無產階級」心裡明白：蘇聯今天就算登陸火星，稱霸全球，對當時一般老百姓的生活境遇改善也是無濟於事。

離開布爾什維克試驗典範的聖地中心，我從莫斯科搭乘前蘇聯國內班機前往西伯利亞的西部大城，也是整個「沈睡大地」的首府新西伯利亞市。空曠冷清的街道，依舊看得出當年從伊凡四世東進，直到後來為了礦林開採而急就章建設的城市型態。即使這是以科學城聞名的庫斯巴茨克工業區，城鄉的差距仍然像首都與其他大城的差距一樣對比鮮明，真不如說這正是無產階級典型的悲慘「天堂」。

參觀過二月革命紀念碑，途經一所幼兒園，貪心的小孩忍不住從水泥牆的縫隙中伸手向我們這群外來的訪客討口香糖。我可以想像扭擠在牆後的小粉臉上正洋溢著多少期待，雖然他們的老師或父母知道後會狠狠揍他們，但在畸形的經濟管制社會下，所謂的教育不過逼著人們隱藏、壓抑那份率真自然的人性罷了。

就好比每棟設在大城市中心的國際旅館，除了外國人和觀光客以外，俄國普通老百姓是嚴格禁止不被允許進入的。高大嚴肅的退休 KGB 公安人員堂而皇之駐守在旅館大門口輪流站崗，每個樓層的管監老媼也各有職司。大旅館成了前蘇聯自我設限的「列強租界」，只有風騷的妓女和無賴的醉漢敢於徘徊在旅館夜晚的門前。面對蓄意切割劃分的斷層，無怪乎這些真正渴望瞭解外面世界、取得外面物資的無產階級，由老到少都是如此的卑微。包括俄國導遊也不准購物的美金友誼商店，也因為它可以買到最好的伏特加酒、買到新奇的易開罐飲料、買到美國的萬寶路香煙，總令附近的俄國人民幾乎看得要流下了口水。

環顧國立歌劇院不遠處的列寧雕像，勇猛憨直的三座工、農、兵銅雕，陪襯在其下矮一截的廣場上，鋤頭、鐮刀與槍只捍衛了七十三年俄共至高無上的權威，卻似乎快要捍衛不住廣大人民群眾，自己對於生活上一點點合理的期待。

斯拉夫兄弟

不論如何，俄國內地的人民是非常單純而友善的，社會主義將他們隔絕在那個有如時空停擺的世界中，人性中共通的誠懇與熱忱卻從來未曾消失過。我甚至有時覺得和一般俄國民眾相處儘管言語不通，相較於爾虞我詐的西方歐美資本主義社會反而更容易親近。

臺灣的富裕真是聲名遠播，連蘇聯計程車司機都時有耳聞，我雖不免還是常被誤當為日本人，但彼此的好奇正無形中拉近雙方的距離。說穿了，俄文我只會講是（Da）、不是（Net）和諧音「洗吧洗吧」（Spah-see-bah）的謝謝三「字」，但發現大家比手劃腳未嘗不是一種絕佳的溝通。

當我們的遊覽車首次停靠在新西伯利亞的曾左拉那亞旅館外時，我就注意到門邊角落站著兩個衣著有點破舊，但尚算整潔的男孩。他們彼此用手語交談，也不時靜默地用羨慕的眼光拋向我，這時我在想他們可能是啞巴，也可能想用盧布換點黑市美金，就像其他不少蘇俄成年人到處像蜜蜂黏著觀光客一樣的乞求兌換牟利。

吃過晚飯我匆匆離開旅館想到市區找找有沒有芭蕾舞或歌劇表演，竟然一出門又遇見了他們。這對斯拉夫啞巴兄弟年僅十五、六歲，在北地夏日晝長的傍晚依稀可見他們清秀的輪廓。為了感謝他們的主動帶路，我特別送給了他們幾枚臺灣銅幣，只見他們開心的手舞足蹈。對他們來說，只要是「外國的」東西都比「俄國的」好，無怪他們對我身上的任何一件東西都好奇，並且禁不住向我舉起大拇指，然後回向自己則倒擺拇指。

他們讚歎我手上簡易的自動相機，我則讓這對斯拉夫小兄弟為我照相也跟我一同合影，就這麼指天劃地的按下與被按下了他們生平第一次的快門。這就是第一次和他們的會面，「聾啞」對他們的同胞來說是缺憾，但對我來說反倒更加沒有溝通的隔閡。

第二天一大早，我起晚了，從旅館匆匆趕出去準備上車，竟然驚見其中一位正拿了一袋用報紙包裹的東西在等我。打開一看是根俄羅斯傳統油彩繪製的木質大杓與衣服上印著「CCCP」（USSR蘇聯，字母頭文字縮寫）的金髮足球小娃娃——我想起這是昨天晚上和他們經過一家已打烊的商店時，曾駐足欣賞的工藝品，他竟然從家裡帶來了相似的東西送給我。倉皇間，心中對這份突如其來的異國友誼感動激盪得有些無法言喻，只能不斷隔著車窗玻璃對他做著「洗吧洗吧」的嘴形，無以回報地望向他逐漸消失的身影。

懷著感激的心情回到旅館，我興奮地看到他們兄弟倆又出現在我的旅館前，這第三次的會面也將在今天深夜我們團體離去之前，成為最後一次的相見。我把身上的筆與頭上的遮陽帽都送給了他們，而他們並不在意，只是示意要我到他們家裡去玩。於是我趕緊放好背包，跟隨他們穿過新西伯利亞民宅間空曠冷清的公園，蹦蹦跳跳地像極了「三個」無憂無慮的孩子，朝他們家走去。我們調皮地用石頭砸灰褐色笨拙的鴿子，也死命搖涼椅邊的低矮果樹，任紅紅小小的莓果撒了滿地。然後我們一人一口吃將起來，酸溜溜的表情笑得樂不可支。

愛西伯利亞

國民住宅七、八層樓高，鐵灰的陶磚牆板區隔著一棟棟不知名的人家。他們指著地上棄置的建材垃圾和坑窪的小徑，帶著極端羞怯的表情嫌惡地搖搖頭，並用手勢問我「臺灣有沒有這樣髒亂？」我想起今天一早看到當地的清道夫連拖把都帶上街在拖地打掃；臺灣雖然富裕，但轉型期的經濟發展下恐怕只會比他們更糟、更髒亂呢！只是體會他們對外面世界的好奇憧憬，我實在不忍心澆頭冷水，贅述民主社會自由經濟的畸形開發所帶來的人性扭曲與環境破壞，有時跟他們處在專制獨裁政治和國營計畫經濟的陰影下，一樣令人遺憾。

他們躡手躡腳地帶我回家，好像也把我當成了鄰家調皮貪玩的孩子。望著樓梯轉角高高的吊燈，他們棕黃的頭髮被染得多像一幅濃重堆疊的油彩圖畫呀！我意外地受到他們母親極為熱烈的歡迎，一面聽著她用生硬的英文在向我探詢外面的世界，一面注視著小兄弟有些拘謹靦腆的眼神。他們應該是蘇聯社會裡較中上的階層，原來父母都是工程師，所以家裡還備有一本俄英字典，彼此終於可以做更多的溝通。他們的母親約莫四十歲，堆著滿臉真摯的笑容牽著更小的弟弟，跟我握手寒暄擁抱，小弟弟則任他心愛的寵物天竺鼠在我這神秘的東方訪客身上亂爬。至於，對當地人來說甚為昂貴的中亞塔什干個體農場出產的哈密甜瓜，也成為熱情款待我的上等果品。而我，除了「洗吧洗吧」，只能對他們用各種方式表達出的問題，以「是」（Da）或「不是」（Net）回答。似懂非懂看來並沒有阻隔兩個原本這輩子不可能成為朋友的朋友，成為好朋友哦。

時間晚了，深夜還要依預訂行程搭上東方特快火車東行，我不捨但必須跟這個可愛的俄羅斯家庭揮別。他媽媽衝到房裡拿了一個銀質燭台跑出來，指著上面「一八八九」的符號示意：這給予我的臨別贈禮乃是他們珍愛的百年傳家骨董。接過暗灰色的燭台，我的腦海並沒有浮現任何的價值印象，只恨自己講不出比「洗吧洗吧」更豐富的表達。他們指著地圖，在臺北和新西伯利亞間劃了一條線，逗趣地將雙手平展身後伸扮成飛機擺動，表示希望以後我一定要再飛過來；而只要我懂了說聲Da——他們就繼續比劃——他們在門外指著「旅館」HOTEL搖手說「不」Net，再指著他們的房子猛力點著頭說「是」Da——我懂了！所以最後我不只回答「是」Da，更用最誠摯的「洗吧洗吧」感謝報答我在俄羅斯和西伯利亞得到的第一份友誼。

畢竟早年我原本從來不相信人與人的情感可以不用言語，但是我與這一對斯拉夫小兄弟家庭的友誼之愛，卻真正確實超越言語，還有超越時空的距離。為我未來的環遊世界旅行建立起第一次人際真摯深刻的情誼。

即使以後傳來「俄軍撤出了東歐」、「蘇聯解體」、「物價自由化使俄國民生更形凋蔽」……許多新聞報導還是這般冷酷地在向我的回憶侵襲。算算他們早都長大成家立業了吧！足球還是不是他們最喜愛的運動呢？至少他們偶爾會想起：十五六歲那一年連著兩個夜晚，我們一起在公園裡踢足球，然後偷摘樹上的紅莓果，酸酸地笑成一團。

想起他們的媽媽有說到，斯拉夫小兄弟的夢想就是能像那個送我的娃娃一樣——有朝一日可以穿上 CCCP 蘇聯的足球衣，代表國家當「國腳」出國去比賽。他們一家母子把夢想送給了我，而我知道，在前「蘇聯」後來一九九一年底成為歷史名詞時，少年的夢終究同步幻滅。

東方特快車

西伯利亞的深夜在這孤寒的城市裡滿溢著詭譎渺茫的氛圍，惺松睡眼中自己迷迷糊糊被載到火車站，眼前除了火車，還有凌晨綿長無盡的等待。

終於，火車在誤點七個小時後，於旭日中迎著刺眼的朝陽向東行進，長長的一聲笛鳴震撼揮去了我所有的睡意。躺在臥鋪的車廂裡，我盤算著新西伯利亞市到伊爾庫茨克市足足需要卅三小時的車程時間。在當年前蘇聯開放初期極端嚴苛的控制規範下，我們只能循著蘇聯國旅的安排前往特定的城市，未獲批准或尚未開放的地點就像那再推前十年的中國大陸一樣，外國人都是不准四處亂闖的。

我凝望著窗外單調的景致，高高的白樺、低低的房舍，想像不出這裡曾是鮮卑部族爭雄的曠野，也感受不到一個個「羅剎」探險家兼侵略家葉爾麻克、波雅科夫、哈巴羅夫、斯德巴諾夫當年是如何越過歐亞分界的烏拉山，一步步藉著鐵路與河流交集的地點，建立起今天一個個盡是西方色彩的新興城市。構築這橫跨莫斯科到海參崴的歐亞大鐵路，一萬公里的全程得花費七天六夜才能跑完，我才走不到三分之一的兩天一夜而已。搖搖晃晃的車廂像個大搖籃，把疲累的我推入夢鄉，朦朧中窗外的白天黑夜並沒有令我感動，我只是心弦益發激盪地想著，火車愈向東就愈接近我們的故國河山——新疆、蒙古、東三省。這些曾經被蘇俄奪取租界為政經勢力根據地、築鐵路以延伸掠奪資源的國土，多少年來都是如此尖銳嚴峻矗立在北方國防的第一線上。

服務生推門遞進熱茶，阻斷了我的沈思。一杯茶不過十個「狗屁」（「戈比」是比盧布更小的幣值單位），折合起才兩、三毛錢台幣，真是便宜。跟服務生交談之下才發現火車上的服務員水準都頗高，全是學習交通運輸本科系或通過遴選競試才能來打工的大學生，不但年輕而且連小費都不太肯收。但是每當火車停靠沿線的小站時，往往會瞥見不少的老婦童子和滿臉絡腮鬍的中年人守在某幾個車廂的門口，等著向車上的廚師或工人購買糖果和日用品。我不太敢靠近觀察這不可思議的情景，因為每當我稍一出現，車內車外交易的人們就會習慣性地帶著些羞赧的自尊，揪起手上破舊的黑色塑膠袋，然後縮回胸前，一起用同般疑懼的眼光投向我，有如面對著數十年來KGB秘密員警所帶給人民無所不在的監控壓力一樣。我瞭解這又是擁有最佳國防與太空科技的前蘇聯，在民生物資缺乏之上的另一項佐證。

每當東方特快車又繼續在漫長的西伯利亞平原上奔馳時，我的心也悸動地試圖駐足在每個匆匆掠過眼簾的景物上，探索北地每歲短暫明媚的春天如何飛躍揮灑無盡的青春。然而，一旦我開始意會到這片把世界都拋在腦後的沈睡大地，沿線一百九十二個停靠站旁，或許都有一大群同樣等待倒賣私買的民眾——他們生活的處境或許不比先祖過去被流放興築建設「大東部」好多少，最主要是從他們的口中得知其最大的憂心困惑是：現在與未來生活的困頓難道將會是同樣的貧乏悲慘嗎？

人性無國界

火車上的三頓飯自然都在車上的餐車廂裡食用，由於空間有限，經常乘客得分批餓著肚子等前一批用餐完畢才能進去。倒是在狹長的通道等待時可以大大方方地站在別人的臥艙外一覽無遺，或是向友善的俄國民眾用他們所陌生的東方臉孔擠出愉悅的笑容——反正餓也難受，待會兒面對乏善可陳的冷雞和優酪乳還是難受，何妨一笑。

到了晚上，火車已經接近安加拉古地塊的高原地帶，我彷彿進入杜甫「星垂平野闊，月湧大江流」與李白「山隨平野盡，江入大荒流」的詩境，誰說杜李的《旅夜書懷》、《渡荊門送別》需要時空與國界的囿限呢！我此刻倚靠在床頭，綠底黃邊的特快車廂如迎風展翅前行，任我「飄飄何所似，如天地一沙鷗」，穿梭在「月下飛天鏡，雲生結海樓」之中，進鏡、浸淨、盡靜。

突然間，不遠的車廂裡傳來清脆的歌聲，我不但聽到俄文的，居然還聽到中文的。急忙前去一看才知同行的臺灣朋友和俄國服務生早已玩唱成了一團，雙方人馬你合唱一段民謠，我合唱一段小調，又是擊節鼓掌、又是叫好吆喝。小小的艙房裡擠著十張笑臉，誰會相信雙方是言語不通的陌生人，甚至講得沉重一點：雙方還曾是累代不共戴天的世仇？我還是情願相信人性都是可愛的，只有被政治或戰爭扭曲的人性才是可憎的。

「伊比呀呀！伊比伊比呀！
伊比呀呀！伊比伊比呀呀呀！」

歌聲不愧為國際語言，這首民謠成為雙方都能上口，也都能分享快樂的歌曲，不經意交集在這個偶然的座標點上，大家感動得幾乎從笑裡滲出淚水。吹熄燭光，大家互道晚安、也互道珍重，因為當明天清晨炙烈的陽光再從東方灑滿車廂時，目的地伊爾庫茨克也就到了。

這一夜大家來唱歌，這一夜我們也更加肯定了真正超越國界的，並不是馬克思、列寧所謂的「無產階級無祖國」、「工人無祖國」；而是人類與生俱來、靈犀相通的人性本質。整夜，這首簡單得不能再簡單的歌曲始終縈繞佔據我的腦海，我幻想著：如果這曲「中俄合唱」能夠早來一百年的話，不知是否可以和平消弭些許的血淚與遺憾！

盧布如破布

調整時差，下午我們終於在伊城面向葉尼塞河支流安加拉河的蘇聯國旅酒店住下，整整一天半的長途奔波，我只覺精疲力竭，但想到這一六六三年興建的東西伯利亞政經、軍事、文化中心，不論是過去的薩滿祭祀傳承、外蒙毛皮交易興盛、古希臘教堂的莊嚴典雅與今日的木材集散加工，都使我忍不住要仔細多看看這貝加爾湖畔的大城。

我換上輕便的服裝，沿著暮色昏沈中的河濱公園向市中心徒步走去。日夜溫差頗大的俄蒙交壤邊疆，軍人當然應該比其他地方更有著捍衛這全世界「工人祖國」的天職。然而，令我萬般驚訝的：一名身著墨綠戎裝的軍人先是問我要不要買他身上的徽章，接著竟然又問我有沒有美金可以換——徽章代表榮譽，也代表當年蘇聯軍人的第二生命，然而美金對比盧布，實在正有如華服對破布。

從莫斯科到伊爾庫茨克，我想起不斷有人在旅館外或街上對我們用生硬的英語叫著「DOLLAR」——意謂有沒有人的美金想要兌換盧布啊？按照蘇聯所謂的官價，美金當時和盧布的銀行中心匯率是 1US：0.64Rb——一美金比較小，只能兌換六毛四的盧布；不過對比黑市天差地別的竟然可以堂而皇之換到一美金兌換十塊盧布的秘密行情。相較之下，官價和黑市竟然相差十六倍，連大陸外匯券與人民幣官價和黑市早年一到一點五倍的差距都難望其項背。後來盧布又持續貶值、拿新台幣換美金，再私下換成盧布的確可以「大大揮霍」，但依照蘇聯法律，在外匯管制下，俄國人如此做將身陷囹圄，外國人也可能因擾亂當地金融的罪名遭到為難。

問題是，戈巴契夫的經濟改革儘管由上而下的提高了俄共中央領導的效率，放棄對下層經濟部門的干預，甚至已容許人民從事個體戶勞力活動，但是企業自負盈虧的享有自主權和追逐利潤，並沒有由下而上根本改善人民在物資與外匯流通限制方面承受的壓力。唯有美刀外幣可以不愁買不到生活必需品，也可以去體驗逾越自己社會階層的享樂，缽滿盆滿的美金更可以存錢出國另尋新天地——如此一來，盧布當然變成破布，令俄人棄如敝屣。

我們參觀了布拉茨克全世界第二大的水力發電廠以及頗具規模的木材加工廠，只見宣揚共產主義的紅色標語，襯托著貼有相片的工人榮譽榜絢麗奪目。儘管蘇聯初具「所有權」和「經營權」分離的概念，開始准允外商投資併組國際合營企業，但這些俄共僵化管控的幽靈依舊揮之不去，以致許多攸關妥善的人力規劃、進銷存的靈活調度，一直到提升營運效率的目標，還將有很長的一段路要走。

親睹工廠裡身手矯健的蘇聯女工，幾乎任何男人可以幹的粗活她們都能勝任，但是我知道她們的眼睛不斷在注視著我，因為「我」乃代表著那種會擁有——日本計算機、臺灣電子錶、法國香水、義大利絲襪、德國愛迪達球鞋，以及美國萬寶路濃菸、可口可樂易開罐的外國人。她們說：這些都是每月支領幾塊「破布」，永遠也奢求碰觸不到的東西。

神遊貝加爾

當時前蘇聯的國民平均所得大約美金八千五百元，其實並不算低，但是基本的民生消費品卻是處處奇缺，真是除了軍事、國防、太空以外皆一敗塗地，連帶在久經壓抑下刺激了俄國人民潛在的物慾傾向。

渴望外界物資又買不起，怎麼辦呢？「以物易物」正是最理想的答案。

從升斗小民、官商士紳到國家對外經貿部門，都熟諳這一套以物易物、以貨易貨的門道，而且足以放在檯面、擺上廟堂討論議定的正軌業務。問題就出在俄國不但小老百姓沒有美金去買自己喜歡的東西，由此擴大，他們的國家一樣短缺美金外匯去跟外國貿易通商，於是倒也簡單——上上下下大家一起「交換」。比如說我給你十噸木材、你給我兩噸鋼，我給你科學原料、你為我勞力輸出，我給你汽車技術、你教我蔬果栽植，沿著中蘇邊境居然到處可見這樣有趣的「以物易物」。

至於，最常打觀光客「以物易物」腦筋的就是俄國小孩了了。我們連到偏僻的貝加爾湖搭船赴安加拉河的小路上，都碰到他們拿著各種當地的小東西想向我們換口香糖、眼鏡盒、面紙、手錶……什麼都可以。我看到其中一名小孩拿著一條真牛皮的俄製銅扣皮帶，厚重得就像東歐共產國家許多的產品一樣，笨笨的、土土的，但一定很耐用。沒想到我才接過來看，還來不及和他討論如何交換，一輛約莫「速霸陸」大小的公安車霎時出現，一名秘密員警在我還沒看清他的臉時就一手把小孩抱上了車，不出十秒便消失無蹤。這麼一串驚慌，其他原本圍著我的孩子早就一溜煙跑光了，只留下我杵在那兒呆了半晌，手中要不是還握著那條皮帶的話，我真會以為方才全是幻覺。心裡自私地在想：情願剛才遭公安抓去的是那些盜賣假口紅的中亞單幫女，而不是這群孩子。皮帶還在我的手上，小孩下落不明。

冷冷的貝加爾湖真是布里亞特蒙古語名副其實的「西伯利亞之珠」，世界第一大淡水湖的面積三一七二二平方公里，幾乎快和整個臺灣島嶼差不多，在清秋的陽光下閃現光芒，我望見船尾拖起長長的波紋鑲起了金黃襯邊，好似孔雀開屏般在誇耀著美麗。上了岸，俄國導遊告訴我，貝加爾有一個神奇的傳說　如果你希望再回到這裡就在高高的樹上繫住一塊布，那麼你終究會再來貝加爾的。我原本以為他所謂的傳說是屬於西漢蘇武牧羊在這古名北海的貝加爾所留下的史詩，沒想到竟只是如此的簡單而浪漫。正當同行的遊客紛紛為他們未來的二度造訪撕布綁樹之時，我忍不住把皮帶繫上了梢頭。我知道即使隆冬的嚴寒風雪吹襲冰封的湖面，它仍然會像牧者十九年的執著等待——等待大雁南飛、等待春回大地，當然也涵蘊著我為小孩平安歸來的衷心等待。

失落地平線

從布拉茨克搭機飛到伯力（哈巴羅夫斯克）只要三個小時的航程，但是兩地有兩小時的時差。橫越烏瞰勒那河北苔原的壯麗，這架蘇聯老舊飛機偏偏一遇亂流震動，艙內的一片頂蓋就會垮下來，真是名副其實的煞風景。

飛越在這失落的地平線上，我放縱思緒，機下這片千百年前人跡罕至的白色大地今天已然一步一條約的烙印著中國的眼淚——一六八九尼布楚、一七二七恰克圖、一七九〇的庫頁島、一八五八璦琿、一八六〇烏蘇里、一九〇〇江東六十四屯……。飛越了亙古的荒蕪，飛機懸浮在沒有過去、現在與未來的時空，我只能把落寞的情懷盡付機下綿長有如淚水的黑龍江母親河。

伯力到了，這座以一六四九年第一位來此地的俄人哈巴羅夫命名的城市，就靠近在蘇聯極東黑龍江與烏蘇裡江的交會口附近，木材、礦冶、重工業是此地的特色。我無法壓抑自己心中正在泉湧的歷史情傷，因為伯力不該只是個記載人口六十萬、一八五八年建城的俄國都市；她是古代的伯州，她是女真族的伯和里，更是我們老祖先的黑水都督府、吉林三信副都統……。然而，就像貝加爾一樣，除了一座被拆掉的清朝古炮臺和一家哈爾濱餐廳以外，我探觸不到一絲一縷古往中國的連繫。伯力市中心科索摩斯庫廣場矗立著軍人勇武前進、捍衛疆土的雕像，對俄國人來說他們也和我們一樣，抓著自己能夠與願意理解的傷痛去感受、去體會、去紀念，也在不堪負荷之際，最後把傷痛都稱之為「歷史」。

哈巴羅夫斯克是俄國與日本的傷心地。

一次世界大戰時期俄國因爆發革命內戰，伯力於一九二〇年起曾被日本強佔了兩年；二次世界大戰日俄交戰於此，伯力人參戰傷亡兩萬，而今天沿著黑龍江四十四公里發展起來的遠東重鎮，既非日本式、也非中國式，而是道地的俄羅斯「蘇式」。至於伯力更是中國的傷心地，為的也是俄文名稱的哈巴羅夫斯克：

「順治七年，哈巴羅夫率領三百人續至，擊敗了索倫部，攻佔了黑龍江北岸的雅克薩。翌年，沿江東下，到處劫殺，居民死者千餘，經璦琿附近，進抵伯力。」

《帝俄侵略中國史》上如是記載，而「羅剎犯邊」由古至今未曾中斷。民國以來俄國覬覦東北只有愈演愈烈——一九二九年，蘇聯遠東軍團兵力十萬猛攻滿洲里……旅長韓光第以下七千人壯烈戰歿……雙方簽訂「伯力議定書」。

這片中、日、俄多年來輾轉征戰的山河，對蘇聯來說，或許就好比地平線西方的另一端寬廣的俄南草原，遠古都是各方遊牧蠻族廝殺爭戰的中心。從斯拉夫人在世紀之初受裏海、黑海的蠻族塞奇斯安人奴役開始，這支名為「斯拉夫」（Slave奴隸）的民族先是被哥德人、日爾曼人俘售為奴，繼而又接受北歐維京人和東方蒙古人的統治，他們始終是東西蠻族征服下的奴隸，不安全的自保心態於是沉澱成為百年來他們向外侵略擴張的潛在動力。

泳在黑龍江

夜幕低垂，黑龍江畔的公園裡奏起音樂，青年男女們在台下自在翩翩起舞。傷心的歷史、遠古的愛恨，早就被拋擲在那同樣失落了地平線的浩瀚星空中。異鄉的夜晚總是倍感寂寞，尤其在這充滿社會主義淒清浪漫的伯力之夜。

沿著公園的露天舞池往下走，稀疏燈火映著遼闊的黑龍江，真是像極了這條黑龍雄偉身軀上閃閃的鱗片。她是塞外北大荒的母親河，孤獨地流過平原、高山與冰洋，俄國人給了她一個「阿姆河」的名字，雖然乃「黑」河之意，但與台語「母親」卻巧合同音。面對著急急的江水，我只暗自設想自己在包頭、蘭州摸過黃河，鎮江、武漢看了長江，今天何其振奮地在這糾結著歷史情結的口岸親臨了黑龍江。明朝天亮我一定會再來的。

公園裡入夜仍然出奇的熱鬧，穿梭過向我索買洋煙與化妝品的青年們，我踽踽獨行步回旅館，卻不經意順著指示走進了一棟有點像博物館的建築物裡。當我迷迷糊糊地向售票員花了一元盧布買下門票時，我還真不知道大廳裡面正在幹什麼呢？掀開簾幕，我才發現禮堂裡面黑漆漆的，只依稀看到一排排的座椅盡頭，擺放的是兩台畫質相當差的電視機。

「哈——哈——哈——」定神細瞧，原來觀眾們的笑聲是為了電視裡老舊的卡通片——唐老鴨正拿著大木槌追打壞蛋，而這個地方大概就算是蘇聯式簡陋的「MTV錄影帶視聽中心」了。

像當年臺灣一樣MTV逗留的人以年輕人居多，但是此處既無單獨享樂的精緻隔間套房，也沒有像樣的聲光視聽效果，播放的更盡是些老掉牙的卡通影片。但是讓我非常驚訝的是，俄國觀眾一個個看得真是津津有味、笑聲頻傳。這些幼稚的卡通片什麼「太空飛鼠」、「大力水手」和「唐老鴨」好人打壞人的故事，現在外面世故的歐美和臺灣小孩還不愛看呢！此刻我真不知該同情，還是嘲笑這群年幼失「歡」的人呢？畢竟一個國度裡數十年缺乏政治民主、經濟自由下的人民，他們的童年未曾分享過我們所謂自由世界裡一如卡通漫畫充滿綺麗幻想的「歡笑文化」——今天或許算是補償吧！只是，這一刻若非我這不速之客亂逛巧合撞見旁觀，否則整個地球可能都不會知道一九八八年的夏末，遙處在北大荒黑龍江和烏蘇裡江畔的這群俄國人，從小沒有被教過如何開懷地笑，竟然這麼簡單幼稚的卡通片，就能把青年大人們逗得開心歡樂，反令我倍感心酸。

黑龍江由黑夜到白天，晨曦金光翻絞著滾盪的波濤。

來到江邊，淘盡千古心事，我興奮地將自己完整沉浸在這條母親河暖濕的潮水中；划動水波假想自己重新回到了母親孕育的胎床，我心中此刻在歡笑滿足背後的酸楚同樣地無法言喻。

我的腦海裡還是不時閃過，八十八年前江東六十四屯的中國老百姓，如何在這條同樣的河上被俄國人驅趕過江的慘狀……。眼前烈日豔陽下紅紅的沙灘上，早就赤身裸體躺滿年輕的少男少女們，他們全都身穿極其單薄窄小的泳裝，享受著北國難得的陽光，自在優雅一點也沒有蘇俄封閉社會的陰鬱沈悶。如果橫斷蘇聯的我，只有造訪這座沙灘的話，我極有可能將會推翻自己所有前述的批評感懷吧。

原來任何一個與我們比較起來，相對封建保守又限制壓抑國度裡的人民，其實在刻板嚴肅拘謹的外表限制下，他們真純善美的初心仍然自己會找出口的。就像久旱的種子默默蓄積養分能量，偶遇甘霖得以受到滋潤將立刻開枝散葉，揮灑旺盛的生命力。

中國在蘇俄

「中國可說是領悟俄共『和平共存』的痛苦最早，亦是經歷最久的國家；然而事勢的演變與環境的壓迫，使我們本黨和政府雖看透國際共產主義的陰謀，而仍不能不再三墮入侵略者的詭計。」

——蔣介石．《蘇俄在中國》

蘇俄對近代中國來說一直都是陰險狡詐的侵略者，因為蘇俄在中國總令人想到姦淫擄掠、燒殺強佔。至於對臺灣國民黨的中國人來說，蘇俄扶植中國共產黨，以致世界二戰後錦繡山河變色，前蘇聯更為罪魁首惡。這也就是為何蔣介石送自己的接班人兒子蔣經國去俄國留學，還娶了俄國女孩蔣方良為妻後來成為「第一夫人」；一直到他戰敗四十年避居海隅，始終喊著「反共抗俄」的大纛標語口號。

然而，四十年過去了，一九六九中蘇共為珍寶島事件交惡，繼而北京當局隨後的「反蘇修」（反對蘇俄的修正主義），雙方劍拔弩張，直到一九八九年五月中旬戈巴契夫訪問大陸才終告和緩。同年八月底我們就已經可以在邊界看到大陸哈爾濱遠赴伯力，一連五天的農工商特展了。至於，海峽這一端，當時臺灣曾籌組了八十億美金的「歐亞大業貿易商」，準備投資前蘇聯的臺灣商人也將和俄國合資企業，突破間接貿易限制的瓶頸，共創外匯。從帝俄到蘇俄都曾企圖以政治軍事為侵犯中國領土的憑藉，但後來時至今日，工商經濟貿易到高科技半導體產業，早已全然改變了俄羅斯與海峽兩岸互動的關係。

倒是回頭當笑話看看一九八八年前蘇聯首度對世界開放，我身為第一批合法深入訪問的記者，到底在這揭開鐵幕又像開箱新貨的那一刻，到底我在看過全世界之後再來看當時的蘇聯，還有哪些在社會生活與民生經濟方面，會令不同世界來的外國人做出光怪陸離的事呢？

首先，老外都驚嘆前蘇聯國營事業與計畫經濟體系的龐大與無所不在。儘管完全提不起興致去跟領導協議採購蘇聯那些全國統一標價的國營商品；但是外國人卻對於小店和小販的各種貨品，因為換算低廉的價格或是沒見過的稀奇款式，經常會出現全面海嘯式搜刮的大肆採購。不論專門開放給外國人的美金商店，或是街角平常的盧布小舖，只要外國人看上眼的貨物，總是採買的數量多到令俄國人瞠目結舌，滿街驚愕。

就像臺灣乘客曾在飛機上爭著搶買笨重卻是高超機械工藝的紅星手錶，搞得原本數學就不好的前蘇聯空姐戴上眼鏡還是算得頭昏腦脹，乾脆躲起來，不賣了。反正賣不賣，她的工資都是一樣的。至於在街上一口氣買下四十罐黑海鱘魚子醬、二十條琥珀精品項鍊、十大板各式郵票徽章的消費紀錄也司空見慣、屢見不鮮；就算購買百貨公司的貂皮大衣、鑽石珠寶，全都用現金交易，眉頭也不會皺一下。這就是當年外國人在蘇俄社會，展現出了揮霍炫耀式的個人經貿實力，在當地只能以近乎「驚世駭俗」來況喻形容俄國人目擊的心情。

蘇俄中國人

臨行在即，伯力飛往日本新潟的班機就在明朝，算算在俄國的時間只剩下了最後半天。我乘船在黑龍江上遠眺烏蘇里，也駐足在二次大戰紀念碑前細看銅壁上成千上萬的名字。一個打著赤膊的東方身影晃在我的身後，回頭看，黑色透光的大理石上他和另一名穿著綯紅背心的中年男子面無表情地站在那兒，兩人都穿著幾乎幾個月前我在大陸北方常見的土綠長褲。

「日本？香港？——臺灣？」他們不太自在地用「普通話」問我，令我突然為同胞相見卻不敢相認的尷尬，一下子回答不出。等我揀點了最後一個答案時，他們終於露出黃齒呵呵地笑了。

隨著他們精瘦的身影，午後陽光灑在不遠處的一座工地上。像他們一樣從大陸訂定合約來西伯利亞做工的工人，男男女女十幾廿人全從那個被當作臨時工寮的破巴士上上下來「看」我。我驚訝地發現無論是他們每個人身上的土綠列寧裝，或是女子頭上戴的白帽，都是那麼的熟悉。他們全是中共內蒙呼和浩特（歸綏）第一建築公司第二分公司與呼市外貿部，在內蒙古各地招募的水泥營建工人。

從他們口中得知在這裡管住不管吃，但住成這樣糟糕還不打緊，最令他們忿忿不平的是原本出國前合約訂的是每個月一千元人民幣（當時合計約二百七十美金），這也是當時大陸平均工資的十倍，難怪內蒙老鄉甘於離鄉背井一來就要做滿兩年；孰料到了伯力才知道每個月只有八十盧布，約合計當地官價一百二十八元美金、黑市則只有八塊美金而已，倒是折算人民幣還有個三百多元。雖然每月平白少了六、七百人民幣，但這份收入甚至比當年大陸經濟特區早期的高薪資（二百元左右）還好，尤其大陸內地到處人浮於事，有個工作已是福氣。

據說，像他們一樣處境的中國工人那時在伯力附近的不同工地裡就有三千多人，另外共青城（青年城）也有一千八百多人，都是大陸那時「勞力輸出」下換取蘇聯鋼材和重裝備政策下的「交換商品」。在那時「以物易物」就是如此在中蘇邊境上扭曲地存在著。可是誰瞭解他們言語不通、舉目無親的心情？他們說：辛苦操勞的白天得面對蘇聯工頭的兇暴無理，寂寞無聊的夜晚又常被嗜酒如命的俄國大鼻子打得鼻青臉腫……。在蘇俄的中國工人哪，他們彼時的際遇實在無法和大陸衣冠楚楚的哈爾濱商務代表，以及相對揮霍浪費的外國觀光客同日而語……。

呼和浩特、包頭、赤峰……，這些才是他們朝思暮念的故鄉。昭君墓、大小昭、歸綏府，還有響沙灣、大青山——這群內蒙工人一個個皆在不同的時空，懷著相同的心情，足足搭了七天七夜的火車才由呼市經滿洲里到伯力的。

天色暗了，我雖然看不清他們一張張熟悉的面容，但是，我卻看得到晶瑩閃動在彼此目光交會旁的淚珠。昔日成吉思汗蒙古大軍征服俄羅斯，建立欽察汗國；今天他的子民當外籍勞工卻受役於俄羅斯，剛巧遇到我還能聽得懂，他們也才能傾吐。

真是何其感傷！再會！再會！是該向他們以及前蘇聯說再會的時候了，當然，我何嘗不希望這也是向那份中國古今源自於蘇俄的苦難，永遠說再見訣別的時候。

橫斷蘇聯，由莫斯科到伯力，由歐俄到西伯利亞，穿越在這個曾經創建共產神話與悲劇的國度，不僅追悼了往昔荼毒人命的殘暴，也體會了今日自由物資的付諸闕如。前蘇聯大帝國果真在我離去的一年後爆發劇變，兩年後葉爾欽總統上台，前蘇聯也終於埋入了歷史的灰燼之中。但是由西到東，熊熊赤焰仍在燃燒，幽幽民怨亦在沸騰，縱任蘇聯化為千古蒼茫的幽靈，依舊不時像當今掌權的「普丁大帝」一樣，強佔黑海克里米亞、揮軍殲滅烏克蘭的頓內茨克、盧甘斯克……，處處戰火燎原。

接下來要接續的世界實地報導文學，就繼續記錄一九九〇至一九九一年，逆向搭乘西伯利亞大鐵路西行深入歐俄各共和國到東西歐。這段歷史新聞的深入觀察體會、省思閱歷，正好面對著全球同時風起雲湧的東歐、中歐到巴爾幹國家席捲空前的民主浪潮——像波蘭、東德、匈牙利、捷克、斯洛伐克、保加利亞、羅馬尼亞……紛紛脫離華沙公約組織。同時間，從波羅地海三小國開始的十五個共和國也挺身棄俄、抗爭獨立，終於到一九九一年十二月二十五日地球上橫霸侵吞半個世紀的龐然怪物「蘇聯大帝國」正式全部解體，華沙公約組織也於同年宣佈解散。兼及前南斯拉夫各共和國亦分裂獨立、蒙古到高加索車臣、科索沃……等大小邦國紛紛出圈，抗爭脫離其四十餘年對前蘇聯的從屬附庸地位。

放逐美麗與哀愁——西行的西伯利亞到東歐鐵路

貝加爾湖直通白天鵝湖

我在一九九一年底「蘇聯」解體變成「獨立國協」前夕，就曾又一夏一冬順向東行與逆向西行，再去過歐俄和西伯利亞兩次。這個東、西兩邊橫跨歐亞的龐然大國有兩個地方最吸引我：一個是俄國柴可夫斯基在一百五十多年前寫芭蕾舞劇的「天鵝湖」，還有一個是兩千年前中國蘇武牧羊「北海」的「貝加爾湖」。東方的國愁家恨也罷、西方的纏綿愛情也好，都已經消失於剩不下一丁點兒蛛絲馬跡的史地舞台上。湖水還是如此清澈盪漾著千百年的漣漪，倒是隨著政治歷史的社會動盪與侵略戰爭之下，人們的生死循環一直在變。

兩次都是搭乘西伯利亞「東方特快車」，隨大鐵道劃過凍原的心臟，我卻有一種內心油然而生的孤獨和憂愁，解不開的頭緒。車上的服務員還是依照往例會不時為我們端熱紅茶和拿方糖。叮叮噹噹的湯匙攪拌著玻璃杯，可能是唯一打破這死寂大地的方式吧！誰教現在火車所通過的「西伯利亞」其實是「鮮卑利亞」，一直被稱為是所謂「沈睡的大地」。

我把臺灣帶來的一支簽字筆送給工讀的女同學，她笑的合不攏嘴，或許這個共產大帝國在那個時候實在還是太缺乏民生物資了！五分鐘之後，她又來敲我的臥鋪拉門，只是用手伸了進來，給了我一根純白的羽毛。她說：那是她在莫斯科白天鵝湖邊撿的。此刻，車廂像長長的雁群，正穿過貝加爾湖畔的伊爾庫茨克。她走了，只留下我、白天鵝湖的羽毛，還有窗外蘇武也曾經佇留在這裡等待的孤獨和憂愁。

車窗外，整個酷寒的西伯利亞就像一個大冰窖，拱衛著一個遼闊的貝加爾湖。零下三十多度的刺骨冰風夾著皚皚白雪鋪陳出透明沙漠般的晶瑩剔透，而車窗內雙層的厚玻璃上盡是覆滿了冰窖牆壁上肥厚的霜，我必須用塑膠尺努力刮開個洞，才能看到外面的世界。

多麼悸動心弦的凍原天地！貝加爾湖既然是個填滿了「等待」的相思海，裡面摻和著往昔蘇武企盼南歸回家的等待，也摻和了今日俄國人民翹首希望民生能重於國防軍武的等待。但是湖面凍結的何止是滔滔的水，也凍結了一個遙遙無期的遺憾——遺憾貝加爾湖為何不能像個沙鐘，用漏斗把無垠狂沙般的白雪淘洩個淋漓盡致，也把歷史的舊怨新恨篩洗一空。

沒有盡頭的白雪、沒有盡頭的旅程，坐在西伯利亞的東方特快車上，彷彿也是一段人生重新學習「等待」的課程。當然，我親眼所及的似乎又盡是每一站同樣在「等待」中生活的人群。他們才是一群沒有終站的行者，在廣闊苦寒的土地上遊移探索著擺脫不去的困頓。當然，他們等待的絕不是搭乘誤點的火車，而是等待火車靠站短短的十分鐘，他們又可以拿著大塑膠袋向車上的「倒爺」私下買賣生活用品，以便繼續倒賣出去。或許只是賺取點蠅頭小利，好讓一個平凡的爸爸用以養育一個匱乏的家。

天氣這麼寒冷，刺眼的陽光反射在髒黑凝凍的雪地上，把每個人冰冷的表情刻劃得如此清晰，教我不忍卒睹。除了幾位列車員也偷賣了些小商品之後，將大把盧布塞進列寧上裝時，流露出一份躊躇滿志、高人一等的表情以外，一九九一年初的這個冬天我依舊很少看到火車上有笑容。

東方特快車西行的終站到了！莫斯科似乎暖和得多，十個腳趾卻還是不聽使喚。我只當自己踏者兩個厚綿綿的大熊掌，在溜滑的月台上拖著行囊、踱出笨重的步伐。

「嗚——嗚——嗚——」鄰軌的火車又要開了。

三聲汽笛才令我恍然大悟：這個屬於我旅次暫時的「終點」，正是別人啟程的「起點」。

這「別人」怎會只有旅客呢！還包括莫斯科的居民——每個商店外又出現長長排列等待購買生活物資食品的隊伍，默默在訴說：衰頹的經濟讓歐俄的百姓又開始一天嚴冬的日子，循環等待沒有「終點」的「起點」。

上百年的戰亂、七十四年的布爾什維克統治，改變了莫斯科這個古城原本的風貌，但我不信她改變得了斯拉夫民族熱情奔放的天性，畢竟莫斯科河與白天鵝湖仍然用真摯的山水柔情，妝點著這個在白雪冰封下，些許枯燥刻板的都市。四處洋溢的人文藝術氣息，揮灑的是自豪驕傲的北國風情，這片當年連拿破崙和希特勒都攻打不下來的東戰場。

柴可夫斯基寫的芭蕾舞劇《天鵝湖》序曲在我耳邊響起。我彷彿回到了一百一十五年前，在一樣的天鵝湖畔，想像真誠的王子與那位被巫師變成天鵝的公主，如何為了追求真摯的愛情而向惡魔展開了大無畏的抗爭。

今天柴可夫斯基要是還在世的話，都一路迎向兩百歲了，他一定不知道西方樂壇未來將會如何盛大的紀念他？當然，他也不知道從西伯利亞一路走來，他的後代同胞是過著怎樣的生活境遇？然而，我還是要說我是何其佩服他，那齣芭蕾舞劇「天鵝湖」，不但在芭蕾獨立發展演化的歷史上具有劃時代的重要意義，歷久彌新的是更在於直到今天，其中仍然忠實保留了一份人類不畏惡勢力「知其不可為而為之」，心甘情願為崇高堅貞的愛情不顧死生的抗爭勇氣。

厚重的大皮靴，三角四弦琴，加上亮麗英挺的民族服裝，多有個性的流露著斯拉夫民族的英武自信；委婉的交響詩則詮釋了精緻典雅的浪漫情懷。一個是灰磚古堡的剛毅，一個是枯枝垂柳的淒美，兩者皆顯映在莫斯科冰凍的天鵝湖面上。

閉上雙眼，我驚訝自己居然會為古老的愛情故事而感傷，潸然淚下。

其實，那個杜撰的愛情故事令人感動的應該不只是愛情而已，還有一份最可貴的赤子之心——人類對於世事百般的摧折捉弄之餘，仍能堅定永保一份真誠火熱的生命勇氣，至死不渝。一如我們藝術文學的作品篇章，期許都能像柴可夫斯基鼓勵孤獨憂愁無助的人們，產生信心勇氣，提醒每個人都可以擁有一個自己追逐的夢和理想。

我不禁為歷史與文學的巧合對比會心一笑，因為對故國山河多情的蘇武就曾懷抱同樣的心境在蘇聯另一端的貝加爾湖「等待」。至於，在蘇聯的這一端：始終如一的愛情終究是公主和王子最真純浪漫的「等待」。蘇武等了十九年才變成了每歲南飛的大雁回到故里中土，終與家國團聚，得償宿願；公主和王子卻與巫師殊死決鬥，以卵擊石雙雙上了天堂才從天鵝變回了公主，終與王子常相廝守——這種「不完美」的人生際遇，事實上正充分體現了人性最尊貴的「完美」。

我終於慢慢瞭解何以前蘇聯人民在苦寒卑微中的等待，何以散發的仍然是一種恬然自適的泱泱氣度？原來他們的身上都流淌著柴可夫斯基一樣文化底蘊的血脈。因此，社會上任何不完美的表象，絲毫不曾減損他們生命崇高完美的尊貴。眼前俄羅斯的子民要的可能只是一個麵包、一顆雞蛋、一塊乳酪，就心滿意足了；而正在展閱本文的你我，所要的卻絕對不止於此。或許互相就不是坐在一個天平上的人，自然永遠也秤不出，更無從論斷別人愁苦喜悲的斤兩吧！

我的心湖、我的腦海此刻怎麼盡是滾燙的波濤。烈焰燒出了一條冰天雪地上橫貫東西兩個湖泊的直線大道，也燒出了柴可夫斯基與我、俄羅斯與福爾摩沙之間的萬里思路。

聖彼得堡轉進集中營堡

一九八九年十一月九日象徵布爾什維克鐵幕與自由民主世界壁壘的柏林圍牆垮了！一連串東歐到中歐的親俄政權陸續倒台，一九九〇年兩德統一，我就在這關鍵時刻從俄羅斯換上不同軌距的火車，進入了鉅變前夕的東歐黑土平原。不顧東德當局已經同意廢除憲法中保障共黨專政的改革，只見成千上萬的難民還是如潮水般湧向西方世界。而早先波蘭的團結工聯已取代共黨成為政治主導力量；甚至接連如骨牌效應般的東歐民主腳步也隨著匈牙利宣佈放棄共產主義、保加利亞廢止共黨專政、捷克示威導致強硬派專制領導下台，以至羅馬尼亞的一夕徹底推翻共產獨夫希奧塞古，讓世人對當年東西冷戰對峙後，席捲全球的民主自由風潮不得忽視。

誰說前蘇聯原先共產紅星高照的「另一個世界」，不是正面臨著空前震盪與土崩瓦解呢？這一波波的暗潮洶湧四處衝撞流竄，就像一把把利刃千戳萬剮地橫斷著，前蘇聯老大哥率眾一批華沙公約附庸國，民生經濟凋敝的社會以及黨軍獨裁專制的政權，已經遭逢民意向背摧枯拉朽，一個個搖搖欲墜。在蘇聯領袖戈巴契夫力主開放改革、自動限武撤軍之際，終於，在後來蘇聯共黨中央委員會擴大會議中，蘇共總書記戈巴契夫提出了舉世矚目的黨基本大綱政治改革，表示將放棄共產一黨獨裁、允許複數政黨制，也強調共黨必須和其他政治團體一起競爭統治權力。蘇聯由「量變到質變」，準備「摒棄一切使社會主義國家隔絕於文明潮流的東西」，一再顯示出其不尋常的變革意義。

不論酷熱的夏季還是嚴寒的冬天，斯拉夫民族曾東侵西奪而來的土地，盡是一致的美麗與哀愁，放逐在幾乎讓人誤以為將會永遠在這個嚴冬冰雪中塵封的角落。再次回到莫斯科，繼續一小時的飛機把我由莫斯科帶到了原名聖彼得堡的列寧格勒。這個擁有四十二個島的「英雄城」，當年被德國人包圍了九百天都沒有被攻下，然而付出的代價卻是上萬人的生命。

同樣由其揮兵西侵波羅的海三小國和波蘭的殘暴歷史，卻不因其改名而改變。如果說波羅的海沿岸茂密的針葉林，每一株就是一個人的生命的話，當時殺一個人不過像現在砍一株樹木一樣地輕易簡單。樹砍不完，人也殺不光。唯一不同的是，人牽動著家國的悲歡情仇輪迴跌宕起伏，讓我命定似給捲進了憑弔追憶歷史和新聞的漩渦。

儘管列寧格勒和臺北還是有四個小時的時差，但人心共同的感懷終究沒有時差。揮別青翠的針葉林，接下來二十六個小時的火車節奏愈來愈明快，冰冷的大地總使我憶起了四個月前窗外劃過的立陶宛全是紫色的薰衣草、黃色的向日葵，還有淡黃羽翼的鵝、黑白相間的乳牛——現在看不到，不過我總相信厚厚的白雪仍在等待著它們和牠們的休養生息，開春之後自然少不了他們處處躍動的身影。

波蘭軍人在邊界上戍守崗哨，整列火車像隻慵懶的蠶寶寶被擱在擔架般長長的鐵軌上，任憑波、俄兩國的軍人來回翻搜檢查。一遍又一遍，前後總計細找了五次，特別是把臥鋪下層的沙發床墊用力撬開——看看有沒有俄國人躲在裡面，想混到外面世界看看更開放自由的東歐新天地。

軍人身前掛了一個小木箱，蓋子朝天斜敞便成個小桌面。我看到他將我的護照翻到難得還有空白的一頁，蓋上了紫紅色的章子——那種現在火車雙層玻璃的車窗外最為缺少的顏色。

經過雨中道班工人大費周章的更換鐵軌、嶄新的軌距鋪陳在通往首府華沙的路上，我也重新細細體會這片維斯杜拉河所貫穿的大地。在團結工聯的推動下，如火車頭般的波蘭率先徹底地衝破了前蘇聯舊有政經的桎梏，東歐的新紀元從這裡展開扉頁。這種精神來自於第二次世界大戰時的歷史教訓，當時的波蘭只能謙卑壓抑，忍受俄、德兩國敵對大軍隔河對峙、無情瓜分。一如當年東方的日、俄兩國交戰在中國東三省的土地上時，就令中國人也曾經煎熬過波蘭人民一樣苦悲的心情。

今天的市街繁華似錦，尤其是老城廣場上的小販與商店，融合了小鎮古樸的風味和新興經濟發展的蓬勃朝氣。空蕩蕩的總書記大樓正在改建成銀行，不變的是華沙大學兩百三十四公尺高的文化科學宮依然挺立——看來政治的對壘傾軋對比起歷史文化及自然科學來說，真是短命的可憐。不然，我這麼一個外國人怎麼可能站在華沙的林園中，穿起蘇聯倒賣出來的軍裝大搖大擺拍照留下回憶，不必擔心被抓到情治單位約談拷打，或許還要寫檢討自白切結書呢！

短命的政治、短線的財經讓人討厭，然其控制了地球村，任何人類的活動都脫離不了政經連帶關係的影響，所以必須瞭解。難怪我一再提醒自己在生活與旅行的時候，必定要不斷「觀察現象、探索思考」，永遠做一個「為現象傾心的人」。特別是當我印證在一個又一個旅次的驛站時，萬里阡陌路反倒使我更加珍惜每一個我正造訪的地方、每一個與我相遇的人、每一件由我親身經歷過的事。不計成敗、沒有得失、無論喜悲，自有其賦予我生命通情達理的學思啟迪。

繼續聚焦波蘭，五十年前首都華沙的人口是一百五十萬，五十年後仍然一樣，答案就在離華沙南方三百公里的克拉科（Krakow）。從那裡向西再走六十三公里，就是以前奧希維茲（Auschwitz）納粹集中營，一個在一九四〇至一九四五的五年間殘殺了四、五百萬無辜百姓的屠場。希特勒為了信奉尼采的「超人學說」，曾以徹底消滅猶太人做為將亞利安人成為世界超級民族的主要方式。枯瘦的野栗樹還是把二十八棟紅磚建築物襯托得莊嚴而美麗，倒是，高高的鐵絲網在血滴子般的探照燈強光投射之下，散落的盡是哀愁。對比二〇二四年以色列對巴勒斯坦人在迦薩走廊的轟炸，昔日的受害人轉變易位為加害人，名為掃蕩哈瑪斯組織恐攻行動，卻造成無辜的百姓平民和兒童死傷慘重，這歷史地理民族血淚的今昔對比，實在令人深感既諷刺又心酸。

針葉密林穿越東西柏林

另一個充滿波蘭民族血淚的歷史傷心地則是最恐怖的森林——「卡廷大屠殺」（Katyn Massacre）。我獨自走進這靠近白俄羅斯的兩萬冤魂慘案針葉密林區，被蘇俄密集迫害殺戮的萬人塚，一洞連著一坑令人不寒而慄，望之卻步又步步驚心。一九四〇年四月到五月世界二戰期間前蘇聯入侵波蘭，俘虜的戰俘將領軍官、高級知識份子、員警和公務員等，被用火車廂一節節秘密載運到這裡，有組織的大規模秘密殘忍種族滅絕式大屠殺二一八五七人。連後來二〇一〇年四月十日的七十週年悼念活動，趕來的波蘭總統卡辛斯基與高官九十六人竟然也發生意外空難全數死亡，像陪葬一樣飛機撞地爆炸，無一倖免。

當我繼續西行，由波蘭的成衣輕紡中心波茲南（Poznan）經過三個小時車程與一個小時邊界的排隊驗證檢查後，東柏林給了我另外一段歷史的悲情——那是不同於公主與蘇武的對比，這種屬於現代人類社會彼此的無情相殘，只有沈默的哀愁，缺少兩個湖水般浪漫的美麗。正因為這一條「柏林圍牆」曾經是歐洲生離死別最深刻的記憶。而這條「柏林圍牆」的高度與長度，都遠小於我在二〇二四年巧合在戰火爆發前幾天造訪東耶路撒冷時，所看到以色列圍堵巴勒斯坦人的圍牆。不但巴勒斯坦人受管制不能任意出入，包括能源水電都管制。其中水塔竟還區分黑白，巴勒斯坦人只能使用配水一週僅兩天而非六天的黑水塔，其被猶太人監禁隔離的限定孤立處境可想而知。

放眼整個歐洲，我發現幾乎每個大城市都各有一條不捨晝夜的河，流貫歷史地理上的繁華興盛、戰亂流離。後來一九九〇年「前東西兩德」統一，除了兩排高高的菩提樹幹以外，史普利河（Spree）應該就是時代興衰起落轉變中最客觀的見證者。我從馬克斯．恩格斯廣場不遠的渡口搭上夜遊史普利河的小船，十塊馬克要帶我到什麼地方？沿河有刺骨的寒風，還有晦暗到早已看不清楚的博物館、美術館、車站與大教堂，以及好長好長的「柏林圍牆」。

我把自己縮在厚厚的外套裡，這麼漆黑的夜，是不是註定給人疑問和困惑呢？過去多少個同樣的夜，人們又曾如何傾注整個黑夜的疑問與困惑，用堅定的信念終於點亮了今世整個東西柏林又團圓的夜空。

這整排一百六十公里長的「柏林圍牆」，其實何嘗不就是一大座沒有野栗樹和紅磚營房的「奧希維茲集中營城堡」。差別只在於死的是猶太人還是日耳曼人，或是今天另一端時空下的巴勒斯坦人。難道，歷史總是如此輪迴在地理上展現其無私的公平嗎？應該算是公平的殘酷。一九六一年八月十三日興築之前，曾有兩百三十萬人懷著美麗的夢想欲到西城；而竣工之後，一直到一九八九年十一月九日宣佈「柏林圍牆」開放前，總計至少曾有七十八人抱著哀愁的遺憾，在這條死亡線上逝去美麗的性命人生，魂歸西天。

看到整面柏林圍牆上畫滿了七彩的圖案，一九九〇年那時我抵達實地現場，當時真的每個人都可以拿把榔頭去敲，然後把那些沾滿塗鴉油彩的碎落混凝土石塊帶回家留念，珍藏一段正在消亡殞落的歷史。我很難想像此刻自己居然可以任意穿梭於破口一個中空大洞的圍牆兩側；不過幾個月前，此處還是想要翻牆逃去西德的東德老百姓致命的死亡線呀！眼前這一切對比轉變的矛盾諷刺，遠超過歷史地理滄海桑田的翻天覆地。至於到了現在的二〇二五年，我走回現場凌空一跳，竟然找不到一點當年切斷東西兩德的那條線，幾乎連圍牆的基座都已不見蹤跡了。

其中印象最深刻的是有一整面牆，畫著一九七九年蘇聯主席布里茲涅夫到訪慶賀東德成立三十週年，他與東德主席何內克兩男「擁抱接吻」的畫像正是一張「無言的史料」，稱作「社會主義兄弟之吻」——用畫作紀錄了當年象徵兩國領導人最為特殊親密的聯繫，竟然真的會以嘴對嘴來接吻宣示。下面還有一段文字寫道：「我的上帝，助我在這『致命之愛』中存活。」

所以我要寫報導文學來記錄留存史料：文學、繪畫、音樂、影像等等皆可，必須依循人類一切的歷史地理、社會文化脈絡，每一段落在進步或後退的草創時、轉變中、消失前，盡可能全部以旅行當地的真切見聞體驗，透過影音文字忠實記錄下來，無論其之對錯、優劣、良窳、好壞、喜悲——乘著我環球旅行舞動如天鵝羽翼般的一雙臂膀，右翅叫喊理性的美麗、左翼呼喚感性的哀愁；翱翔徜徉飛越，逍遙自在品味，為我們身處的時代喝采也留下史料。

一如英國作家查爾斯．狄更斯（Charles Dickens）在《雙城記》（A Tale of Two Cities）一開場就幫我為前蘇聯東歐這兩篇文章，做出最好的結論。狄更斯寫道：

「那是最好的時代，也是最壞的時代；
那是智慧的時代，也是愚蠢的時代；
那是信任的時代，也是懷疑的時代；
那是光明的季節，也是黑暗的季節；
那是希望之春，也是絕望之冬；
我們的前途應有盡有，我們的前途也一無所有；
我們正走向天堂，我們也正走向地獄……」

歐風花語——浪漫英法西之藏紅潮、杏花雪、水仙浪、梧桐雨、春藤海、橄欖風

從西歐到南歐，春風正火辣辣地吹開花草，也喚醒了秋冬陰霾後的陽光。從法蘭西古典瓷藝的手描壁磚，到浪漫奔放的塞維亞彩繪風情，正如同一朵朵會解語的花在向我報告春訊呢！

一九九一年二月初的西歐下了一場幾十年來罕見的大風雪，英國的積雪厚得異於往常，連當地土生土長的同學們都告訴我，從來沒見過這麼狂暴的大雪。冰雪重重地在窗外下著，論文也重重地在電腦鍵盤上打著。我盤算著辦理赴法簽證的時間，也計畫順道去未曾造訪的西班牙。這時的心情真像迎著白雪的枯枝，雖然課業研究和風雪都是異常的繁重，但來春的希望卻為了三月中旬一場歐洲華文作家們的首次聚會而雀躍著。

藏紅潮

盼著盼著，第二學期總算快結束了，冬天不也要結束了嗎？

春天在退去的殘雪中探出頭來，那是一朵朵像純白風鈴般的雪點花。我是這麼驚喜地真把它們當成了綠草上的雪點，堅強的生命力在初春正席捲著第一波英倫原野上的風情。心裡想：分別居住在歐洲十二個國家的華文寫作朋友，聚會在一起將有多麼不容易。畢竟文學創作通常是各據一方閉門造車的心靈工程，想在異域以文會友，別提什麼自古文人相輕，即便分別抽出空來兼程赴約就煞費周章。

我告訴博士指導教授我有這趟巴黎之行，必須提早學期結束之前一星期去法國。恰巧她也有個會議要去香港和大陸，於是鬆了我一口氣，正可安心赴倫敦和曼徹斯特辦簽證。沿路上我看到藏紅花，繼雪點花之後，以更鮮艷多彩的金黃色、濃紫色和粉紅色，把英格蘭大地妝扮得像個新嫁娘。南到倫敦西到利物浦（Liverpool）、徹斯特（Chester）、東到約克（York）都是一樣的景致。造物者正如此的神奇，似乎一夜之間用無聲的諭令開盡了洛陽的牡丹。歐洲的華文作家洽似這牡丹般的藏紅花。除了趙淑俠會長的奔走，臺灣的符兆祥，法國的呂大明、黃靜遠與李子修等作家都出錢出力，才促成了這項文壇盛會。

我在驚嘆冬春交替的大自然景觀之餘，同時進行申請必備的簽証；也沿路拜訪散居各地的臺灣同學——這簡直和拜訪春天一般有趣。法國簽證在倫敦上午辦，下午就可以取件，因此附近維多利亞博物館和自然歷史博物館看一看便打發了等待的時間，這也使我有更多的機會去牛津、劍橋以及渥維克（Warwick）、斯特拉福（Stratford）等地看古老大學城與莎士比亞的故鄉。

我花了兩、三天的時間先到渥維克，住在臺灣同學的宿舍裡。每天晚上大家聚在一起聊天。他們陌生的名字：蕭瑞麟、許正強、洪雅慧、梁振宇開始熟悉的記在我的心裡，正因為我深深發現：一九九〇年代初期臺灣年輕這一輩的海外留學生，最關心的並不是只有自己，只有臺灣，而都是整個中國的前途；這與二〇二五年的現在一個世代後的想法截然不同。例如，我在劍橋借宿於臺灣同學史望澄與徐學慧家中的感覺一樣。留學生即使功課再忙、生活負擔再重，一提到海峽兩岸的政治、社會與經濟都令每個人精神為之一振。大家共同的希望是，如何讓所有中國人在國際舞台上活得更有尊嚴。

或許時局的動盪，兩岸的乖隔，甚至百餘年來列強侵略的遺憾，在在令我們這些身處海外第一線的知識份子心弦震撼，無法平息吧！從他們的言談中，總會帶來了永恆的關注與無盡的思索。

走在全英最大渥維克古堡（Warwick Castle），城池壯闊只是別人的山河；在莎翁的故居（Stratford upon Avon））憑弔，再豐富的典藏也盡是別人的文采。觀賞之後，臺灣在哪裡？中國在哪裡？她像劍橋三一學院（Trinity）門上的亨利八世浮雕像一樣，手上的權杖竟被調皮的學生任意的換成了椅子腳，卻再沒有英武的侍衛來護持。我們這些來自臺灣的留學生，雖然沒有大陸同學千方百計滯留他鄉的準備，卻一樣有好深的無力感，在異邦做不成一名護持中華古代文化與現代文明的侍衛。

沿著康河走，記得那天是三月五日。藏紅花如潮水般在各個學院的「後院」（The Backs）開得滿徑嬌嫩，就像我在英國里茲（Leeds）的校園一樣。有人告訴我，現在校工是不會除草的，因為球莖的花期正一波又一波在大雪後的春天出現。我的確看到水仙的花苞已經露出微微的黃色，鬱金香的莖葉也挺拔如劍。小松鼠跑呀跑，到處報告春來的消息；這與河畔深鎖靜泊的小舟煞是強烈對比。拜倫、牛頓這些古往今來的賢傑又在哪裡呢？拜倫只有個名牌烙在三一學院的教堂裡，牛頓倒是留了一株新蘋果樹在院口，給人懷想地心引力的發現。如果四百年蘋果樹真會死去，新的能夠再播種成長，那麼薪傳即使窒礙中斷也不必太過操心，因為生命自然知道應該如何去淵遠流長。

想到這裡，開懷許多，我畢竟看到異鄉遊子依然關懷並珍視屬於中華文化的一切。或許那種醞釀的涵泳就像可以預期的莖葉及花苞一樣，充滿了真實的生命力量——痕跡細微卻無處不在。

杏花雪

一週後，我前往曼徹斯特（Manchester）辦西班牙簽証。十年前同團的青年友好訪問團友連復桑夫婦就這麼湊巧在那裡，三千六百五十天前的往事不覺浮現眼前。那年我們只是大二、大三的年紀，今天他已有一個女兒了。看他們的孩子在桌上、椅上和地上蹦蹦跳跳，真像我們那段耍刀弄槍、唱歌跳舞，出國表演的年少歲月。當年我們代表臺灣去美國各大學表演訪問的目的，不也是為了期待世界友人給我們在臺灣的中國人一份更崇高的尊嚴嗎？聽說今年青訪團將要首次來曼城訪問，這正是一段自己以往走過的路，即將看到學弟妹們又將走到了我的面前。臺灣的大學生在台上宣慰的也好，臺灣的留學生在台下被宣慰的也好，時空今昔我轉換了兩者微妙的角色。

我最感佩趙淑俠前輩的熱忱與勇氣了。她旅居瑞士這麼多年，還以我們青年不畏艱難的真誠，居然有此大魄力召集在歐洲所有的華文作家共聚一堂。大家緊握著筆、也緊握著手共同努力，總比各自孤芳自賞、懷憂喪志的好。何況中華文化的生命力就在其中展現無盡的尊榮，一如似錦春花，雪打也忍、踐踏也受，滿山遍谷依舊生生不絕。我相信他們在等待，我這同時當過「記者」也當過「作者」的雙眼去做見證：每個散居各地的中華知識份子，不論當學生、學者、商人、主婦，還是作家、藝術家，都應該不放棄自己當一個見證此次華文作家歡聚大會師的權利。當年我朗讀趙淑俠的著作「我們的歌」而感動，今天我已然成為了她筆下的留畢生，卻依舊為她而感動，就是這個道理吧！

小雪點花、小藏紅花哪會知道她們的同伴開滿了整個英格蘭，甚至歐洲。各自努力掙脫了寒凍的冰雪。造就的自是如鍛似錦，整片壯闊的波濤。

我終於在北英格蘭的徹斯特找到了答案。

靠著留學曼城的一位中國醫師任益民所借我的一本導遊書籍，在等待西班牙簽證的三天時間裡，我自己搭長途巴士跑到羅馬興建的古城赤斯特。她比大港利物浦更有文化的氣息，環市的城牆雖然不如東邊另一羅馬與維京古城約克來得高大，但小巧精緻，令人深深詠嘆。走在牆邊的園子裡，笛河（River Dee）遠遠地呼嘯，我忽然意識到下雪了，怎麼冬天的腳步又踱踏回來了呢？後來才發現我適巧途經於一座羅馬古劇場，這兒種著一整排的杏花。三月十二日，英國的杏花正在臺灣的「植樹節」似雪落得滿天。五片圓瓣夾著黃澄澄的花蕊，飄得我滿臉滿身，形容不出一旦發覺它們不是雪點，而是花點時的萬點驚喜。

我忙著接、忙著撿，因為它不會像雪一樣，美麗盡在片刻消融；至少夾進厚厚的書裡，我可以保有它一生一世的美麗。這就是我的答案——像雪般的杏花落下枝頭應是淒涼，卻是絕美；應是悲歎，卻是驚喜。生命是如此的萬種形貌與風情，一如杏花，從枝頭的萌生到草間的殞落都是——「美」。美在獨佔枝頭一展沈香冬雪，美在落英繽紛恰如冬雪沈香。

小松鼠跑來跑去，這次不怕人的，一定是看見我手上的花生米。牠多可愛的小手會在我彎腰遞上一粒果實時，輕巧地用圓晶晶的眼一起接過，然後這邊挖土藏藏，那邊掘泥放放，連兩頰嘴裡都各塞了有好幾粒呀！算算我給了牠十二粒，牠一顆也沒吃。倒是埋在十二個不同的地點。冬天過了，春天來了，牠永遠記得缺糧的日子。或許迷糊的松鼠後來經常會忘記自己把果粒到底藏在哪裡？不過，牠必然和我此刻的心情一樣：我們知道在這片廣闊的土地裡安放著一個又一個無窮的希望；這樣就很好啦。

水仙浪

出門在外，我愈來愈能體會遊子客居異鄉的心情。從求學深造到成家立業，留學生會為了省幾塊錢傷腦筋，也會為了眼前孩子的照顧，以及未來下一代的中文教育憂心忡忡。說起來也真是「一個蘿蔔一個坑」，人人都有自己忙不完的事兒。

正因為如此，三月十五日當我搭機從英國里茲到法國巴黎時，沒敢麻煩任何友人來接，當然這也考驗了我自助旅行的能力。偏偏法國戴高樂機場連一個英文路牌也沒有，英文在歐洲根本算不上「國際語言」。幸好在一位熱心的女士指點下，我順利搭上巴士，趕火車，再轉兩班地下鐵到了巴黎十三區中國城，循著地址終於找到了開會的地點，既經濟又實在。途中經過環城道路，我看見小草坡上的水仙花，一大片一大片迎風而立，法蘭西的春天顯然比英格蘭較早。鮮黃的、嫩白的、橙心的，交錯雜陳著風雅華麗，不似臺灣水仙的單薄，在風中掀浪的情景更是柔媚優雅、溫文有致。

走進開會的伯爵旅館時，我的腦海還是那片處處花波掀浪的水仙。至於，首次會面的諸位作家前輩出現在眼前時，雖然不少皆是曾聞其名、讀其文卻未見其人的文友，但我卻忽然意識自己，似乎在瞬間已經跟他們一起幻變成了整片嬌媚鮮麗的水仙。

風聲是不停的笑語，波浪是共鳴的心聲。

海角天涯的我們都是用中文在筆耕的農夫，此刻寄懷的終究是同一個山河、閃現的也終究是同一份文采。我們自然不必學法國人一樣，以連續四個左右貼面的擁吻表示真誠問候的心意。

中華文化與文字的魅力是無遠弗屆的。不僅我們來自歐洲各地與大陸到世界各地的炎黃子孫，連附近越、高、寮的華僑們即使不寫作，但卻一樣能運用中文華語拉近彼此的距離。巴黎的僑社就是如此不同於其他的地方，能將歐華作家開會的地點擺在這裡，襯著塞納河的人文景觀真是相得益彰。

短短三天的會期，大家研討如何相互鼓勵海外寫作源源不絕的動力；進一步也希望所有華文作家向歐洲與世界文壇跨出更新的一步。用中文寫作的人這麼多，然而分得的世人重視與推崇相對較少，對比人文薈萃繁盛的歐洲文壇，不免讓華文作家頗感切膚之痛。但是我們那份旺盛的企圖心不可稍減，否則連第一步都跨不出去了。

水仙渾然天成的斑點成浪，能為大自然寫下真實的註腳；我們如果也能在歐洲連結起一股力量，對發揚中華文化或將會是更有意義的事。

巴黎那幾天不時飄著細雨，我沿著塞納河看到拉丁舊書攤都在河牆上撐啟著木櫃，一旁的聖母院則在大火祝融肆虐前鋪陳著絢麗夢幻的莊重。在搖曳著水仙的花叢中，我偶會看見幾朵搶先爆裂的鬱金香，它們幾乎是在我左一回頭，右一抬眼之間突然盛開的。愛狗的法國人牽著寵物來回經過花叢，似乎並沒有意識到一朵朵在春風中正乘著水仙浪花波濤擺盪的七彩鬱金香——它就如同手中高舉著謙虛又剛直的花杯，向無垠天際汲取生命的靈秀，不卑不亢。

雨中的河畔萬物滋長，向西走總覺得艾斐爾鐵塔離我如此近，只是愈走愈發現它的遙遠：這正是我沒有乘地鐵而用步行的原因，還好一路的白樺倒是不停地跟我說話，我也就不以為意了。白樺和楊樹一樣都有像小墜子般的綠穗，青嫩的葉片在枝上羞澀竄出了，這才三月十八日呢！西歐三月的花木幾乎是隨著一天一寸地成長，今天她們都是十八歲的少女。

梧桐雨

老幹新枝．老枝新葉．老葉新芽。

自然界的景觀就是人類文明的寫照。在同樣一株樹上，你可以輕易發現斑剝的樹幹上，也許曾被人用圖釘或釘書針嵌著過期的海報，但是新的枝椏卻無拘無束仍舊向上竄長。冬天我看不出這些枯萎的細枝有什麼活力，可是竟然時令一到，新綠泛紅的嫩葉自會為我釋疑。站在羅浮宮到協和廣場之間的公園裡，每一株法國梧桐都是如此反覆在為我吟誦。

我的身後是貝聿銘設計的玻璃金字塔，這也是羅浮宮由華裔著名建築師安放的嶄新人口；我的身前面向的則是典雅的埃及法老王碑，一段被切割的文化。東西文明古今的牽繫，怎會如此巧合，又耐人尋味地都集中在法蘭西的背風草地上。

老梧桐還垂著去歲的幾片殘葉與栗球，有的泛棕、有的發黑。竟然纏綿在高高的枝頭，就是頑固地不肯辭落。不過，新發的黃芽早像嬰娃的小手一樣在它們身旁張牙舞爪。還不成形如楓槭的嫩葉，隨著莖脈正在奔流生長呢！我知道它們想告訴我什麼，因為在神州的上海、鎮江、特別是南京、武漢、岳陽與成都我都看過同樣夾道的法國梧桐，它們會在仲夏對街遠遠就牽起手來。綠蔭似為人們避暑結廬，道路兩旁梧桐枝葉伸展如千萬對雙手，搭起凌空遮陽的綠蔭樹橋。來！行人哪！車輛哪！來玩「城門城門雞蛋糕，三十六把刀」。你可以學路易十四騎著白馬，帶著寶刀，但當幻想也成為雄渾英武的「太陽日神」之際，可千萬小心，別「走進城門滑一跤」。

這是童年鄰里間在玩樂的小兒遊戲，也是梧桐浪漫的回憶。如此悄然呼應的欣慰，大概只能用見到兩位「老朋友」來況喻吧！

第一位是丹陽同鄉兄長李天鐸，第二位是異地重逢知交范曾。前者十八年未見竟然今日在法國聚首；後者一年前在東方天津知遇，今日竟也在西方巴黎再相見。時間與空間總把人們悄悄地捏塑，摻和上了萬里因緣牽繫，一起擺在花都香榭麗舍大道直通凱旋門這同樣浪漫的舞台。

在范曾的畫室裡，我得知他們倆也在半年前於巴黎初識，並結交為好友。面對著范大師剛完成不久的新作：「竹林七賢」，我心頭湧現了更多位四方齊聚巴黎的作家與藝文界朋友，包括剛從德國參加完柏林影展來到巴黎歡聚的劉曉慶和姜文——這真是一種只能用風雲際會的思緒深刻心領神會的感覺。

這些機緣一再印證了趙淑俠會長在歐洲華文作家成立大會上所引用的話：「文學是人類心靈的工程師，需要腦力激盪，也需要本土的滋潤。」

雨灑著，陽光也灑著，共同滋潤夢幻般的梧桐。任何一對情侶都可以在樹下庇蔭遮雨，任何一個陌生的異鄉人都可以在它的根前編織最浪漫的夢想。這一「織」就把我的旅途「織」到了法南庇里牛斯山的聖城路德（Lourdes）。

我選擇了火車，不但沿途鄉野山城的秀麗可以盡攬眼底，也因為單程車票比飛機便宜。只是和五個陌生人睡在一間車廂裡各自的小臥舖，實在需要一些適應，還好我總是一覺到天亮。

法國南部的春天還沒來，遠山的白雪把這座小小的聖城襯托了一種肅穆的氣氛。當天三月二十四日，枝葉不算二十四歲般的年輕，它們和青草都還掩覆在薄薄的冰霜下，沒有陽光，只有雨和巴黎是一樣地灑著。

九點十五分，教堂的鐘聲響起，不自覺聞聲而去，我和一群手持聖枝靈葉的信徒步入偌大的殿堂。

今日是禮拜天，神奇的火車把我帶到了道個充滿聖女傳奇的小鎮。九點半鐘一到，紫衣的教士搖鈴帶領大家禱告。我看到台階上還裝飾著盛開的金縷梅與鮮百合。長長的白燭象徵聖母的貞潔，管風琴迴盪起撼人心弦的歌聲。這是多麼祥和的世界！附近有昔日「法西大戰」的古廢墟，一如那時同期孤立在遠方美軍與中東伊拉克的波斯灣新戰場，都是如此的遙不可及。

「HOSANNA」唱唸著祝禱文，教士沾著聖水向四方灑去，每個信徒高舉枝葉迎領著，廳堂忽然變成了遼闊的森林，每個人謙恭成一株株等待春雨甘霖的梧桐，等待神山聖水給予心靈永恆的饗宴。

春藤海

火車在法南重鎮托羅瑟（Toulouse）轉向東南行，順著免稅「山城之國」安道爾（Andorra）的平行坡地向前奔馳。翻開一九九一年當時的地圖，這才發現由巴黎到巴塞隆納，我是走了一個大轉折的路線，先沿外緣大西洋到路德，接著又沿內側地中海到西班牙。

深夜進入國界，連檢查入境簽證的人都沒有，直到波布（Port-Bou）車站下去買風景片時，才發現所有的法郎（F・F）標價全改成了佩賽塔（Pas.）。問題是當火車停靠在三個都叫「巴塞隆納」的車站時，我實在不知道應該在哪裡下（Clot-Passeig de Gracia-Sants Estacio）。西班牙文和法文都一樣，可惜只認識拉丁字母，不懂得組合；英語對於當地人也差不多。

我走上地鐵的出站口，近午夜的加泰隆尼亞首府出奇黑暗寂靜，簡直和其他大城截然不同，甚至連一輛計程車、一家旅館都看不到。我雖自認不怕，但是除了幾個醉鬼之外，肩上重重的行囊也不停跟我犯嘀咕。我只有硬著頭皮撥電話給一位從未謀面的朋友，他叫方建民，是西班牙詩人文友林盛彬在巴黎開會時留給我的。當時他說，他也兩年沒聯絡了，不知道電話「對不對」？

「喂！」這一聲可給我心頭打了最好的鎮定劑。接著我竟在陌生的巴塞隆納，住到了這位經營電腦生意的陌生朋友家裡。當我一天後轉赴馬德里時，包括他的工作夥伴王靜之，我們都成了好朋友。他們還帶我仔細欣賞一直沒有完成的高第精心傑作聖家堂。站在常春藤佈滿的綠海前，欣賞了這一個後人所無法繼續依原設計圖完成的藝術傑作。

春天對地中海西濱的西班牙來說是更早的。從哥倫布銅像面對仿製五百年前出海老船的港區，一直到未來一九九二年奧運會場山丘蒙胡宜克（Montjuich），我都可以見到洋常春藤（Hiedra）真是像大海一樣淹沒了西班牙古今皆同的黃土。不只高第，還包括在此出名的三大現代畫家米羅、畢卡索及達利，他們正是充滿人文生命力量的常春藤海，將平淡單調的大地，鋪墊上七彩迷離的織錦。難怪迦泰隆尼亞人可以用自己不同於西班牙國語卡斯提亞（Castilla）的方言，繼拿破崙曾講「巴黎以南是非洲」之狂語後，自豪地說：「出了巴塞隆納，南邊全部是非洲。」

這對首府馬德里以及由廣大的伊斯蘭與吉普賽文明所交織的安達魯西亞省是絕對不公平的。畢竟巍峨的建築、豐富的文化，尤以塞維亞（Sevilla）為中心的鬥牛場與佛朗明哥舞蹈，皆是世人對西班牙最鮮明代表性的印象。隔年當北方的巴塞隆納奧運盛大舉行之時，南方賽維亞的世界博覽會（Expo'92）也將呼應展開，這兒的常春藤海在乾爽的氣候下絕對會更綠更濃，南歐的浪漫與熱愛將會在它青綠的海面上，隨波迎風一致舞動起伏，擺弄著無邊風情萬種。

馬德里的梧桐已結出了一個個新綠的果粟。常春藤確實是海，不時會像靜止的巨浪一般搭附在枝幹上。吞噬了梧桐演化成自己的波濤，連成一幅綠色馬賽克拼圖的海洋。我也用步行從市中心的哥倫布廣場一直走到市南的火車站（Atocha），一連看了六個如海浪般串連的博物館。老殖民地的民俗品，哥雅（Goya）與維拉斯蓋斯（Velazquez）的畫作，到畢卡索被安放在大玻璃窗內的反戰油畫，一段人類文明與歷史的縮影，令人心弦撼動。

儘管藝術表達的形態，如西班牙南與北、古與今，皆乃大相逕庭，總算沿路一直出現畢卡索與小哥比（Coby）奧運吉祥物的創造，才更加凸顯古今文明未曾中斷的生命力量。這或許也充分點出了身為一個海外知識份子，在茫茫如大海的中華文化上，也可以用此處同樣生命的喜悅去無憂無懼的創作，展現屬於華夏不同風貌的情懷。誰說主觀的藝術只能遵循祖宗家法，而沒有推陳創新呢！

橄欖風

向西班牙南部蔚藍的大海走去，我還是選擇了火車。

幾天在馬德里，飽食了林盛彬、杜東滿的臺式家鄉牛肉麵，也品嘗了張依德與她西班牙丈夫邀約的典型南歐菜餚。載著異鄉真摯的友誼又再次睡上了臥鋪。睡夢中還想著飯前的葡萄酒與飯後的蘋果烈酒，我似乎也像一枝常春藤，把散居四海的枝葉都翻攪進了酣醉般的波濤大海裡。

我真的去了最南的安達魯西亞。

火車沿線逐漸不見高地氾濫的黃土，倒是愈來愈多的橄欖樹，一排一列，漫山遍谷。地中海的春風最為怡人了，趁著四、五十度的夏季熱浪侵襲此地之前，橄欖葉早就薰陶出清新雅緻的氣息。哥德巴（Cordoba）的大清真寺（Mezquita）是我的第一站，由此往西南到塞維亞，迦第茲（Cadiz），往東南到格瑞那達（Granada）與畢卡索的故鄉馬拉加（Malaga），都呈現摩爾人回教文化數百年統治後，遺留下特殊的人文風土——好比橄欖樹阡陌連天的景觀與北地完全不同。

三月二十七日傍晚，當我目睹一個老清真寺如何被改為天主教堂之際，樂聲響起了，復活節「聖週」最盛大的遊行活動正式展開。紫色尖帽的蒙面教徒舉著紫色的巨燭，有的信眾赤腳纏著鐵鍊，有的教徒扛負揹著木十字架。不一會兒，甩著香爐的孩子引出莊嚴的聖像木雕。耶穌逼真等身的雕像拖扛著巨大的十字架，花團錦簇散發懾人的尊榮。一天後我在塞維亞的市政府前，也看到了史壯觀的景象。人們徹夜守在市區的主要街道，成千上萬的教徒為自己的信仰、為自己的悔過沈浸其中。

三月三十日到格瑞那達，我也看到從阿罕布拉（Alhambra）回教皇宮抬出了聖母抱耶穌下十字架悲戚的塑像，聖母的面頰上還淌著兩滴晶瑩的淚滴，逼真的教人心動。和平鴿飛了滿天，焰火也照亮蜂擁的人群，不夜的宗教活動把人性的真純持續燃點熱情。舉目所見小酒吧（Bar）裡微醺的酒客，仍然用細捲的西班牙油條（Churros）沾著巧克力醬，對賣唱的吉普賽窮孩子毫無施捨的掌聲。

現代人往往把宗教的道德與仁慈放在教堂裡，如同不少華人把傳統文化及等待薪傳的文明塞回了教科書裡。忘記自己就是一座教堂、自己也更是一個能續寫篇章的傳人。

橄欖風是這麼沒日沒夜的吹拂，春天在安達魯西亞早就斑斕鮮活，熟透的榆籽與梧桐絮乘風飛了滿天。我和塞維亞三位學藝術的臺灣同學陳智權、洪小雯與張昭卿忙著撿，不讓它們堆積腐壞在水泥溝與石板道上。他們提醒我：每一個飛翅下的種架都將會長成來年一棵昂揚的大樹。的確，榆也好，梧桐也罷，蘊藏的生命力都不嫌其原來的渺小，只要橄欖飄香的春風不停，海角天涯的生命繁衍亦將無止無盡。

鬥牛季開始了，在勇武與殘暴間爭議的話題，年復一年從賽場與電視上流洩，只有熱情如火的塞維亞舞（Sevillana）與掙扎苦澀的佛朗明哥舞，從來沒有遭致任何議論。我們於是在賽維亞唯一的一家臺灣人開的迎賓飯店用餐之後，盡情分享了安達魯西亞的奔放。

這家小酒館當年一杯酒五百西幣，約五塊美金，並沒有固定舞者表演。卻有一位歌喉嘹喨的歌手彈唱西班牙古典吉他民謠。在他煙酒不忌的表演下，我發現每首歌都分成四個段落，人們自由成對起舞：踏步，扭手，轉身，風情萬種。遙隔三、五個桌子的人，也可以舉杯互敬，天南地北的男女更可以攬肩共舞。刺繡著彩花的大披肩炫惑著我的雙眼，纖柔的細指像旋動無形電燈泡一般的嬌媚。背負歷史苦難的歐羅巴華人，什麼時候才能學習像這些苦難的西班牙吉普賽人一樣——痛楚全拋，重回只有音樂、也有舞蹈，更有熱情的中華文化，同歌共舞。

當我問西班牙人，那些在亂石間、破瓦簷上開滿的小花是什麼名字，他們只說了黃色「阿馬力啾」（Amarillo），因為他們也不知道。直到有人告訴我說它應該是「jarawagos」，我卻又無法在字典上查到。姑且就稱這些有著塞維亞舞蹈生命熱情的花為「小黃」吧！它們先於結實節實累累的小橄欖一步，獨佔了南歐地中海畔的鰲頭。任何不可能生長的地方都有它們的蹤跡，卻沒有一個普遍皆識的名稱。在每一株橄欖樹下，它們默默織錦了一大片鮮黃的圓氈，連孤立在丘頂上的白石屋縫，都冒出它們處處的匠心妝扮。「名字」對小黃花來說早已是多餘的規範。

回到英國，還沒開學呢！整個苔特麗（Tetley）宿舍只有五名同學，其他將近兩百人要兩週後才會回來。

冷清的庭院與草坡全是青綠的。英格蘭里茲的春天又慢了一大步。

「藏紅潮」過了，「水仙浪」正在席捲，倒是「杏花雪」才綻滿枝頭還沒落下，老梧桐的飛絮更要等到一個月後才會出現塞維亞的「梧桐雨」吧！至於對比西班牙常春藤的小重葛，時令未到，依舊枯攀在我借宿的古樓上，不見「春藤海」，也嗅不著「橄欖風」。英格蘭就是我當時旅行留學的一個終點與起點——就像四月中旬的里茲是我在西歐春假旅程的終點，卻發現她正兀自展開了春天蓬勃的起點。

白的是杏、粉的是櫻、黃的是水仙、紅點的是鬱金香，它們含蓄地躲在苞莢中環顧四方悄悄窺視。難得的恬靜令我在自己的生命中，首度跟隨大自然的時序腳步，如此珍愛每一株植物、每一顆種籽、每一朵花——教導我學習傾聽這歐風花語的無盡浪漫。

品之紀念——商品、物品、人品的紀念品

紀念品

為了要紀念每一段旅行，以供日後回憶有所依據，我總會想盡千方百計帶點什麼特別的東西，跟著我回家。特別在每一件商品、物品、紀念品收集的過程，記憶組合出一段段人生的故事。

大多數的紀念品是當地的土特產，從鳳梨酥、太陽餅、麻糬到珊瑚、琥珀、水晶。也有不少是象徵到此一遊的鑰匙圈、冰箱貼、郵票、錢幣等等，凡此總總琳瑯滿目。我深深發現這些不同的「品之紀念」中，始終圍繞著欺騙與信任、陌生與熟稔、短暫與永恆，不斷牽動著彼此拉鋸的價值平衡點。畢竟一名銷售商品的當地人，必須將紀念品無所不用其極高價賣出給外國人，那麼，到底該做一次性暫時騙術的生意，還是結交為深刻互信的長久友誼，自然見仁見智也南轅北轍。

首先談到商品，全世界超級的紀念品推銷高手就屬埃及小販——他們單打獨鬥又合縱連橫，進行群體包夾攻略，騙逗撩耍之功力，爐火純青。記得第一次去那裡

旅行就大開眼界，買了一大堆紀念品回家，盡是些即使送給人家都被嫌棄的商品。

那天遊覽完基薩高地最著名的三大金字塔之後，一個小孩拿著一個蔚藍色的聖甲蟲小石雕朝我走來，我直接想到電影裡面講述其神聖的意義，詢價得知一個索求一百元埃及鎊。我立刻展開對半砍價的精明策略，他為難再三忍痛割愛，我買的是滿心歡喜。走沒兩步路，另一名小販追上來跟我說三個一百，我喜出望外立即買下。沒走多遠，迎面儼然又巧遇了一名小販，直接說：他看我的長相就知道我熱愛古埃及文化，他想半買半送給我聖甲蟲雕刻，一百元五個，我感動之餘也不假思索全數購入。緊接著我才路過一個轉角，就看到一個蹲在路邊的老人，搖著頭對我說：「你真是個大好人！」他說他遠遠就看到我一路被騙過來，我願聞其詳，他才勉為其難地說：其實聖甲蟲的雕刻品合理價錢是十個一百，而你卻……。於是當下我感激地跟他買了兩百元二十個。

走著走著，我漸漸感覺背包有點沉重之際，再跑來一個不同的小販追我，他說我方才付錢拿鈔票的時候，掉了一百元在地上，他現在幫我送回。我簡直感動到差點哭了，握住他的手良久不能自已，誇讚他的誠實，同時主動問他在賣什麼？他說也賣聖甲蟲石雕紀念品，願意用同樣合理的價錢讓渡給我。我二話不說立刻抽出五百元獎勵他，又塞進五十個聖甲蟲到背包裡，此時才發現這些石雕加在了一起還真的非常之沉重。但是看著他，我仍然故作輕鬆狀把背包揹上雙肩，微笑揮別。

商品

就在我快走到搭車回首都開羅的車站時，最後一名小販杵在站牌旁，含著淚水對我說，他要為所有的埃及人向我道歉：一路上遇到的小販全都是串通好來騙我的，事實上他才是大盤商，那些人都是陸續來跟他批的貨。他本來以前還奇怪為什麼他們銷售這麼快、生意如此好，今天來此坐鎮觀摩，終於恍然大悟在用這種逗騙外國觀光客的套路，極為不齒。他說他必須代替全國同胞向我衷心道歉，要我千萬不能誤以為埃及商人都是那麼的壞，也千萬不要對他美麗的國家失去好感。我聽了先是為之一怔，接著忍不住好奇問他，那到底批發價是多少？他答到三十個一百元，令我差點兒昏倒。這時公車也來了，我在說再見上車的同時拿出了一百元給他，又把他手上早就準備好的一袋三十個小石雕直接提上車。

踏上車廂裡，一名男子看我扛著沉重的背包直接伸手來幫我提，我也就順勢坐到他的旁邊。他問我喜不喜歡他的國家，我當然照例回答「很喜歡」。接著我也客套問他是學生在讀書還是在工作？他說，早就工作了。我又多嘴問他做什麼生意，他答賣紀念商品。一聽又是賣聖甲蟲小石雕，我已經想把自己像支手機，關閉成靜音飛航模式，因為我瞥見他的腳邊放著兩大袋聖甲蟲石雕。不過我就是那隻因為好奇心「被殺死的貓」，或是自己根本就是一隻活活被埃及小販們集體踩死的一隻聖甲蟲？才不出三分鐘聽到他說：他是從源頭工廠正批貨回去店裡。我就又憋不住問了他底價？

他平靜地說：「大家都知道啊！難道你不知道嗎？公訂掛牌價就是五十個一百元啊！」

事實上，可能直到現在我都還搞不太清楚到底這一連串發生了些什麼事？整條路上有如金凱瑞主演的電影《楚門的世界》一般，大家合力演出了一齣戲給我看，我卻不必彩排，一股腦照著他們的套路賣力配合付錢演出。算一算我總共花了一千元、買了一百一十個聖甲蟲小石雕。問題是我又沒有要開商店，買這麼多一大片蔚藍色海洋鋪天蓋地的紀念商品幹嘛？我簡直可以提供《神鬼傳奇》好萊塢電影裡所有聖甲蟲大軍進攻法老的道具了！然而，當他到站先行離去時，他的雙手竟然是空空如也下車的，因為口袋裡早已經裝著我自願付給他的兩百元。

走回旅館的路上，我盤算自己屆此總結共花費了一千兩百元埃及鎊，買了兩百一十隻聖甲蟲，平均下來一隻五點七元，比起第一筆交易便宜了近十分之一，稍感安慰。這時有位青年主動為我來提背包和手上的重物，我也真的快撐不住了，全交給他，心裡還在懊惱納悶想不通剛才發生的事。最後我是被嚇得伸出自己兩隻手，倉皇搶走東西，頭也不回地衝進旅館的。

也沒什麼啦！他只是跟我輕鬆說了一句話：

「我是在賣聖甲蟲紀念商品的。」

物品

遊覽完了北非洲的埃及法老金字塔，我飛到中美洲的瓜地馬拉，探訪古馬雅階梯形狀的金字塔群，這位於蒂卡爾（Tikal）濃密雨林裡的秘境，整個地理景觀和埃及乾旱沙漠截然不同，只有一個是同樣的現象——守在景區出入口，眼前滿滿都是售賣紀念商品的小販。

這次我決定不再犯錯，絕不氾濫自己這個短暫停留的觀光客對於人的信任，不希望再被利用或是再被欺騙。尤其是剛好我對他們手上拿的階梯金字塔小模型，以及各種雨林動物造型的陶笛商品乃是一丁點興趣也沒有，反而想買下一名小販婦女身上自己所穿的一件物品——那是條手工編織的彩紋斗篷，上面呈現傳統馬雅的太陽神圖案以及他們家族的圖騰。

今周遭當地人不可思議的是，我怎會對這件物品感興趣？我私下跟女販討價還價，但是她的底價很硬，畢竟那是她天天穿戴的貼身物品，不是買賣流通的商品，難怪怎麼議價都殺不下來。於是我用旅人買紀念品砍價最常用的伎倆，就是「妳不賣我就走囉！」沒想到完全不奏效，她繼續忙著找別人兜售去了。我真是進退維谷，只有硬著頭皮跑回去，忽然想到我今天從旅館出門的時候，口袋裡塞了幾個浴室附贈的小盥洗用品，乾脆拿出來給她看看。沒想到她可是愛不釋手，立刻半價讓給我斗篷，還幫我穿戴打扮得美美的，護送我走進參觀的園區入口，笑得合不攏嘴。最高興的是我用這麼低廉的價錢就買到了最好的馬雅古樸紀念品，那是比大批生產的商品更好的限量版傳統編織物品，一路拍照攝影招搖過市，羨煞來自世界各國的觀光客。

等到三個小時逛完，我再從原來的出入口離開之際，發現天上飄起細雨霏霏，但是怎麼成群的小販既沒有人去避風躲雨，也不來跟遊客們搶做生意，反而見到一大群的當地民眾團團圍在一起，人聲鼎沸。我猜想一定發生了什麼驚天動地的事情呀！趕緊跑過去踮起腳尖往裡面瞧，只見目光焦點的中心位置竟然站著的人，乃是方才賣斗篷給我的那名婦女。我看了差點昏倒，因為她的頭上正好戴著我送她的那個旅館廉價贈品——浴帽。眾鄉親商販竟然對她皆投以萬般羨慕欣賞的眼光，大家都紛紛嘖嘖稱奇、津津樂道說著：

「這麼美好的物品！又可以遮風擋雨，還能美化造型，時尚透明的罩子還能看得到精心裝扮的髮妝呢！」

說時遲那時快，女販陶醉在眾人天花亂墜的讚揚聲中，突然瞄見到我，立刻為眾家販子指點放馬過來：「就是他送給我的紀念品啊！」

霎時我就這麼被眾人像簇擁成「萬人迷」的超級巨星一樣，腳都快著不到地給擠回了旅館，每個人都向我殷切討著要浴帽紀念品，要換、要買都可以。讓我真是恨不得去垃圾桶裡，蒐集回前幾天丟掉的那些免費的盥洗用品。隨便湊一湊，可能用這些物品或許到當地人家裡，管吃管住個十天半個月不成問題吧。

後來我跟那名小販互換了地址，經常把我穿著她編織的斗篷在世界各地拍攝的照片寄給她看，賞心悅目。我也不時會把全球旅館酒店裡附贈的不同浴帽陸續寄贈給她，換得她回贈我，戴著不同款式的髮飾浴帽，美照爭奇鬥艷，給我先睹為快。

巧合的是這兩件物品的功能，都是用來遮風擋雨的，只是原本平凡無奇的物品一朝一夕易地而處，彼此交換了「物品」，竟然各自成為了對方最美好實用的「紀念品」。

人品

如此對於旅行人生裡的「品之記憶」，在最近疫情期間艱難不易的情況下，我終於成行了英國之旅，也讓我對於「紀念品」又有了嶄新的體悟。

醉心研究英國每年夏天神奇出現的麥田圈已超過二十年之久，每次都想帶點紀念品回來，但最近的這一次經驗真的非常不一樣。那是我第一次叫 Uber 的長途出租車去尋找，而我只有看到網路上提供的衛星經緯度定位。沿途我們聊到英國的疫情曾經有八個月讓他們司機全部民不聊生、無以為繼，幾乎快撐不下去。還好現在全面開放，生意忙得不亦樂乎。

途中我得知他是來自摩洛哥搬到英國的新進移民，已經開出租車有十年之久，最近改當 Uber 司機，才發現他存錢多年買的車子在最新的計價方式上非常吃虧。因為他只要再多個五百 CC 就可以被定位在更高一級的價位，每跑一趟能夠多掙個幾十英鎊的收入。他也自言自語提到，最近有摩洛哥同鄉想到英國打工開車，跟他請教應該如何買車，以及如何加入 Uber 的營生行列，他就特別提醒他們一定要買另外那型的車輛，千萬別像他騎虎難下，頗有虧損。

我一聽到這番說法，馬上聯想到在世界很多的移民天堂裡，同鄉似乎應該是最被相互信任的對象，可是為何總不免盛傳：所謂先到的自己人，欺負或欺騙後來移民的自己人。他們之間不一定存在要購買或交換些什麼商品或物品，也沒有長久短暫或是陌生熟悉的隔閡，更沒有什麼閒情逸致珍藏些什麼紀念品；但卻經常爆發出人與人之間基本信任與欺騙的價值衝突。換而言之，這名司機的案例如果發生在亞洲移民的社區裡，小聰明的老司機一定會藉此機會脫手他不夠理想的舊車。還會冠冕堂皇地振振有詞，說什麼自己這二手車已經都開到得心應手超級順的啦，又能幫同鄉節約省錢，實在捨不得才割愛的。等到日後新司機啞巴吃黃蓮心知肚明之餘，隔個一兩年繼續再去欺騙脫手這老車，給後面繼續想移民撲來英國的菜鳥同鄉們，還搶著要跟他買呢！如此惡性輪迴循環下去，一個人騙一個人，又一個人。

我透過前方的後視鏡，看到司機明亮的雙眸，真是由衷尊敬這位大英帝國裡，如此正直誠信的北非小移民。

通常長途出租車司機都是惜時如金、前催後趕，要不是就會一路抱怨找不到目的地，再不然就是端出各種理由，吵著想加錢的戲碼。但我卻發現，他非但極有耐心在協助我沿途詢問，甚至當我們抵達麥田圈的入口，卻發現我的空拍機驅動程式無法啟動時，主動幫我用他自己的手機上網下載了四個不同版本的程式，一一協助耐心過濾測試。有幾度我已經快心煩氣躁到揚言放棄了，他卻像天使一樣鼓勵我說：「既然已經撐到了最後一個步驟，何不再多試一次吧！」終於順利起飛，得以空中航拍攝影成功，令我感激萬分。

回程送我去機場附近的旅館時，我突然發現，這段英國麥出的旅行途中，我竟然首次沒有帶回來任何的紀念品。由於那兒不是觀光區，所以不會湧現叫賣「商品」的小販；那兒甚至連一個當地的人影也看不到，因而甭想會遇到什麼具有文化收藏價值的「物品」。

不過，此行感到內心收穫分外豐富盈滿，應該就是來自於這位司機的「人品」，一路散發著溫暖和煦的熱與光。

附錄

「品之紀念」，其中漢字「品」有三個「口」，為我延伸出紀念「品」字的三種脈絡分明的層次。從紀念品做為商業交易、推銷販售、賺錢消費的「商品」，再到睹物思人、遙相懷念、聯繫情誼的「物品」；最後，令我深深感動的卻是在一個卑微角落裡，見到一個高貴靈魂散發出人性內心良善的光之「人品」。

原來這等美好的「人品」才是我從世界各地旅行，帶回來最好的「紀念品」。

死亡有情不變的初心

四個世界驚駭遭遇的愁，
因真情而恆久呵護著我們的初心

尋親墨西哥——亡靈節踏上恐怖鬼娃島

流浪尋親的鬼

我一直沒有見過這個親人，但這一次飛到墨西哥的目的，就是為了他而來。整個墨西哥市兩千萬人口，正沉浸在每年十月三十一日到十一月二日的「亡靈節」（El Dia de Muertos / Day of the Dead）慶典嘉年華的熱烈氣氛中，只有我懷著沉重的心情來這裡尋親。

說「尋親」有點牽強，因為他沒有跟我很親；在他短短兩歲兩個月的生命裡，連叫我一聲「舅舅」的機會都還沒等到，就夭折了。姊姊悲慟逾恆，多年來無法釋懷，從未料到短短兩週的墨西哥郵輪之旅，在船上感染腦膜炎，匆匆終結了小寶寶的陽壽。

二〇一九年當我聽說：墨西哥一年一度全國最盛大的亡靈節當中第二天，專門是為了尋找早夭的嬰孩與兒童，試圖連結到他們的亡靈以便得以回家團聚，或是引靈到一個「娃娃島」上，我便默默計畫著此趟奇怪的旅行。

他們認為小寶寶往生前，跟大人非常不一樣，因為有的還不會說話、不會走路，甚至連自己死活都不知道，於是就一直待在原地徘徊流浪，癡癡等著爸爸媽媽應該會來帶領——畢竟自始至終完全不懂：為什麼父母狠心把自己孤零零地丟在那邊不理不睬？

於是我決定幫姊姊跑一趟這個的地方，它不是小飛俠彼得潘的「夢幻島」，而是傳說中在這墨西哥城南方霍奇米爾科運河的帕茲卡羅（龍舌蘭）湖畔，進入到聯合國世界遺產的浮島區域裡，那個最為陰森恐怖的所謂「鬼娃亡靈島」（Island of the Dolls）。聽當地人說：凡是有幸能夠被安置在這一座孤島上的孩子，將不會再長大，也不會變老，眾娃惺惺相惜，彼此相伴不再孤單害怕，永遠享受著快樂幸福、無憂無慮的童年。只不過墨西哥民眾言之鑿鑿，盛傳一旦踏上這個島嶼，白天約略四千個娃娃玩偶會一直「盯」著你看，到了夜晚更會像電影《玩具總動員》（Toy Story）全部「動」起來，並傳出陣陣啼叫哭嚎，令人不寒而慄。但是墨西哥民眾又普遍深信這些飽經風吹日曬雨淋，破舊不堪甚至有的被燒焦、有的是嚴重殘缺的恐怖娃娃，只要是能安置在這座「娃娃島」上，讓他們尋覓到同伴歸屬，不必在外頭漂泊流浪之後，他們便具有某種驅除邪靈、護衛親人的神秘力量。

就在我初抵墨西哥首都的那天晚上，旅次奔波辛勞又累又睏得要命，但是初秋的氣溫到了夜裡卻仍然溽熱難忍。我不但要敞開窗戶，還要把旋轉吊扇調到最大，然後依舊穿不住一件衣服，光著身子僅披一條單薄毛巾就呼呼入睡。沒想到，大半夜不知道幾點了，只聽聞窗外樓下原本所有嘈雜的車聲人聲皆已悄然靜謐，我卻感覺一陣陣寒意襲來籠罩全身，不但凍到雞皮疙瘩全數冒起，根本是被自己冷到牙齒上下哆嗦打顫給吵醒的。

我急忙跳下床來，摸黑扯著拉繩關掉風扇，再把窗子緊閉，又以最快速度翻出背包裡所有的衣褲襪子手套帽子，全數穿戴完備才回到床上，繼續睡。但這時夢裡出現了一個小男孩，他沒有跟我說一句話，倒是讓我像一個親眼貼近目睹事情發生經過的旁觀者一樣，靜靜地沉睡安眠在那段如泣如訴的夢境裡。

根據墨西哥當地傳聞：聽說這些孩子也都曾經想依親回到過家裡，他們每晚會坐在自己的小床上不吃不睡，等待著父母親的晚安之吻，可是媽媽既見不得他們，當然也無法抱抱親親他們。夜裡只目睹媽媽流連在娃娃床邊流淚，每當他們舉起小手想幫媽媽擦拭淚水，竟發現自己怎麼努力卻擦也擦不掉媽媽的辛酸愁苦。直到有一天他們竟然發現：父母親走不出哀慟，於是決定必須選擇遺忘，斷捨離一切相連的臍帶；於是次第拋棄了所有跟那個小生命曾經有關的任何一丁點蛛絲馬跡，包括了寶寶生前的衣物、桌床、碗筷、玩具到相片。這時候流浪的鬼娃無家可歸、無處可去，不得已只有再度遊盪，又回到了他們當年出事離世的地方。

姊姊私下在電話裡對我感嘆……一名做媽媽的哀戚悲傷，又盡是處處自責不已：

「只是出去搭個郵輪而已，帶出門時是一個剛會走路神氣活現的小男孩，回家時卻遺落一個人，換回一罈子冰冷的骨灰。全船多少小孩活蹦亂跳到處在跑在玩在吵在鬧，怎麼偏偏就我的寶貝染疫腦膜炎？」

「還那麼小，他懂什麼生死，他怎知回家的路？為什麼是我的孩子？我到底做錯了什麼？上天要狠心無情奪走我最親愛的寶貝？」

如果墨西哥的亡靈節是真的，身為親舅舅，我志願去帶這個小外甥回家；抑或是根據這段夢境，尊重姊姊和寶寶的意願，把他安放到娃娃島上，享受累世永恆的歡樂童年。我用長途電話直接開口親自確認姊姊的決定，果然極其詫異的是，她真的不得已毀棄了所有的東西，竟連一張寶寶生前的照片都無法提供給我。好在有了這個奇幻的夢，我真的心領神會，沒有繼續追問求索任何細節，只問得孩子的中英文姓名、農曆與陽曆出生的年月日期時辰，毫無懸念的一切包在我這個小舅舅的身上去辦妥此事。

這時墨西哥城已然來到每年十一月一日盛大展開的「亡靈節」嘉年華慶典，人口千萬的墨西哥市全城剛展開斑斕色彩妝點的繽紛遊行活動，盡情展現歡迎亡靈回到陽間，歌頌著生命死生重逢團圓的喜悅，特別四處流露出對死去親人返家的關愛期待。

等待依親的鬼

慶典第二天既然是為早夭的生命祈福，前一晚民眾就會前往孩子的墓地清掃整理佈置，帶領他們回家與親人團聚那一年中唯一的一天。我依循當地傳統習俗，帶著萬壽菊、小玩具、紙雕等，早早抵達了距離墨西哥市西方約三百六十公里的帕茲卡羅湖，划著獨木舟登上湖中大島，陪伴當地原住民在墳頭前方點上蠟燭守夜，看著墓園裡一家家親子恬適溫馨的陰陽重聚。

看著每個墳墓上都有擺放著寶寶錶框精美的照片，我不禁擔憂起來。姊姊支吾的口語仍在耳畔，他們曾經把孩子的房間深鎖保留了整整兩年，但是全家烏雲罩頂實在永遠走不出傷慟，於是情非得已讓工人清空搬走銷毀全部遺物。可是比照墨西哥必備亡靈相片的習俗，我此刻急需要一張小外甥的照片，才能妥善迎靈引路，帶著他上娃娃島呀！怎麼就這樣給卡住，比登天還難。

想到這裡我更加難過，因為卡通電影《可可夜總會》（Coco）裡，一個冤死鬼因為生前被人陷害搶走了他的名望利益，造成食言失信於家人，於是讓族親因誤會生恨而故意不在祭壇上放一張他的照片，造成他變成「沒有人記得的鬼」，那是通過不了陰間出行的查驗關卡，無法回到陽世參加一年一度與親人盛大重聚的「亡靈節」。這正像我們臺灣的清明節祭祀先祖亡親，又像金門在家家戶戶門邊點燃的農曆「七月流火」，凡此皆在為至親引魂帶路，珍惜每年短短一次回家團圓的機緣。

儘管我的手中真的連一張小外甥的照片都沒有，我還是決定在「亡靈節」第二天來臨前夕，連夜划船又驅車趕去了運河區娃娃島的僱船碼頭，見機行事。一大清早當地民眾看我流連在岸邊，以為我想輕生尋短，紛紛過來拍拍我、抱抱我，還塞傳統的早餐麵包糰請我吃。等到比手畫腳了好半天，他們才知道我在為沒有孩子的照片而發愁，於是一一不厭其煩地提醒我，可以去旁邊選買一個布縫的娃娃男偶，用油性筆寫上所知寶寶的姓名資料，這樣放到娃娃島上一樣有效的哦！

我喜出望外，打點好便開始準備雇一艘船出發前往娃娃島。不意這裡都是又寬又長的二十人方桌對坐吃玩同樂的大觀光船，一艘小艇也沒有，甚至即使我豪賭般花費兩百美金一個人包下整條大船，店家還是不願意跑這趟觸霉頭的恐怖「鬼娃島」呢！如此可真把我給急壞了，於是我又在水邊憂心忡忡、躊躇踱步，不知我下一步該怎麼對姊姊母子交代？當下我沒注意到其實附近的好心人士正交頭接耳，一致認定我剛才絕對是在欺騙他們的，其實我就是要來自殺尋死。於是，眾人不由分說把我架到了他們的家裡，指著他們臨時設置的祭壇上親人的照片，用西班牙文說出一長段「曉以大義」的話給我聽，我哪聽得懂啊？但他們只管兀自聲淚俱下地說，說到連我都彷彿聽懂而動容地跟他們哭到了一起。

他們的意思應該是說：我們把家門口設起祭壇、擺好亡親的相片，就是在等待親人從陰間回來人世團圓，但又怕他們在地獄形銷骨毀，必將會感到卑微而自慚形穢，於是每個墨西哥人都把自己化妝打扮成了骷髏死鬼「嚇人」的模樣，以令亡靈自在安慰不必閃躲。然而你好手好腳，好端端健全的一個有頭有臉的大「活」人，竟然想「死」在我家門口，你是要「嚇死」我家那些遠到歸來的鬼魂親戚嗎？

我趕緊又比劃解釋，其實是我找不到船去娃娃島，他們這才放心；於是又簇擁著我回到碼頭，把全部船伕義正嚴詞地給臭罵了一大頓。最後推派了一名最窮最老的船家，僅收我半價一百美金來回，大概是說他老得快死了，反正已經活夠本了什麼的，終於帶我啟程上路，出發前進神秘「鬼娃島」。

我站在長舟的船首，老翁在船尾驅動馬達掌舵。眼前運河飄飄渺渺隨著晨霧懸浮在清澈的水面上，如夢似幻。我忽然有一種「風蕭蕭兮易水寒，壯士一去兮不復還」的臨江慨歎，因為此刻我和荊軻唯一相同的心情是：正在面對展開迎向著一個未知吉凶禍福的地方，去做一件不足為外人道、也無法得到一般人體諒理解的事。我知道我只是為了心中下定的決心，以及對自己的一個交代，沒有什麼冠冕堂皇、感人肺腑的偉大理由，更沒有為了誰。最後自我剖析都是為了我對自己的誠信，所有的儀式感和這樣大費周章的跨越了半個地球，又折騰了好幾天，直到剛才都還尚且無法確定：是否能夠帶著小外甥流浪的亡靈登上「娃娃島」呢？

左彎、右拐、直行、會船，這段曲折的航道還真是挺遠的，偶爾一兩艘與我擦身而過的觀光船上，都是來此地欣賞遊覽聯合國世界文化遺產，那些一座座蓋在古老人工浮島上的華麗建築。鄰船上果真傳來一陣陣喧囂嬉鬧歡愉的掌聲、歌聲和笑聲，此刻卻好像一把把利刃刺進我的心頭，因為站在船頭的我必須專注念念有詞，好怕在這最後一哩路不小心讓寶寶跟丟了，前功盡棄呀！於是我一直像在牽著一個抽象隱形的小生命，舅舅帶著他第一天去上幼兒園一樣，口中反覆用英文和中文敘述著「何偉倫」“Christopher Ho”的名字，實在顧不得別艘船上嘈雜的遊客總會突然鴉雀無聲，數十雙眼睛緊盯著我像個神智不清的精神病患似的，正孤獨一人領軍隱形厲鬼千軍萬馬，漂蕩於這艘航向八荒冥界的幽靈船上。

我的船終於進入一片杳無人煙的航行區，附近鳥鳴鴉啼，教人不寒而慄，逐步接近「娃娃島」了。我依照老船伕的指示，一待船到橋頭自然直，我就跳上岸邊，好像我的雙手還「抱著」一個兩歲孩童的軀體，迎向島上掛滿的娃娃。就當我選定好一個樹梢的位置，正準備把娃娃綁上去之時，忽然有人從一旁簡陋的草屋裡面走出來跟我講話，著實四千「死娃」沒有嚇到我，反到是一名「沽人」快要嚇死我。害我差點尿失禁，撒了一褲子，心臟都快從嘴裡跳出來。原來他是來問我：要不要花一點小錢，可以把娃娃放進草屋裡，避免風雨日曬？我從善如流，毫不猶豫立即首肯，尾隨他進入小屋。後來很多朋友聽我如此這般，都怪我對人毫無戒心，怎麼就這樣跟人走了，萬一他……，那該怎麼辦？說也奇怪，每次也沒有發生他們擔心的事，反倒基於彼此的互信，我真的幫外甥在室內找到一個絕佳的位置，目睹他旁邊都是精緻漂亮又乾淨的洋娃娃作伴，我也就放心了。

完成一件來到墨西哥最大的心願，鬆了一口氣返抵碼頭，發現方才的村民一直守候在碼頭等我。大家看到我隨船返抵岸邊，沒有死成一具「嚇人」又「嚇鬼」的浮屍載回，竟然跟我像親人陰陽重聚一樣，又抱又親了起來。既然拖到了午餐時刻，乾脆領我進家裡白吃白喝一頓，還家家傳誦著：都當我是個他們每家的遠房親戚——又好像說我是從一個比亡靈的陰間地獄，還要更遙遠的東方國度前來的稀客。大家又吃又喝、又唱又跳，樂此不疲，要不是我要趕最後一班回到墨西哥市的長途公交車離去的話，我有種奇妙溫暖歸宿的感覺，那就是到下筆寫稿回顧的現在此時此刻，我可能……還住在那裡，安家落戶啦！

返家認親的鬼

長途巴士晃到晚上九點多才到達首都市區，我找路回到先前訂好的旅館，內心開始非常自責懊悔。為何自己這麼小氣吝嗇？為了已經付錢的旅館，昨天沒住到，而是連夜從湖中大島墓園又兼程趕去娃娃島碼頭，為何今天不就在運河區那些熱情民眾的人家住下，再浪費一晚首都的爛旅館有什麼關係！我不是正好可以一睹村民到了深夜，到底是如何守在門口，靜候鬼魂回家「認親」團圓？

等到我在旅館內安頓，髒衣服搓洗晾曬一番，又充電轉檔磨菇了好一陣，拖到子時十一點過後才出發上街亂逛。沒想到整個街道巷弄處處燈火輝煌，似乎墨西哥「亡靈節」真正核心的第三天凌晨「迎親」活動才全面展開。還真是意外壓到寶了，處處充滿驚喜，不僅拍攝到很多鬼節遊藝隊伍創意彩繪鬼妝的珍貴紀錄影片，我發現整個大都會裡的民眾幾乎家家光亮通明，頗像中國春節除夕守歲徹夜不眠一樣，竟然還把庭院門戶大開，全家老小排排坐椅圍成一個朝向外面街道的半圓弧形。年歲最大的長輩會坐於正中央，然後明顯長幼有序按照年紀輩分向兩邊排列出去，一個挨著一個，人人神情莊重肅穆地看著門外不發一語，好似隨時準備著迎接遠行返家相認的地府親人。小童們也不需要被趕去上床睡覺，任他們在地上爬呀爬，還是玩鬧追逐什麼的都沒關係。

我走過住宅區的一條街又是一條巷，目睹每戶人家此情此景，心中感動莫名，這才是墨西哥「亡靈節」真實深切的精髓所在，並不是國際傳媒在全球轉播放送的那些盛大嘉年華表演遊行。特別教我動容不已的是——家家戶戶皆擺設著一個個用萬壽菊和糖骷髏，裝飾俏美華麗的「迎靈供桌祭壇」，沒有東方的燭台香案，反倒是 LED 七彩虹霓彩燈光雕，上方整面牆陳列著親人們大大小小的遺照，下方則是豐盛可口的熱食冷盤到甜點飲料應有盡有，多到都給擺上地面了。

我經過每一戶人家，一開始還會跟最中間的長輩示意禮貌致敬點個頭，用眼神徵求攝影的許可，後來發現居民非但不拒絕，還會追著拉我進去多拍些照片。我真是如魚得水，整個通宵夜裡盡情紀錄下了每一幀照片、每一段影像，背後一定都保守著感人親族故事的全家福。走著走著腳瘐到不行，肚子也飢腸轆轆，這時我隨興闖進了一個大戶人家，窗明几淨的獨棟兩層樓宇自是光鮮亮麗襯在後方，前面的庭院深深則擺滿一整大排人丁興旺的坐椅。我既然整夜以來早已知道攝影機是被熱切歡迎的，所以此番也就毫無禮數顧忌地大搖大擺且熟門熟路，直接走向坐在正中央的一位耄耋老奶奶面前。未料得我才向她伸出右手，她老人家已經哇的喊叫出聲來"Domingo"「多明哥」！頃刻靈巧起身，直接撲進我的懷裡，嚎啕大哭。

我不知道到底發生了什麼事？難道我做錯事還是觸犯禁忌闖禍啦？直到兩翼的家人們全部也哭著，一層又一層包圍上來，把我緊緊擁抱在中間，大家這才真的完全是「哭成了一團」……。原來這家百歲的老曾祖母瑪麗雅（Maria），守寡了一輩子拉拔七個子女長大成人，現在開枝散葉五代同堂，年年遺憾先夫多明哥生前太窮，沒拍過一張照片留下來，後來只能用畫像拼湊出四十歲就車禍意外喪命的容顏。她總是跟子孫們嘆息：沒有照片是喚不回丈夫多明哥的亡靈團聚的。一個甲子過去了，老人家也乾坐枯等了六十年，今朝竟然在大半夜裡天色微明前的最後一個時辰，終於認親確定？在這她老人家自己一百歲的生日當天，等到了她朝思暮想的夫婿回家抱抱自己。我看著她，自己早也情不自禁熱淚盈眶，哭得唏哩嘩啦涕泗縱橫，跟著這整個家族的五代親人一同恣意盡情地狂哭大叫。

兒孫們歡欣鼓舞簇擁著我們走向供台，紛紛指著牆上照片正中央唯一那幅最大張的畫像，嘖嘖稱奇著我跟「多明哥」阿公是如何「百分之百」的相像。我這才完全明白跟著大家哭了半晌，原來是因為自己被當成了鬼魂返家認親的「曾祖父」——我怎麼一下子就變得如此德高望重、子孫滿堂，還真的十分不太習慣，而且我怎麼看都覺得自己跟畫像裡的人，僅僅那烏黑濃密的頭髮相似而已。

此刻的我實在是餓到不行，偏偏一句西班牙文也想不起來，不知道該要跟他們怎麼繼續聊下去？於是我指著桌上的食物，把我所有會的拉丁單字生硬唸出來：Leche（牛奶）、Huevo（雞蛋）、El Pan（麵包）……。如此一來他們都更加確定我「餓了」！每個人拿起供桌上滿滿的食物全來孝敬我，後來我才搞懂他們心裡都在想：美饌佳餚本來就是「特貢」給「猛鬼阿公」嗚呼哀哉尚饗食用的，就怕您老挑嘴。我不假思索直接挑選了瑪麗雅手中還熱騰騰的「墨西哥玉米薄片包肉醬餅」——老奶奶又是一陣喊叫，瞬間哭天搶地，衝過來緊緊抱著我，害我嚇得正要咬下去的餅被推開，硬生生咬到自己的大舌頭，痛得眼淚也噴出。但是，不待翻譯，我發現瑪麗雅阿婆說的話彷彿我也聽得懂啦，而且這次才真正走進她老人家的內心世界……。想像六十年來每次「亡靈節」她都會親手做好夫君最愛的食物，今天眼前的男人終於像「抓週」一般就只選中這盤，還把三個玉米餅一口氣吃光光，連掉出來的肉醬都像生前那樣節儉，舔得一乾二淨。這頓飯，我是和著滿口的眼淚鼻涕一起快樂地吞嚥下去，通體溫馨飽滿。我在她的面頰上親吻了一下，他們毫不介意我的嘴上全是汙穢的醬汁。

這則傳奇的「認親」消息似乎已不逕而走，只覺得附近鄰居人群紛至沓來，都想靠近我們看熱鬧；還聽會英文的孫子說，連國家電視台都正在趕來拍攝採訪的路上，將共同見證這段堅貞至死不渝的愛情。因為他們都想看看傳統祭壇放上照片方可迎來逝世親屬的「亡靈節」，這次光靠一張擺了六十年的四十歲男子模糊的「老油畫」，居然牽亡出現本尊肉身親自返家認親，還一個箭步就直接抱起守寡六十年相思斷腸的愛妻，又狼吞虎嚥吃光家後烹調端放了一甲子最拿手的團圓飯！

我現在確實幸福陶醉在分分秒秒濃郁親情的團聚裡，竟然默默奢望這人生如白駒過隙的一瞬，能否終成永恆。只聞得公雞一聲啼鳴，所有的人突然立刻一致反過身子背向了我，眾人嗚咽哭泣的聲浪倒是越來越大。原來他們都知道：亡靈如果被天亮的第一道曙光照到，就會霎時魂飛魄散。難怪眾兒女、子孫、鄰居一干男女老少人等紛紛走避，以免亡靈眷戀依依不捨，未肯離去。

只有老奶奶沒有轉身，現在整個宇宙天地間彷彿就剩下我們對看的兩人。眼前的老嫗雖已孱弱凋零行將就木，從見到我的那一刻起眼角就沒有乾過，但我驚見她此際蒼白端莊的容顏上，雙頰竟泛起了一抹少女淡淡的紅暈，彷彿回到生命最青春洋溢的高光時刻，終於跟一生摯愛的人廝守到老，了無牽絆遺憾。這次終於是我靈活地跑向她的跟前，第一次開口叫出她的名字 Maria（瑪麗雅），她又哭倒在我的懷裡。我真的好怕自己未來會遺憾後悔，於是我捧起她的臉微微親吻了一下她的雙唇。當我對她說完三聲「Adios」（再見），她伸出自己孱弱纖細的臂膀，慢慢地把我的身子挪動轉向，再用手掌輕輕推了我的背一下，我就順著她那雙手心裡十指溫暖顫抖的力量踏出了家門。

一路上她喊：我的"Domingo"「多明哥」之聲，忽遠忽近，迴旋不止，一直到我跑回旅館門口，這時，第一道曙光正巧射到了我的臉上……。我發現此刻的我非但沒有形銷骨毀，反而胸懷中蕩氣迴腸著燦爛聖潔的光華。

靈蛇救亡錄——斯里蘭卡巨石山頂上的貪生怕死

每次談及旅行經歷可能遭遇到危險死亡的威脅，其實都不如這一次在斯里蘭卡跟「死亡」這麼迫近……。

那天是二〇〇六年農曆春節的大年初一，別人在闔家團聚過年，我卻要繼續孤獨地完成自己旅行田野調查的拍攝計畫，行腳走訪在南亞斯里蘭卡的叢林裡。那一段經歷，真的讓我第一次掙紮煎熬在生與死一線的遊離邊緣，驚恐地辯證自己生命的下一步到底該怎麼走？真正可怕的感覺就是這一種急切的不確定性——你既怕自己沒有做什麼努力而死、又怕你所做的一切努力都是徒勞無功，最後還是得死，而且瀕死得如此莫可奈何到毫無尊嚴……。無奈到你竟然可以極端清楚地意識盯著自己怎樣一分一秒地接近死亡，卻又什麼都不能反抗。殘酷凌遲的死神簡直像貓，把你當隻手到擒來的老鼠甩弄把玩，你一方面除了任牠得意嬉耍；另一方面又必須在燃眉之急的慌亂中，細細打量盤算著：自己到底還有沒有一點點機會可以搏取到任何求生的線索？

蛇也怕死

凡是到斯里蘭卡觀光的旅客，通常都不會錯過這個號稱「世界第八大人工建築奇景」的西吉利亞（Sigriya），它的原名是「辛哈基利」，意為「獅子之岩」的意思，早已列入聯合國教科文組織保護的世界文化遺產。讓人驚嘆的是：在一片熱帶叢林中矗立起的這個高一百八十三米的巨大天然花崗岩山峰，一千五百多年以前竟然就由卡斯也帕（Kasyapa）國王在無法徒手攀登的不足一點六公頃的岩石頂端上，建造出了皇宮、蓄水池、亭台樓閣，還像空中花園一般栽種起樹木和奇花異果。

從下方仰望，西吉利亞像是聳立陡峻峭壁版的澳洲艾爾斯岩，遠處上方俯看過去它則有如一座飄浮在空中最唯美夢幻的祕魯印加馬丘比丘城堡。午後，包車司機把我放在整個獅子岩景區山腳下前方的入口處，約定好黃昏之前在另一端的側門處會合；我就準備一個人依循石階拾級而上，參觀岩石壁畫最著名的半裸仕女彩圖、一對僅存雄渾巨大的獅爪石雕，還有最特別的是峰頂不可錯過的水畔古蹟宮殿遺址。當天既然是狗年的新歲初一，一早出發前便幫自己準備了一個像過年都要討吉利的紅包，當作是昨夜除夕匆忙趕路忘記放到枕頭底下的壓歲錢。誰會知道這可能將是我此生最後的一個紅包。

跨過護城河，首先映入我眼中的是在岩石下方，一大片占地大約七十公頃的花園廣場遺址，雅緻縱橫的水道、碧草如茵的庭園，綠意盎然。由於這已經是我第二次造訪此地，所以我非常清楚這條必經之路在筆直的大道兩旁，分佈了許多古代用來接存雨水預防旱災的引水管道。由於我堅持每一個旅行的國家我一定要有自己實地拍攝的影片，所以哪怕我十三年前早就帶著照相機來過這裡也不行，非要再跑一遍。

忽然間我發現前方不遠處，怎麼有一群人圍聚，好像正看著什麼饒富趣味的玩意兒，只聽見有的大笑、有的鼓掌，大夥兒可興高采烈地在議論紛紛呢！我也擠過去湊湊熱鬧。因為對於有經驗的旅行者來說，那裡一定有特殊可以拍攝的畫面。這一看才知道：原來是一隻一米多長的大蛇，可能為了貪喝殘留在可樂鋁罐裡甜甜的飲料，一個伸縮自如的蛇頭就此鑽入罐中用蛇信舔食，沒想到蛇沒有手腳，因此吃完之後卻怎麼也沒辦法把牠自己的頭給退出來。於是就出現了這般諷刺滑稽又奇特的景象——一隻滿布花紋的大暗青綠毒蛇死命扭動著身軀，但牠的頭部卻是一個紅白相間的可樂罐子。

大家還是笑呀！

來自世界各地的遊客，不論東西方人，每一個都拿起照相機、攝影機猛拍，還都在相互額手稱慶自己好似趕上了「太陽馬戲團」獨門加演的精彩戲碼，為他們原本平淡刻板的旅遊行程添加了免費新鮮的節目。

我擦身穿過幾位年長的美國遊客，蹲到大蛇的身邊拍攝，也在同時有機會近距離觀察牠的情況。天哪！牠的頷頸處全是血！應該是被鋁罐鋒銳的邊口給磨傷的……。

大家還是笑呀！

一群人過去了，又來了一群人。還是笑呀！

我把攝影機放到採訪背心的口袋裡，先用一隻腳踩住可樂罐，看看能否在固定罐子的情況下讓大蛇自己把頭鑽出來？但遺憾的是，看起來牠先前的扭動掙紮已經讓牠精疲力竭；於是我在不顧眾人嘲罵的情況下，擅自捏起軟綿綿的蛇頸，握住可樂罐把蛇頭朝上往外拉了幾下，竟然都拉不出牠的頭。旁邊的人叫我不要管，特別是一些英國旅客，好像在喝斥他們先前殖民地的子民一樣，紛紛指責我：什麼你要把牠弄出來？你不知道蛇會咬人的啦！你讓牠自己去死啊！幹嘛要管呢……。我看著他們，無言以對。

過了一會兒，我用雙手把罐子與蛇身整個捧起來，丟下眾人七嘴八舌的煩言碎語，兀自從遊客密集的景觀大道把牠捧到廣場花圃遠遠角落的大樹下，還得避開大蜥蜴（Iguana）密佈出沒的池塘畔。接著，我拿出旅行都會隨身攜帶的折疊式小剪刀，輕輕地剪開罐口。事實上，當時別說可以體會到蛇也怕死，說真的，此刻我也一樣怕死——真的很害怕牠一出來就會咬死我啊！所以，我一面兩手小心地剪、一面活像個正要去點燃鞭炮的膽小鬼，雙腳早已是朝相反方向擺放著，以便自己可以隨時準備轉身拔腿落跑。回想自己的動作一定同樣諷刺又滑稽，還好四下無人，不然對比起方才我那勇敢威風捧蛇的英雄模樣，相形之下倒是挺尷尬的。

牠比我猜想的還要虛弱太多了。

當蛇的頭終於滑出了鋁罐躺到草地上的一刻，我發現更加諷刺滑稽的一幕是——其實我根本不必對一隻早就奄奄一息的蛇有所擔心罣礙，趕緊捧了一些水滋潤牠已經外垂嘴邊的蛇信，然後撿了五、六片麵包樹的大蒲葉，蓋住牠細長的身軀。想想自己已經耽誤了太多時間，必須趕著爬去上面看壁畫、看峰頂懸浮的好多個王宮水池哪！我又不是來斯里蘭卡做南亞海嘯賑災服務的臺灣慈濟功德會。不過心裡想是這樣想，才剛走開兩步，又像個不想上學的孩子跑回大樹旁，不放心地掀開葉子看牠。不行！不行！牠的身體太長了，還有一大截暴露在外面呢！怎麼辦？

萬一又被觀光客發現圍剿或是給大蜥蜴看到當成佳餚，不等於我還是沒有救牠嘛！於是我把牠的尾巴抬起來，以頭為圓心，順著將牠捲成一個不起眼的螺旋體。放妥後再次蓋上大樹葉，真是比埋個寶藏還麻煩！

王也怕死

我總算放心地開始爬坡往峰頂邁去，沿途在山腳和山腰下還穿過了一些奇特的巨石建築結構，很難想像當年在西元五世紀後期是怎麼在懸空峭壁上建築起來如此蓋世雄偉的大手筆。原來興建此城的國王「卡斯也帕」跟我一樣，卡斯「也帕」竟然真的「也怕」死，足足像剛才我怕被蛇咬死的那種「膽小鬼」。原因在於據說這個王子曾經弒父奪位，自封為王，為了害怕遭到仇家報復，於是選中了這顆大石頭，在上面興建王宮獨居於此。從上面不但可以鳥瞰四面一望無際的萬畝良田，甚至還巧思設計了至今成謎的機密水利系統，透過湧泉虹吸原理竟然能把平地上的水源一口氣抽上眼前近兩百米的山頂，提供豐沛的飲用水外，還能以潔淨活水注滿好幾個大小不一的蓄水池，高高懸浮在令人嘆為觀止的崖頂之上。

這座過去抵禦敵人侵略的堅實堡壘，今日雖然在筆直的岩壁上鑿出了鑽入石牆的登山甬道與懸空鐵梯，也留下狹小的石階或繩索供人攀爬；但是想要君臨天下，體會那種「世界盡在我腳下」的威權感受，到底是如何建造了這座「天上宮闕」，一直是考古家和建築師至今探索無解的謎題。畢竟，在西元四七七到四九五年間，人們怎樣攀爬上這一大面陡峭的岩壁？因為篡位而多疑的國王在獨立大岩塊上建造了皇宮，不但要在城堡兩邊分別雕上獅子腳與獅子面，還要把這麼多地面巨大又笨重的紅色石材原料運上去蓋大宮殿。這一連串的疑問都是謎中之謎。傳言古代利用一種類似「爬壁虎」的「人造機械八爪板車」來沿著峭壁直上峰頂搬運建材興築皇宮，只是到現在人類還是沒有發明過這種設備。

沒想到只是這麼一個「王也怕死」、「王不想死」的單純念頭，卻換來了一個傳世壯舉的神奇古蹟。儘管獅面的雕刻至今早已殘毀，但我們仍然可以和山頂入口處兩旁的超大石獅腳合影，一併遙想當年王國全盛時期的華麗壯觀美景。終於我爬過千迴百折的螺旋鐵梯甬道，抵達管理員駐守的一面山洞裡狹窄的石牆，因為上面畫的就是最為名聞遐邇的「石山美女圖」（Sigiriya Lady）。有一說是建築皇宮的工人思念家鄉的妻子，傾注了最深刻的真情所畫出她們姣好的身段容顏；另有一說則是指出那是卡斯也帕國王為了自己大逆不道的殺父篡位，想要藉著這些乳房圓潤豐滿的美女壁畫，安撫父王冤死的靈魂，以免累世輪迴咒怨不斷折磨著他內在最徬徨恐懼的心……。

管理員看我欣賞的非常入神，走過來偷偷問我：想不想跨進欄杆裡面與仕女圖合影，他也可以幫我拍照錄影。我當然瞭解這是一種輾轉討取小費的方式，於是我掏出一點零鈔放到他的手心，他熟練地迅速墊墊斤兩似乎就已經得知要以哪一種規格來接待我了。他居然真是熱心大膽，丟下一旁後來才魚貫入內參觀的老外也不管，放任我一個大爺享用貼近拍攝的特權，還不時轉過頭冷靜鎮定陳述「事實」，對那些不明就理又吝嗇的歐洲白人旅客們解釋說到：「他可是一位世界非常著名的考古學家啊！」（He is a very famous archeologist in the world!）冷不防聽到，害得我笑到差點把早餐噴出來，口水都糊了自己一手心，還得忍住身體不時為了掩飾壓抑翻浪狂笑而引起的陣陣抽搐。他倒是真的把我當成是一個專業的考古學家，認真帶領我仔細賞析有一位手臂畫錯後又修改過的仕女圖案；也提醒我應該拍攝哪一位仕女圖臉上的眼神、哪一位手指上掐著花蕊、哪一位頭上戴了皇冠、哪一位是仙女、哪一位是雪妖、哪一位的乳房又是一大一小……。儘管部分圖案已遭歲月風化侵蝕，當我細觀這些神祕山崖上的豔彩壁畫，它可比中國古敦煌壁畫還要早上幾百年，色彩毫無褪色、線條簡潔有力，實在為之神往。

同樣充滿神祕色彩的重頭戲就在經過這些壁畫之後，再往上行，又是一段通天般的懸梯，一路驚心動魄地爬到了山頂的大平臺，只見荒廢傾圮的石造建築群只剩下斷柱宮殿的地基。是誰這麼恨他？非要把這裡近乎剷平毀損破壞到這樣殘敗的地步？難怪篡位的新國王卡斯「也帕」一直「也怕」死，怕到他情願斷絕塵寰，來這顆獨立的大巖石上明鏡高懸般統治自己的王國。即使好似天天被懸吊在半空中也要躲避人群，因為他不再信任別人了——於是他監囚自己在心靈的桎梏牢籠，進而擴建成為這整個「軟禁」著自己的空中城堡。

我走在恰似「世界屋脊」的石峰頂端大平台上，穿過荒煙漫草的廢墟，我心裡不自覺地意識到了卡斯也帕，那是一個何其孤獨無助的靈魂啊！原來他才像是先前扭動掙紮在人群面前的那條諷刺又滑稽的大蛇，因為這整片看似宏偉的皇宮，竟然只是卡斯也帕變成一條蛇，自己鑽進去套在頭上的一個可樂罐子罷了！世世代代都躲不過的魔咒籠罩著他，必須天天用腦袋頂著這巨石上的宮殿，孤獨屹立於萬里平野上供後人評頭論足。最後，連他最自己最想擁有遠離人群的孤獨清淨都不能了償宿願；反倒現在可好了，從清早到傍晚，絡繹不絕的遊客從全球各地前來參觀，可煩不死他嘛。這些人群到底是來誇耀國王的建築奇蹟呢？還是根本說穿了就像是一群無聊又無知的烏合之眾，鄙夫村婦們僅僅會好奇地圍在一隻「可樂蛇」的四周，擺出同樣一種嘴臉在那裡指點議論，甚至也肆無忌憚地批判訕笑著滑稽小丑扮成的

「蛇」與「王」。

大家還是笑呀！一群過去了又來了一群。

還是笑呀！

夕陽灑在向晚的古蹟上，妝點出暮色誘人的光彩，我爬了一整天的山，現在終於第一次有機會坐下來，剛好捕捉住鳥瞰平野落日的絕美奇景。紅紅大大的太陽把斯里蘭卡內陸的這個山巔平野襯托得如此絕塵脫俗，教人怦然心動。特別是柔和的霞光虹彩編織的蒼穹天幕，投影顯映在山頂一個個大大小小的千年石鑿水池上，波紋在晚風中擺動起的漣漪恰似一根根長長短短綁在豎琴上的弦，隨著夜的旋律正悄悄瀰漫四布、輕輕交響共鳴。

「太美了！」我低聲對自己說。心裡同時想著——能在白晝走到盡頭的這一刻欣賞到此情此景，實在是「死而無憾」哪！

我也怕死

看看手錶，不得了，已經要六點啦！等在山腳下另一邊側門的司機一定急瘋了！他現在必然像是個在小學門口接兒子放學的父親，怎麼別家的孩子都已經出來了，就剩我們家的這個毛頭小娃還沒影無蹤呢？他現在當然還不知道：我的蹤影正杵在遙遠的山頂上。但是，我想這可能是我這輩子最後一次來這裡，所以我還是要把該參訪的景點一一走完，一個也不能漏掉。只見觀光客一個接著一個急急下山，唯有我趕著朝反方向跑上去，愈是貼近峰頂陡崖的邊緣愈能推想當年大興土木的驚世壯舉。

蓄水池高高低低分佈設置在整個山頂皇宮庭院的下方，在夕陽殘輝相映中最為吸引我的目光。它們有的大到頗像奧運競賽的游泳池、有的精緻到活像奢華的水榭歌台，也有的小巧典雅根本就是東臺灣石器時代麒麟文化所考古出土的「石棺材」翻版。我回憶起多年來田野調查歷史記錄裡的那些「長濱文化」、「麒麟文化」、「卑南文化」……，以及拜訪過巨石文明殘留的南島語系神祕遺址：「都蘭石棺」、「長光石棺」、「白守蓮石棺」……。喜愛做「全球跨文化對比田調」的我，逐一如數家珍。於是我走到了山頂平臺上最偏僻角落的一個蓄水池，因為我被這一個目測概約四倍於臺灣史前石棺的大石槽給吸引住了。架好攝影機、設妥錄像裝置，我就開始以熟練的學院派程式，依次仔細檢測水池的長寬大小、深度容量、石材質地，以及它可能存有的水源供應與排水循環系統；當然我更好奇的是它沿山體建造鑿磨的精細工法，以及其中存放的水質如何？到底有沒有對外相通？

就在我才正丈量到一半的時候，突然一個不留神雙腳打滑，整個人就噗通地掉入池裡。對於像我擁有PADI國際資深潛水執照，全世界游泳潛水的經驗資歷頗為豐富的老手，實在沒有什麼好怕的。問題是：我第一時間立刻警覺到水深滅頂，我的腳搆不到池底；再火速游到池岸四邊竟然驚見距離水面還有一到兩米的高度，也就是說我的手搆不到池邊。我有點慌了，趕快泅水沿著石槽的邊緣繞了不下十幾圈，像一隻跌落陷阱的猛獅竟然在這以「獅子巖」命名的地方，自己真的扮演著一隻正在困獸之鬥的獅子……。我絕望地發現水裡居然沒有一個階梯繩索，或是任何一點點可能足以讓我著力攀爬上岸的東西。

這一瞬間我的心裡百感交集，千萬條紊亂的思緒排山倒海向我襲湧而來！

蓄水池四面堅硬的石壁是由一千五百年前的頂級工匠花了十年時間，直接以「鐵杵磨成繡花針」的方式沿著花崗岩峭壁頂端向下巧雕修鑿，因此不但石壁密無接縫、石壁的頂部邊緣也不是直角的，全被琢磨成圓滑平順的傾斜弧度——這意味著即使我想由水底跳起來；用十指摳卡攀住石穴的邊線稜角處，再撐起身體一躍而上的期待根本就是「癡人說夢」。怎麼回事？此刻被人諷刺是個滑稽小丑的國王「卡斯也「怕」」的人，竟然輪替變成了是——「我」，而不是「卡斯也帕」呢？原來我也「怕死」，而且更為「怕得要死」……。原來我比卡斯「也帕」「也怕」死得更多多多！因為現在死神正咄咄逼人，有如燃眉之急：我體會到池水四面筆直的石壁不正像是一顆縮小的西吉利亞巨岩嗎？古代人可以攀爬上近兩百米的絕壁去建築大宮殿與管道水池，現代人如我，卻連這一面四米不到的池壁都無法攀爬翻越，幾乎只能坐以待斃。

我還是不死心，一直在水中不停地扭動著身體以免下沉，我知道現在最諷刺又滑稽的是：自己怎麼會也變成了一條頭上頂著「可樂罐」的蛇呀！就像卡斯也帕頂著的「可樂罐」是一個怕人報仇而孤立在巨型石塊上的城堡；而我頂著的「可樂罐」又是什麼？是不是我醉心古文明而執意一個人孤獨行腳、浪跡天涯的漂泊？原來幾十年來的自費旅行，讓我所追求的夢想，連具體的「西吉利亞城堡」都不如。我那些所有未完成的旅行計畫如果在這一刻被迫停止，我累積拍攝紀錄的所有影音、圖像、文字資料將沒有人知道什麼是些什麼……；如此，我畢生的心血將變成一座抽象虛妄的「西吉利亞海市蜃樓」……。變換了時空、轉動了因果，不會再有人瞭解我這一生栖栖惶惶東奔西跑在做什麼的——就像我，其實也可能根本完全沒有讀懂甚至誤解了卡斯也帕國王當年、當時、當下真正的心情。於是，「我」像「他」一樣，將任憑後代世人指點議論，甚至也同樣肆無忌憚地批判訕笑。對我……

大家還是笑呀！一群人過去了又來了一群人、一代人過去了又是一代的人。還是笑呀！

笑我總算可以丈量清楚水槽實際的容積因為自己泡在了水裡、笑我荒謬地淹死在自己研究的古蹟裡、笑我癡傻滅頂於自己太過堅持執著追求理想的水牢裡……。

大家還是笑呀！

遺憾的是：到那個時候，先前將死的「王」和「蛇」都還有人圍著他們笑，但是到了自己此刻的死前……我卻連這等光景都沒有。這一刻在南亞錫蘭島國當布拉（Dambulla）地區的古文明城堡上，要是旁邊也能圍著些好事者該有多好，因為只要有人丟一根繩索竹竿什麼的給我，我就可以活下去的。抬頭　看，我倒吸了一口寒氣……，我終於知道：非但沒有人目送我走完人生的最後一程，陪伴我到人生盡頭的竟然將是我剛才架設的那一台冰冷的攝影機——我居然意外諷刺又滑稽地錄影下了自己行將就木死亡之前最後的一段畫面……。

HELP—HELP—S—O—S——「救命啊！」我放聲死命大叫。

雖然我知道遊客都已經下山，預估最晚的一批應該也早已經通過了山腰上方仕女壁畫圖的位置了。但是我還是要喊叫，一直喊到沒命的哽咽哀嚎……。這就是我所說的那種：你怕自己做的任何努力都可能是徒勞無功，但你還是拼了命地努力去做，似乎就怕自己錯過任何一絲絲的黃金時機，只怕少做一樣就該「死」。

天色更為黯淡了！我想起斯里蘭卡獨步全球的南方古老傳統「海釣法」——一個個漁夫會在像此刻同樣的黃昏暮靄中，爬到一根根海浪沖打的細細木竿上垂釣。深入斯里蘭卡內陸之前，如果不是我跟沿海漁民生活了一段時間，得到他們完全的信任接納，破天荒准許我爬上木樁跟他們一起釣魚的話，我絕對不會曉得他們的魚鉤真的是完全不用餌的。因為光是海浪的潮湧就帶來豐沛的浮游生物，也吸引來了到此「尋死」的小魚群。潮湧的衝力給魚兒「生」的食物，也給牠們自己衝掛上魚鉤一命嗚呼赴「死」的詛咒。現在的我就是一隻游著遊著就要自掛上鉤去送死的小魚……，沒想到孤獨艱辛去追尋紀錄古文明的結果，竟然也如海湧給了我現在「生」與「死」的無情糾結。只不過小魚不斷游來這裡是為了覓食，而我不斷在這裡原地游動卻是為了求取最後任何可能的一線生機。偏偏入夜氣溫驟降，泡在水裡游了許久的我，畢竟不是一隻魚，不但精疲力竭氣喘吁吁，也漸感寒意襲人，身上盡是雞皮疙瘩外加止不住的抽搐顫抖。我第一次聽到——自己急促的心跳聲竟然比牙齒哆嗦的碰撞聲，以及口中咬氣的喘息聲還要大啊！

鬼也怕死

「太慘了！」

我低聲對自己說，同時不甘心地揣想——能在天黑前看到夕陽彩霞曾讓我感動；然而，現在這一刻確實充滿遺憾，因為生命走到盡頭所遭遇此情此景，實在是「死得太慘」哪！就算我做了鬼都還不想死，後悔自己方才說了什麼自己看到今天絕美的日落晚霞會「死而無憾」云云。

現在泡在水裡的我，確定大小石槽裡的水應該全都是活水，因為它們讓我四肢末稍一直觸碰著絲絲流動的感覺；可是池水卻呈現出完全不透明的碧玉色，讓我原先還誤以為它是一灘汙濁的死水。我已耗光體力，沒有心情再去佐證誇讚卡斯也帕國王水利建築的蓋世成就。此刻的我只盤算著：明天最早的第一批觀光客大約要到十點多才會爬到這個山頂的平台，屆時我要不是早就被山巔迎風面的冰水「凍死」，就是四肢一直划水操磨到「累死」，再不然就是睏到睡著而沉下去「淹死」……。總而言之，我是絕對等不到明天日出的太陽，也等不到別人來營救我的那一刻。

我哭了……。

池水、汗水、淚水……此刻交錯融合在一起。在這個自己「生」與「死」無奈交替的一刻，本來我不是應該要豁達以對的嗎？就像「白天」與「黑夜」輪番交替一樣平常自然的嗎？為什麼我還是不甘心地哭了？平日要是逼我跳到這樣戶外墨綠的水塘，連水裡面有沒有什麼怪東西來摸我、咬我都不知道，我可是不幹的。要是把我丟下去，我想我也會害怕水裡有怪物，搞不好還沒被怪物「咬死」，自己就都可以先被內心恐懼的幻覺給活活「嚇死」。現在逼不得已泡在這可怕的大「水牢」裡，也許領悟到自己人生最壞的情形也不過就是如此的時候，我哭歸哭，各種「凍死」、「累死」、「淹死」、「咬死」、「嚇死」……的死法也都想了好幾百回合；不過，我反而對自己居然能鼓足了求生勇氣，一直苦苦撐到現在，莫名衝動地暗自喝采……。

心力交瘁。

恍惚的意識下我什麼都放空不能去想了……。我知道自己實在疲累可是萬萬絕對不可以睡著，幾度不小心一猝睡過去就被池水嗆醒，然後我只好用手掌一直往自己的雙頰上打耳光來提神。但是，畢竟爬山奔波攝影了一整天到現在倦鳥歸巢的一刻，我竟然還在這個有一千五百年歷史的古石槽中不斷踢水，而不是在附近那個斯里蘭卡國寶 Geoffrey Bawa 榮獲世界建築大獎的環保酒店 Kandalama 裡泡著高尚優雅的 SPA 三溫暖。接下來，我即使用手指再掐捏自己的身體都沒有提神的作用，眼睛真的……真的……實在……快張不開來了。

正當我準備逐漸默默接受「夜」與「死神」完全降臨大地，籠罩著魂斷異鄉的我；甚至有幾秒鐘我已經不確定自己是到底還活著，當個「怕死的人」？或是我已經跟著一道明亮祥和的白光走進死亡，早就變成了一個也「怕死的鬼」？恍惚到自己也搞不清楚了。我的內心始終交戰於貪生怕死的恐懼，一寸又一寸地向我迫近、包覆、吞噬……。擔驚受怕瀕臨死亡的這一瞬間，我彷彿魂肉分離，懸浮在半空中盯著水裡那個頭面朝下的自己……

這一瞬間，我怎麼突然警覺到有一條青青長長的黑影快速地晃入水中。

「有水蛇啊？——是嘛？——咬死我算了！別再折磨我吧！」

——老天爺可否別再這樣凌遲酷刑般地逗弄著我生不如死的猶疑脆弱了嘛……？我近乎身處彌留將死的邊緣自言自語、自問自答。同時漸漸地，我的意識跟意志似乎在生命徹底絕望之前，又再度甦醒了一次。霎時睡意突然全數退去。我趕緊看看自己泡在水中還能活動的手腳、還能呼吸的空氣、還能看見的暮色……；心中有著說不出的感動和快樂……。冷靜想想既然水塘建在戶外露天的陡峭懸崖邊，那麼風吹日曬總會有些東西掉進水裡啊！我不是指意外掉進水裡的自己，或是剛才恍惚之中依稀掉入池塘那長條可怕的黑影。於是，我再次打起精神，襯著今天薄暮最後施捨出來的一點點餘光還可以讓我辨識方位的機會，我決定放手一搏最後一次潛入水中。吸飽了空氣，我沉到身體幾乎貼到了槽底，只管放膽去摸。我先試著把砂石向池內的角落集中，讓我踮著腳尖可以搶到一點空氣，暫時讓手腳略微休息一下。然後再摸！再摸！因為任何東西都可能解救自己。

雖然我真的還是很怕摸到水蛇，可是剛才那條長長的影子到底是我眼花，還是有什麼怪物真的跑到水裡了呢？既然池中可能會有軟軟長長的蛇，那我更有信心在水底探索有沒有任何硬硬長長的東西——果然，我摸到了一截樹枝，撈上來看了以後卻教我異常失望，因為它顯然已經在水底泡了太久，不但葉子都沒了，枝幹也被泡成軟綿綿的，唯一的優點是它保有一個分岔的枝節。我明瞭自己別無選擇，水裡能運用的東西已經被我全部摸光了。我把樹枝貼上陸壁靠著放入水中，試著將右腳趾輕輕地搭在樹枝的分岔點上，深呼吸，整個人快速下壓浸入水中；然後左腳掌借重於石槽底的反彈力、右腳掌則小心翼翼踮踏著樹枝唯一的分岔點，上衝一躍……。

我失敗了。

緊接著，我第二次卯足了勁兒再跳了一次——終於意外地成功啦！

當我的雙臂搭到石穴上緣，雙腳立刻順勢甩上池畔的一刻，整個人癱在花崗岩上半晌不敢動……。重重的喘息聲裡，我幾乎感動得喜極而泣、放聲痛哭吶喊，因為這證明我又活過來了啊！回頭俯看差點弄死我的蓄水槽並不算太大，細細的樹枝還倚靠在陡壁，只有枝頂露出水面一小段，我想趴下去把它拾起，手指卻竟然搆也搆不到。想想萬一有別人跌進去的話，或許反應快一點也可以像我一樣而且更早脫身。只不過我上看看、下看看，就是看不出自己方才怎麼可能從如此深的石鑿池塘裡，像隻捕魚出水的鵜鶘鸕鶿，一飛沖天般突破重圍跳上來的？我原先架在一旁的攝影機早就拍到既沒電又沒帶子，無法提供我回顧自己當時最危急的慘狀。

不論如何，我深深感謝那一截分岔的小樹枝救了我，當然還有別的……難道是重新喚起我求生意念的那條長長如蛇身般的黑影嗎？我不願只用因果報應來約化解釋人世間所有的際遇；但是歷經生與死最為天人交戰困惑的一刻，我好像這才親身參悟體會到了另一層更深刻的意義——那就是「真情」。如果我沒有幫助那條蛇，我不會在今生的功課學習中，第一次體會到自己跟一隻蛇之間怎麼可能會產生如此關懷牽掛的真情；如果不是我的生命已然一無所有地即將走到盡頭，我不會因著心中才經歷付出過一段熾烈方溫的敦厚真情，立刻回頭在心靈最脆弱的谷底，當下為自己補給飽足了堅持求生最坦蕩開闊的信念。

這段故事到了二〇二五的「蛇年」令我常常想起，因為走過萬物生死的真情相許，的確讓我對人生境界有了嶄新的啟發。

非洲綁架懸命一線——人類起源地的滅亡之旅

拆車輪、甩糖果

這次我再去非洲並沒有這麼幸運。

最主要是因為我沒有聽從雇車司機的忠告，犯了一個嚴重的禁忌——那就是夜間開車。其實主要還是由於我們沿途載著四個大油箱穿梭深入在民俗風情濃郁，但卻也是惡名昭彰海盜土匪囂張盤據的索馬利亞、衣索匹亞、肯亞、南蘇丹等國交界四不管地帶。但這裡確實是人類三百五十萬年前直立猿人的起源地。

我的非洲田野調查才紀錄完「大嘴族」莫爾西（Murlsy）女人切割下嘴唇放入的神奇大陶盤，又巧遇貝納族（Bena）一年一度十四歲到十七歲少男少女們的相親大會。一面拍攝紀錄、又一面親身融入參與，我簡直樂此不疲，總算為非洲記錄下許多珍貴的歷史鏡頭。偏偏天色已晚，司機臉色大變，我卻還天真揣想他是為了想提早收工偷懶，不知「野象群」和「土匪群」兩大「暗黑物質勢力」正虎視眈眈等著迎接我們逐步迫近的車輪。這次我即將面臨的不是嗷嗷待哺的「難民營」，而是咄咄逼人兇神惡煞的「集中營」；其實，就算我狂撒分送出再多五顏六色友好的糖果也沒有用的。

果然靈巧的司機巧妙躲過野象突襲，穿入偏僻的莽原雨林小徑，只見一根粗粗的樹幹橫梗在車道前；我還天真地主動下車去把它搬開，想說是因為我愛攝影耽誤拖到了行程進度。不料一回頭，奇怪車上怎麼多了一個人，還人辣辣佔據了我的副駕位子對著我笑，右手撐了一支AK47步槍，槍托壓著他踩在我們右前車輪上的大腿左右搖晃。我實在單純無知、玉潔冰心到讓自己厭惡，只差沒拿出糖果出來請他吃，竟然跑過去問我的司機說：

「他是你的『朋友』啊？」

司機快被我氣炸，懶得理我，腦袋直接猛力撞擊方向盤。他一定在想：我才賺你幾塊美金，現在卻連性命都要賠上了，你卻還天真爛漫地寒暄發問，實在應驗一首晚唐杜牧的詩句：

「商女不知亡國恨，隔江猶唱後庭花。」

此刻另一名歹徒也現身，把我們各別抓著分押到兩間臨時搭建、破木板隔開的陋室，財物衣褲洗劫一空。我曉得外面的非洲鬣狗土狼（Hyena）已經等著把我倆秒殺啃噬到骨頭都不剩，人間蒸發，連交付國際贖金上個世界新聞媒體求援宣達的機會也沒有。

昏暗的燈光下，我既沒有哭也沒有叫，當然更沒有跑也沒有逃，因為橫豎都是一個字——「死」。只是心裡非常非常不甘心，我這樣辛苦多年投入自助旅行拍攝紀錄，還有許多沒有完成的作品、沒有分享的故事、沒有傳承的心得……。眼看匪徒把我們的車輪卸下了一個，滾進來給他當做山寨龍王椅，把我的背包行李更是拖進來，翻箱倒櫃般抖落滿地想找錢！最後叮叮噹噹撒出滿地的竟是一大堆五顏六色的糖果，好比七彩祥雲搭鵲橋般，雜亂散落在我跟歹徒之間的地上，兩人目光同時為之一愣。

剎那間我發現：他的眼神開始在微妙轉變，有這麼一點從暴戾凶惡逐漸流露出些許的溫暖關愛。透過昏暗的煤油燈，他盯著我的眼和我的臉仔細瞧，也好像有些好奇的探索；我知道此際我是任他刀俎宰割的魚肉，只能隨他像貓想怎樣玩我這隻「甕中捉鱉」的小老鼠。但是他卻越來越靠近我的面頰細細端詳，甚至站到車輪上又從另一個高角度瞧我。遠遠打量、近近探索，甚至近到跟我的臉只有幾毫米的距離，他那寬鼻吐納的熱氣都醺炙在我的臉上，身上怪異惡臭的體味也醺得我有些無法招架。我不知道是否因為滿地七彩繽紛的糖果，讓他想起小時候也曾經有外國的大哥哥到難民營，拿出同樣的糖果慰問過他和孩子們？還是他一看到這麼多的糖果就知道：絕對沒有一個大人要吃那麼多的糖果，而是即將要送給每一個跟他小時候一樣渴望糖果的非洲貧童和孤兒。或許他曾經跟他們一樣，都經歷過一段悲慘世界的童年？如果一顆糖果是一個非洲孩子的夢，他曾吃到第一顆糖果的滋味就是來自像我這樣國際志工帶來的；那麼，如果宰了我，他即將親手毀掉上百個非洲孩子童年的美夢……。

"Jackie Chan?"

他幾乎貼著我的臉問我，濃重的東非高地土腔口音講話起來像唱歌一樣，讓人聽得一頭霧水，接著他又問了我好幾遍：

"Are you 'Jackie Chan'?"（「你是『成龍』嗎？」）

我這才慢慢意會過來，原本今日非洲與亞洲民眾毫無交集，但是他們都喜歡看華語功夫電影，尤其是成龍也在非洲拍過他們極其熱愛熟悉的幾部大片，因此對於成龍親切討喜的銀幕印象留下萬分深刻的好感。至於，我心裡必須火速暗自盤算：如果能活命，當一下「成龍」大哥也很好啊！於是我硬著頭皮點頭如搗蒜，笑著推擠出滑稽的大鼻子、高顴骨，一張更像成龍的臉。這下可皆大歡喜了，衣服褲子都還給我，只要我教他們功夫，連我的司機也給放了。

裝車輪、吃糖果

才被嚇得屁滾尿流、哭得如喪考妣的司機現在終於脫困鬆綁，帶回到我的這個小房裡，只見我跟土匪稱兄道弟，開心玩鬧樂不可支，還教他們運氣練功站馬步。終於輪到我的司機傻呼呼地問我：

「原來他們都是你的『朋友』啊？……怎麼拖到現在才認出來？你知不知道我剛才差點要死掉了耶！」

我趕緊擠眉弄眼，對司機暗中示意——不是什麼朋友，趁他們還沒變卦前找機會我倆趕快溜吧！他也真是狡黠機靈，順勢撿起滿地的糖果先遞給大家吃一吃，就把我們被卸下的車輪若無其事熟稔快速地裝了回去。我則同時儘量拖延且轉移他們的注意力，以便讓司機能把我倆的細軟行囊從容收回車上。我真是使出渾身解數，把大學社團裡所有練過三腳貓的刀槍棍棒劍、太極少林五形拳，傾巢而出也傾囊以授，逗得他們開心滿意、喜出望外、大呼過癮。等我的餘光瞄到差不多萬事齊備，我也實在已經快黔驢技窮變不出功夫花樣了，就趁他們在我英明的教誨下，正在進行閉目站馬步，打通任督二脈所謂「眼觀鼻，鼻觀心，心觀宇宙」三訣之際，我三兩跨步就轉頭飛奔，跳上司機已然發動的吉普車，準備展開一級方程式爆發甩尾拉力的驚天賽事。

畢竟匪類皆非省油的燈，早就一個箭步搶去了司機的鑰匙，再擋住我們前行的去路！令我頓時覺得羞赧無比，只見烏雲壓頂，一切處境急轉直下，尷尬難堪到前功盡棄。沒想到土匪「二人組」好似「哼哈二將」，正一搭一唱跳起了東北「二人轉」？我們這自作聰明，自以為神不知鬼不覺的舉措，匪徒兩人竟然單手撐著引擎蓋大笑到手舞足蹈，腰都快要直不起來。我想這「笑面虎」可是要處決我們了？難道我跟司機又要再一次被土匪剝光衣褲，現在可非得做成「人肉叉燒包」不足以洩恨？這下連 Bruce Lee（李小龍）的英靈都救不了我們黑白兩根蔥啦！

這次輪到我趕緊拉著兩名土匪又親又抱，顧不得他們身上那股奇特的體味，狀似依依不捨的表情迷戀他們；我機智的司機也變成活像個妖豔魅惑的交際花，盡跟他們打情罵俏地協調著。最後司機清楚地翻譯給我聽，解釋為什麼不准我們走：

「現在半夜，外面還有更多比我們更凶更壞更惡毒的海盜土匪！你們這後腳還沒從我們這邊兒跨出去，前腳就已經又被別人給抓啦！」

那時我傻傻聽聽，其實覺得他們說得頗有道理，也就欣然接受他們的建議：先好好睡一覺，天亮了再走。我也真的是太累又太蠢了，熟睡到不省人事，鼾聲尬響，夜裡司機三次要帶我逃走，沒想到怎麼搖我都叫不醒。現在總算天亮了，我們正要走，完蛋了又被嚴峻制止給攔下！

這一刻萬念俱灰，因為我實在想不出自己還有任何可以活下去的理由⋯⋯。

"NO!"「不！」

「對不起！你們再稍微晚一點走吧！因為所有的土匪都說要來這裡，看一看電影裡的偶像——Jackie Chan」

是的，他們最後信守承諾。我幾乎是在東非高原大裂谷的江湖風雲際會之上，有如剛剛召開完「非洲土匪海盜武林盟主 G20 高峰會」，大夥兒舉著 AK47 步槍蹦起東非典型的直立跳躍送別舞步。一陣玩樂後他們連槍枝都交到我的手上，恣意對瞄繞圈把玩之後，由他們「八大門派」祭出三名荷槍實彈的青壯狙擊手護送，一名坐在車內、兩名坐在我們的吉普車頂，如此盛大歡送告別陣仗帶我和司機，一路暢行無阻了三公里抵達綠色安全區域（Green Zone），他們三個人自己才折返，慢慢走回危險警戒紅區裡的所謂「賊窟」裡。在我把影片放給眾人觀看之前，沒有一個當地村民相信我們在脅持綁架的死亡禁地居然歌舞歡慶，依依不捨擁抱告別；不僅無損一根汗毛，還能溫情滿人間地得到特遣隨扈，武裝保衛警戒讓我們全身而退。

我的司機一直謝謝我！他說：沒想到他的車輪、我的糖果給予了他平凡的人生，一段最不平凡的生死傳奇故事。現在他終於給予自己五個孩子一則極其不平凡的故事，從此世世代代百福駢臻，自將傳頌他這位英勇祖先的事蹟了，令他感到即便當下死亦無憾。

我一面聽一面笑。但笑是歸笑，他這番話倒也提醒了我——至於我可以傳頌給我後代子孫的又是些什麼呢？我同樣乏善可陳的平凡人生，到底留下些什麼不平凡又了無遺憾的事蹟，供給後人傳頌下去呢？

在這次重新活過來擁有嶄新生命的同時，我驀然回首，原來「車輪」和「糖果」的故事起源不是非洲前述這一悲一喜的經歷，而是源自跟我一起成長的五個同胞兄弟姊妹還有我們面臨生活苦難的父母。如果不是他們從小就幫我留存到現在這種兼具兩種可貴的生命特質，我將無法說出這麼多世界動人的故事。這種生命特質一個是來自我的父親，每天踏著單車賣力前行的「車輪」去遠地工作、去接送我上下學、去內外兼顧的照顧病妻又拉拔孩子；一個則是母親困在病床上，卻帶我們五個孩子認識感受探索了所有外面的開闊美好，有如豐盛「糖果」多姿多彩的世界。

我確信從小在我的講述和歌聲裡，自己得到了最寶貴的教育訓練。如果沒有這一切，我將無法在後來的人生旅途風浪中，一次又一次這樣努力開闊地笑中帶淚，快樂把玩品味人生；同時也學習面對死亡——活過來一次又一次。

麥地那夜奔——小寶寶乖乖睡，叔叔抱你最後一程

奔跑

沙烏地阿拉伯麥地那的聖地廣場從雄偉壯麗的清真寺向外延伸，各地來此朝聖的隊伍即使現在接近子夜時分仍然沒有停止。我席地而坐，整片潔白明亮的大理石地磚好像正是我在「天方夜譚」裡的魔毯，任憑我看著人來人往，愜意沐浴在皎潔明亮的月光下。

忽然聽到一群人急促的腳步聲，赤足奔跑連續拍打在平滑大理石地上此起彼落的聲響，真是比交響樂團演奏快版大曲的節奏還要來得扣人心弦。我心底暗自盤算打量：這群人一定是從麥地那，也就是先知默罕穆德升天的地方，朝聖完成後，趕著搭乘最後的車班回家鄉去吧？只見他們清一色全都是穿著阿拉伯罩衫大袍的男子，遠遠地從麥地那清真寺廣場外的東北角落，好像正不偏不倚地朝著我坐的西南方向直奔而來。

我敏銳迅速從地上站起身，以便讓出他們隊伍可能行進動線的位置。不料當我

逐漸看到這一群人越來越靠近我的神情，卻發現每個男人的臉上盡是如此肅穆莊嚴，完全沒有人講話更沒有人嘻笑；他們的雙手好像還捧著一個小巧扁平的綠色地毯。看到這裡我幾乎已經可以篤定猜到，這一行人必定是正在護持著由聖地請回家鄉的珍貴寶物，並且還一面快速奔跑、一面相互輪流傳遞著。

寶貝

為了好奇心的驅使，當隊伍像陣風也似地掠過我的面前，我索性立即順著轉向，並且拔起腿跟他們一起急速奔跑；因為我還真的很想知道：到底他們正在傳遞的是個什麼寶物？我們這一路剛好橫越了整個麥地那清真寺前最寬闊偌大的朝聖廣場，一路向西。除了我加入以外，旁邊不但沒有任何別的外人再加入奔跑的行列，甚至大家反而還驚惶側目紛紛走避猶恐不及。反正我在廣場上無所事事，身處這個禁止攝影的地方倒是落得清閒。我努力用眼睛仔細端詳、用心靈微妙感受，這也算是一種真實的刻印記錄，何況他們默許我的加入同行，既沒有人互看、也沒有人出聲。

我想起來這次當我決定要來到麥加和麥地那之前，從伊拉克、敘利亞、約旦到以色列曠野的貝都因遊牧民族，一旦知道我正要前往伊斯蘭聖地，就紛紛把他們每天五次用了一輩子的可蘭經念珠交給我，懇求我務必一起帶到，不論是先知出生的麥加、還是升天的麥地那都好。儘管我再三誠實相告，說我不一定會再回到他們現居的國度與帳篷，意即這輩子我不一定還有機會再見到他們，念珠終將無法歸還；然而他們都異口同聲用大致相似說法回應著我：

「沒關係的，只要唯一的阿拉真神與你同在過，那我與你同行的念珠也就等於在那聖地最接近真神的地方，領受到了至高無上的榮寵、恩典與福祉。你能帶上我的念珠一起去朝聖，如同今生我也去過了。」

於是我就真的謹守承諾的帶了眾人幾十串念珠，一一履踐了他們殷切的期盼。我真的萬萬沒想到有一天我會乘載著他們那麼多人的夢想來到麥地那，如同他們親臨。畢竟那些窮鄉僻壤或居無定所的貝都因牧民，他們認命安分得很，絕對深知：自己這輩子是沒有任何僥倖的機會條件能夠來到麥加或麥地那，完成一名回教徒一生念茲在茲的朝聖功課。

隊伍還在跑。

我赤裸的腳底板踏擊在夜裡冰涼的大理石地板上鏗鏘作響，我的心情甚是愉悅；這一切都來自於我的雙腳跟隨他們踩踏的共同節奏，就此與當地民眾產生了聲息相通、亦步亦趨的一種同頻共振的契合。突然間，我右眼的餘光瞥見那個我心裡認定的寶物，正逐一就快傳到了我身旁男子的手上，我把握機會猛力狠狠地盯著它看。那確實是一個扁平包卷的地毯，鮮綠的底色上面襯托著精細繁複編織的紋理；到底什麼小巧的稀世寶貝才可以放得進去呢？他們不怕行進奔跑的晃動中讓東西掉出來摔壞嗎？

直到下一刻，我又一次萬萬沒有想到旁邊素昧平生的男子就在仍舊急速飛奔的行進間，居然就如此絲毫不假思索地把綠毯寶物傳到了我的手上。

「啊！」我幾乎失聲呼叫吶喊，淚水嘩啦啦地潰堤而出，向身後飛灑在這一片聖城億萬人夢想行踏的大理石板上。

送葬

眼前這個當下，我的雙手雙腳哪！一面奔跑、一面捧持著的竟然真是一個寶貝，是一具輕軟且尚有餘溫小嬰孩寶貝的屍體，可能剛剛才斷氣。這確實應該是一個剛剛才死去的小生命——夫妻最鍾愛不捨的小寶貝。我的十指順著他從我掌心緩緩傳來的溫度，隔著綠毯揉撫觸摸著裡面小小的軀殼。這是誰家的嬰娃呀？那對年輕的爸媽一定心碎極了！伊斯蘭教徒是最愛孩子的，而且不分男女都是他們心頭最親愛的寶貝。一面跑、一面哭，我也一面不知所措地喃喃自語：

「你可不要怕，不要怕哦！叔叔抱啊，來送你一程。你可要安安穩穩的……安安穩穩的……」

安安穩穩的什麼呢？希望他安安穩穩的「好走」嗎？他根本就還沒活到學會走路的年紀呀！他像是曠野上方才抽出穗花的麥子，現在卻夭折了。若是貝都因人會趁著麥穗凋萎前，插在自家長方型帳棚裡正中心的沙土地上憑弔；而我眼前自己的手上，捧著就是憑弔一株剛被命運無情折斷的麥穗……。

還好我臨時想起來：貝都因牧民幾天前才教會我用阿拉伯語吟唱的《寶寶快睡搖籃曲》。千頭萬緒零亂的瞬間，我這個什麼都不懂的笨叔叔，就只能用這首只有兩句話的歌詞，輕聲唱給你聽了：

"Anta hayati
Roh nam ya habibi"
「你是我的愛
睡吧我最親愛的寶貝」

雖然我始終看不到這個嬰孩，但是他微溫的屍體卻不斷傳達給了我溫馨領受的電波。一路西奔的路上我們繼續傳遞著他纖弱的遺體，也繼續朝向一個鐵柵欄封鎖的林園裡跑去。原來這裡就是麥地那的男人墓園，在乾旱荒涼的阿拉伯半島上，這裡是唯一看得到幾株樹木的地方。眾人此刻正協力在地上挖出了一個洞穴，我才看到綠毯裡是一個用白布包裹著的男嬰，紅咚咚的臉頰好像真的在熟睡一般。最後由年輕的爸爸把他放進土裡，恰似播種麥穗一樣。我怕驚擾他們所以退到稍遠的角落，只見父親逆光的翦影在微弱的光影中晃動顫抖著。終於在覆土的一剎那，他再也壓抑不住，仰頭對著墳頭的老楓樹放聲嚎啕大哭。聲音像是一把利刃穿透且撕裂著整個阿拉伯子夜的星空，切割劃破了滿天星斗紛亂雜陳的天幕，我們的心也都跟著他淌滿了濃稠的鮮血。

替身

一大群男人哭著哭著，我這才又忽然發現自己忘了一件事情。

對啊！那就是，男人都在這裡，那女人是到哪裡去了？怎麼環顧四周沒有人能回答我呢？我想起來，今天一大早我就曾步行經過深鎖的鐵門，原來是個草木扶疏的墓園，而且只有男人才能進來的墓園。平時都是用一把古老的大銅鎖給拴起來，任誰也不被准許隨意進入，尤其是嚴禁女性踏入，一步都不行。哦！我終於懂了。難怪今天早上到下午，我總是看到婦女零零星星趴在墓園外的鐵欄杆上，臉朝向裡面又哭又說又細瑣叨念、振振有辭。對於一般到此一遊的外國旅行者而言，那些昨夜星辰昨夜風又甘卿何事……無人會去關心那些婦女情何以堪，正遭凌遲袍烙般面對喪子的煎熬。當時千百人經過墓園外的鐵欄杆，前後卻只有我一人駐足停留，為她們尚不清楚的舉措動容，心領神會。現在歷經一段麥地那夜奔林園送葬的過程之後，更讓我和當地歷經生離死別的民眾完全感同身受。

我現在才想到了最悲慟的不是那一個年輕的爸爸，其實是那一個關在家裡不被准允為自己寶貝送行最後一程的媽媽，一種比淌著鮮血更為戳刺刀剮的痛楚！難怪婦女們只能趴在隔天白晝唯一被准許的墓園欄杆外面，盡情哭喊、盡情跟夭折的寶貝說話。

誰叫媽媽連心肝小寶貝臨終最後一程也不能隨行；連寶寶下葬埋土前的最後一眼也不能親睹。這是何等心神交瘁的折磨……。

沒關係的，今天就算是我來講古——白衣大食帝國「一千零一夜」其中的一個傳奇故事吧！

我身為一個語言不通、習俗不懂、半個人都不認識的老外，此刻不必相識卻早已情牽海內、意同寰宇，給牢牢綁在了一起。請放心！就像先前放在我口袋裡幫助牧民帶來的那幾十串念珠一樣，我此刻也在麥地那幫助一名未曾謀面的小媽媽，當替身眷顧了她最魂縈夢繫的心肝寶貝。請安心！我不但代替妳奔向墓園送了寶寶今生的最後一程、幫他唱了搖籃安眠曲，也在那棵孩子已然長眠的楓樹下，代替妳看到了寶貝甜睡的最後一眼。漫漫寒夜裡，妳放心我都跟它們說好了：

「伊斯蘭天頂的新月會為寶寶前行點亮一盞明燈，地上的楓葉會幫寶寶蓋上母親溫暖的衾被。」

我竟然代替心碎的媽媽抱著她夭折的小寶貝，護送到墓地的最後一程。寶寶不怕哦！乖乖的睡了吧！

真的好乖、好乖、好乖。

我親眼看到的，真的好乖。

好乖。

人世有情不變的初心

這四個世界奇幻重逢的喜，
因真情而恆久凝聚我們的初心

選美——八年後重逢的哥倫比亞男孩

自然最美

鳥瞰機窗外亞馬遜黃濁的河水，沿岸整片茂密的雨林鬱鬱蒼蒼，我真不敢相信八年後我又回到了這裡——南美哥倫比亞最南邊的蕾蒂西亞（Leticia）。

如果要我「選」一個全球最「美」的地方，我會投一票給這裡！因為她的市區小巧可愛，僅各二十分鐘就可東西橫跨到巴西、秘魯三國交界，簡直把整個世界第一大流域雨林，完全當成她家的後花園。而我舊地重遊，主要是來探望當年撿到我皮夾，誠實歸還給我的男孩。

算算當年他十六歲的話，今年也二十四了，是否我會再遇到那個充滿陽光笑容的男孩呢？看著他手寫給我的西班牙文地址紙條，我也只看得懂他的名字，羅慕斯。飛機降落，拿到行李我就衝出機場，找摩托車叫客的小司機。他研究了一下地址，提到那條街已經改建很久了，只能到附近問問是否有人知道到底被拆遷到哪裡？我聽了心裡涼了半截，是否意味著這次我可能白跑一趟？都怪我不懂西班牙文，至少也該帶著他寄來的信封，那上面才是最新的地址。

機車左轉右繞，紙條東查西問。小城市就有這點好處，不枉選美我會投她一票，終於找到眉目。司機帶我到一個高腳屋的樓上，問到一位打赤膊的中年男子，還有一名剛洗完頭髮抱著嬰兒餵奶的年輕少婦。他們的神情凝重，居然一絲笑容都沒有，甚至有點愛理不理的，好奇怪？下樓上了車，司機才說他們是羅慕斯的爸爸和妹妹，說他開的美髮店在小街上，我們這就去看他在不在？

我喜出望外，終於我們要重逢啦！

我站在路邊幫忙守著機車，司機拿著字條跑進一家美髮店，接著不到一分鐘就帶了一個女生出來。我直覺很洩氣，一定是羅慕斯剛好不在，店裡的同事幫他出來打個招呼。未料，這位穿著緊身牛仔褲和涼鞋，上半身露出性感的肚臍，只包著一截紅色小可愛，長髮飄逸的時髦女子，竟然用粗啞低沉的嗓音對我說：「我是羅慕斯。」

我的頭腦一陣暈眩，真的想馬上離開那裡。當我循著「她」五官上的濃眉大眼、高挺的鼻子、笑起來嘴角兩個酒窩，這個「她」顯然就是「他」……。八年來的變化實在太大了，大到對我這一個還算是見過世面，也有多年社會經驗閱歷的人，都承受不住，一句話都接不上來。發現她一直對我親切講著西班牙文，此刻我被驚嚇得連細微的聲音都快聽不到了。司機翻譯給我聽，「他」正在存錢去做變性手術，變成真正的「她」。還好他有美髮的專業技術、店裡的生意又很好，應該兩年內就可以如願以償。

自在最美

我還是一句話也說不出口，心裡在想：也許老天爺跟他開了一個大玩笑，俊帥男人的外表下，卻在心裡被安放了一個女嬌娃。可是，如果人類有「選美」的權力，我是男人當然還是希望自己「選」當一個「美」男子，而不是「美」嬌娘。於是眼前這名溫柔美麗、風情萬種，身材也玲瓏有緻的「他」，實在令我想退避三舍。我的心裡已經盤算去打聽，前往亞馬遜第一大城巴西瑪瑙斯、第二大城秘魯伊基多斯的船程航班時刻表……。

羅慕斯忽然用塗著鮮嫩粉紅指甲油的纖纖玉指，引導我看向對街的一個廣告彩色大布條。我在此地自然是文盲，有看也白看，但我頓時好像看懂了一個單字，剛巧英文和西語完全一模一樣拉丁字母的拼法：PAGEANT——「選美」。這才意會過來，大概是他要去參加這個跨性別「變裝皇后」的「選美」比賽，就在蕾蒂西亞最大的禮堂。我再看了一下阿拉伯數字的日期，總決賽可不剛巧就在明天晚上！我細細思忖，雖然我真的想立刻離去，也不太想再看到他，但我其實也並不差多停留一天的時間；更何況他送給我了一張入場的門票。

這下子可好玩了，我的亞馬遜旅行計畫，竟然因此出現了革命性又具戲劇性的激烈變化。原本我都是在記錄土著原生態母系社會的少女成年禮儀式什麼的，還有包括雨林各種的動物生態：淡水海豚、食人魚、美洲鱷、食蟻獸、森蚺、箭毒蛙、蜘蛛猴、金剛鸚鵡……；名單裡有「選」不完「美」好的民族、「美」麗的動物，然而就是沒有想到，有一天我的亞馬遜旅行居然會包括坐在台下，當「人妖選美」的熱情觀眾。

選美比賽即將開始，我發現自己怎麼比三十位總決賽的選手「佳麗」，還要緊張。我又沒報名參賽，自己在那邊窮冒冷汗、打哆嗦，到底是為哪一樁事呀！原來是為了羅慕斯。我也算看著他長大，今天對於他這麼重要的一個大日子裡，我非但幫不上忙，竟然自己失禮到連個祝福都沒有給他，甚至一個好臉色都吝惜，想到這裡真是萬般歉疚。我也不知道自己是怎麼搞的，以前不是也參加過泰國旅遊團嗎？那裡的「人妖秀」出神入化，我不是看得津津有味，跟著大家擊掌叫好，散場時還花一次十銖跟十幾個人妖親熱合照嗎？為什麼自己會變成美國影星芭芭拉史翠珊呢——聽說她一向支持動物保護和同志平權的人道議題，經常大聲疾呼、奮力爭取；不過當她得知自己的兒子宣佈「出櫃」是同性戀，她根本無法面對這個事實，進而跟兒子斷絕母子關係。

我終於懂了，並不是我們不懂得人跟人存在著極大的差異性，應該予以理解尊重；也不是我們周遭沒有類似情況的人，使我們因無知而不會處理這樣的人際關係。問題的關鍵在於，以往表面的支持都是從眾心態下的一種冠冕堂皇的說詞，重點在於那些人並不是我們的親人，更不是我們極為在乎的人。莫怪當自我切身面對之時，才發現原來自己抱殘守缺到何其保守迂腐的地步。重回蕾蒂西亞的亞馬遜小鎮，又是一個萬萬沒想到的，就是今晚的選美比賽還沒開演，我已經在當下的氛圍情境中，給自己好好上了一課。

自信最美

這場選美比賽非常的正式，全部的男生以女人打扮盛裝登場，賽程有三大階段，完全比照環球世界小姐選美的規模：民族服裝、泳裝、晚禮服三大競賽。我左等右等終於盼到了最後一號壓軸登場的羅慕斯。他完全「選」定了自己最擅長的

「美」髮與「美」術的才華，充分發揮在第一件豔驚四座的亞馬遜民族服裝上。金剛鸚鵡的繽紛長羽在他的頭上有如古印加太陽神的彩光寶冠，琉璃金剛藍色的胸羽和鮮黃的尾翼，貼附在他穠纖合度的身上。當他在全場最熱烈的掌聲中走到舞台中央時，突然他的雙手向兩側一拉，立刻撐起了一個孔雀開屏的華麗扇尾，耀眼奪目，觀眾為之瘋狂，喝采讚揚。瞬間幾乎全場起立叫好，看得我感動到熱淚盈眶……。

他的「美」充滿自信，要是我來「選」絕對不做第二人想。

我發現：每個人終其一生都在尋找自己做起來有信心的事。很多人誤以為自己找到了，其實他只是跟著大家在所有約定俗成的安全規範舒適圈裡，隨波逐流，那些信念和信心其實都不曾屬於他的。羅慕斯在三個階段的表現都可圈可點，尤其是他內在散發的自信之美，讓我再三動容。特別是我想起來司機有翻譯細節給我聽：這次的大型選美比賽所有的「三裝」——服裝、髮妝、化妝，規定全部都必須由參賽者親力親為，自己一針一線、一塗一抹之下來完美呈現。

最後頒獎，羅慕斯得到了第二名，我們為他鼓掌拍紅了手，興高采烈一起到夜店慶功共舞。幾個參賽得名的「佳麗」也紛紛加入，他們頂著大濃妝和美艷裝扮，全都脫掉三吋高跟鞋，跟我勁歌熱舞，歡天喜地。我在羅慕斯的耳邊，輕輕說了一句：「你好棒！我真的以你為榮。」我也告訴他，早上剛剛雇了一艘船，請一名嚮導和船伕隔日將載我深入亞馬遜雨林，田野調查記錄提庫納族和雅瓜族的傳統文化和動物生態，預計整整一個星期後的週日下午兩點班機離去。

一個星期很快就過去了，這也是我收穫最豐碩的一次亞馬遜旅行。只是時間都不夠用，趕到蕾蒂西亞機場的時候已一點二十分，匆匆衝進去辦理最後一個乘客的登機手續，託運好行李，這才驚魂甫定。發現自己全身髒兮兮連衣服都來不及換，全是汗水和爛泥巴。側頭一看怎麼一大堆外國觀光客圍著不知看什麼，鑽進去才聽到有人叫我，那是五位美艷佳麗濃豔盛裝來為我送行，羨煞眾人。

這一段南美亞馬遜之旅，若要我來「選」其中最「美」好的一段回憶——那可不就是現在了！

陌生異鄉人別離我而去——躲在暗夜哭泣歌吟的女孩

這段重逢的故事基本上有點離題，因為不像前一個故事裡我與南美的「男孩」在八年後重逢，驚見「他」變成了女孩的「她」；我跟這位真正的印度「女孩」卻時至今日仍舊未曾謀面，豈可談何以重逢？但是……三十五年來，她彷彿附身在一個懸絲傀儡玩偶上的歌吟，每晚竟與我在無語的夜裡時時重聚。

傀儡

印度次大陸的秋天仍然十分濕熱，只有晚上才比較怡人乾爽。

那一夜，螢火蟲飛滿了旅館外的水池畔，我乾脆搬了一張椅子躺在屋外看這些「火金姑」的風采。突然聽到鑼鼓和手風琴的樂聲，原來不遠處點了一盞暈暗的燈火，正有一對父子用他們的四隻手，又操演、又拍擊的進行一場拉加斯坦的傀儡戲。

我索性像兒時跑去看臺灣鄉下野台戲一樣，盤坐在他們的跟前，仰頭看他們又說、又唱、又演、又奏，有條不紊的舖陳了一段段引人入勝的神話故事。

表演的劇情我雖然聽不懂，但是看他們將一個個懸絲提線的傀儡木偶擺動地如此栩栩如生，真是令人動容。由於我坐得非常貼近他們，對於劇中那個女主角傀儡木偶印象最為深刻。我發現它從鮮艷的頭巾到身上的印度傳統紗麗服飾，全都是用手工製作，連布料都剪裁自真正鑲了寶珠還縫著成串亮片的布料。只見每當小弟弟靈巧高舉的雙手這麼一提一揮，那個木偶就會跟著撩撥頭巾或是掩面哭泣；連我不解劇情的人都深深為之感動。

"Pardesi Pardesi
Jaana Nahi
Mujhe chhodke
Mujhe chhodke"

小童爸爸口中唱出熟悉的旋律，剛巧這是我在一九九六年唯一看過的一部由阿米爾・罕（Aamir Khan）主演的著名印度寶來塢（Bollywood）電影《忘情戀》（Raja

Hindustani）的流行歌主題曲，所以特別親切到忍不住跟著他一起唱了起來。只見木偶女郎開始隨著歌聲扭腰擺臀地翩然起舞，掃除方才悲情哀怨的氣氛，一時現場沸騰熱烈立刻贏得滿堂彩。等到節目快結束的時候，不料這次是改由小弟弟的童音來唱同樣的那首歌，他用纖細嘹亮的女聲，以慢版哀怨的吟詠進入偶戲樂曲表演的尾聲。

光是一個單字 Pardesi 就慢慢拖長音符足足吟頌了三十幾秒，然後又把 Pardesi 跟後面的 Jaana Nahi 快速反覆又反覆地唱了近二十遍。我好像被強烈灌輸記憶一樣熟背起這兩個單字，卻為了仍然不知道它的意思而納悶。剛好旁邊有會說英語的服務員走過，我抓住機會趕緊詢問。原來 Pardesi 就是「外國人」、或是「外邦人」、「異鄉人」、「陌生人」的意思，那不就是在那裡叫著我嗎?!至於 Jaana Nahi 則是「不要」、「別去」。這麼一聽我非得繼續問下去了，儘管我本來只是想隨便知道一個單字就夠了，為得是長音實在拉得很久，歌聲又在清亮中帶著些許的哀怨悲傷。那麼到底是在叫「老外你不要什麼……?」

Mujhe chhodke，我終於瞭解這是印度語「離我而去」、「離開我」的意思。那麼全部句型原來就是在完整訴說：「陌生的外國異鄉人你不要離我而去呀！」

飄零

小弟弟會說很簡單的英語，溜轉著那雙烏黑淨白的大眼睛，勾住了我的視線。現在表演完畢，我急著詢問他們動作表演的技巧，他們卻老要我買那幾個精緻的木偶。我問小弟弟：為什麼？那你們賣給我，下次用什麼表演呢？他說：爸爸還會做，沒有關係的！不過我的姊姊就可以從孟買回來了！我聽了一頭霧水，只是迷迷糊糊的付了盧比，看他們漸行漸遠。

旅館的服務員再度走過來告訴我：小弟弟年輕的小姊姊被誘騙拐賣到了城裡去當雛妓，又被轉運到孟買港都，因為那裡生意比較好……。不等他把話說完，我早已恍然大悟地飛速跑去追趕他們。不久氣喘吁吁走回旅館，這個時候的我，手上又多了三個木偶和一個大圓鼓。我們幾乎不必再說任何言語，我當然這輩子也絕對永遠不會認識，更不可能會見到小弟弟思念記掛的姊姊；但是在這個無語的相思夜裡，我聽懂了這對父子卑微的懇求。我也彷彿聽到那個流落漂泊在都會晦暗汙濁角落裡的女孩，正與我隔空對唱著同樣的歌曲……

是的，外國人不要離他們父子而去，為這只有外國人能幫他們經費的籌措；至於陌生人不要離這孤雛飄零的女孩而去，則可能是她流落異鄉存活下去唯一的一線生機希望吧……。我低頭看著方才讓我在台下心儀的傀儡木偶女孩，一真一線細細的女紅是否就來自這個女兒乖巧靈活的手藝？我幾乎看得到她的生命，在劇變前後那兩個完全不同世界的生活。

就在這個無語的相思夜裡，我跟她隔空對唱著她流轉在城鄉角落裡如此卑微的夢。儘管從來也沒有見過她，將來也不可能有機會見到她；但是我和她之間卻忽然有著這麼多說也說不完的感傷故事，我的心終究未曾離去。

重回努比亞——地震給生命一抹留白的美

前緣未盡

有時候想想：人生真像是一列疾駛中的火車，串聯著一節又一節的車箱。這些車箱裡面，有的收藏了年少未能實現的夢想、有的滿載了過往失之交臂的朋友，也有的填補著天涯海角無緣再續的情感。層層疊疊的缺憾會跟我們在生命的軌道上跑一輩子。直到有一天發現：那些我們終生再也不敢走進，或是已經不能再走進的車廂裡，竟然會有一種淡淡「留白」的美。

還記得那天前往埃及首都開羅的火車再二十幾分就要開了，我站在月台上著急張望，腦海卻想起了這幾天的事，也想起這個橫跨尼羅河畔的古城路克索（Luxor）。

男孩默罕穆德說過：他和他的母親一定會來為我送行的，特別是要把他給我的皮簍再配上一對鈴鐺。我索幸跑出來就杵在路克索鐵路車站的大門口繼續等，心卻跟著街上一輛輛腳踏車早飛回到他們的「哈伯村」。從來不知道「等待」這兩個字居然也可以促進人的思考與回憶；畢竟，此刻若非他們遲到，逼著我必須焦急等待，我也不會把所有想像的空間全部凝結在他們這對平凡的埃及母子身上，好似重新溫習了過去這兩百四十個小時裡我們親切互動的情誼。

路克索的柏油路如果是抹了陽光跟牛油的吐司，那麼通往「哈伯村」的碎石路就像是韮黃炒蛋。我們前後追逐，互相盯著對方的腳踏車輪一路玩鬧著回家，暫時把剛才「亞蒙大神殿」裡如數家珍的巨大石像與對岸的陵墓群全都給拋在腦後。晚上，他的母親真的用炒蛋與葡萄乾配上自家烘焙的大圓麵包招待我，喝一口黑綠的薄荷茶則幫我把食物與熱情暖暖地燃遍全身。

「我們用樹皮與莽草編……，每次出遠門……揹著它。裡面塞滿麵包、乾豆和玉米粒，餓了就吃……。在出遠門的時候，我們努比亞人一定會帶著它……」

當我在臨行道別先回市區旅館整理寄放的行李時，他們為了我的即將遠遊特別把皮簍當成禮物送給我，男孩默罕穆德的口中用生硬的英語這麼娓娓道來。我則把玩再三，愛不釋手，決心像他們一樣，離開路克索的時候一定也要跨肩揹在背上——這就成為現在我拎著行李站在這裡等他們來送行，卻一直被熙來攘往的人群偷偷訕笑的主因。我知道自己再怎麼學也不會當一個努比亞稱職的好牧民，即便我有幸做了十天尼羅河谷的農夫。

早上，我們沿著路克索尼羅河床東側狹小的綠洲穿越過小渠與甘蔗田，我學他穿上白袍，依照埃及南方的習俗側著坐上毛驢，用手杖把整批美麗奴羊群趕過成排的楊柳樹林，進到一片剛收割後的玉米田放牧……。下午，在漫天風沙裡，我們爬上綑滿高堆乾草的牛車上小睡片刻。當他大伯趕牛起動前行時，我們又搖晃深陷在暖和的草床裡，一起躲避沙塵、享受烈日、閱讀藍天、勾畫白雲，或坐或臥，顧著草堆也顧著我們兩顆貪玩的心。到了傍晚，羊群也入欄了、乾草也送完了，搬妥擠好的羊奶、餵飽牛驢，正是我們跳到河渠裡洗衣、沐浴和游泳的時刻，藍白尼羅河在遠方匯聚，正引來最甘甜的清泉任我們揮霍。夜裡，油燈下用手抓著吃完晚餐，洗收好碟盤，教他唸英文，跟他媽媽比手畫腳，然後看他們母子朝向麥加聖城的方向誦經晚禱，接著就全家席地而眠。就是這麼簡簡單單的十天，讓我永生難忘。我甚至心中暗自盤算著：有一天我一定要代替他們母子的雙眼去看看麥加，親吻朝思暮想的天房。

乘願再起

「他們不會來了……，還是，他們早就來了呢？」我自言自語。

因為鮮活流轉的記憶早將他們帶到我的身邊，不然我怎麼會一直隱約聽到身旁的腳踏車輪盡在顛動流轉著鈴鐺的聲響？原來，默罕穆德要為我遠行的皮簍加上的鈴鐺也早已經繫在我的心頭了。老汽笛的聲音催促再三，他們的確不會來了⋯⋯。現在所有小村的回憶都被我給一起裝進了背上的皮簍裡，展帆遠颺的我也必須即刻把自己裝進路克索北上開羅的火車廂裡。

「在出遠門的時候，我們努比亞人一定會帶著它⋯⋯」我學默罕穆德反覆輕聲唸著。

對！遠行帶著它，不就等於也帶著你們一起同行了嗎！想到這裡我不再遺憾，火車緩緩起步，我的心情才慢慢的平靜下來。從老舊的車窗望去月台依然是身影晃動、人聲雜遝。火車正準備開始加速啟動駛離月台了，我卻這才猛然發現就在另一側的月台上怎麼站著兩個熟悉的人——那不就是⋯⋯默罕穆德跟他的母親嗎？我顧不得鄰座還沒坐定，就整個身軀霸佔著窗枱，發了狂似地用力扯下車窗，向車廂外伸出了大半個頭和一隻手，並且朝向他們死命大吼：

「默罕穆德！」

沒想到埃及有五分之四以上的男人叫做「默罕穆德」，至少平常都要把自己和父親、祖父的名字依照習俗排列在一起時，總會有一代叫做「默罕穆德」；難怪滿月台的人都在看我。這也好，把他們母子的眼光也引來了⋯⋯。原來他們是跟一般當地民眾一樣，從後站的欄杆缺口鑽進月台，所以跟我等待他們的地方剛好相反，隔著方才停靠的這輛火車又被擋住，誰也看不到誰。現在可好了，兩邊都還在幫對方找尋失約的理由來安慰自己，偏偏火車發動真正要遠行才發現了對方，真是造化弄人。我繼續用英文重複地喊：

「再見！我愛你們……再見！我愛你們……」

只見身手矯健的默罕穆德盡是隔著鐵軌在另一頭追著我的火車跑……，哪裡追得上，更何況他們還是在對面的月台上……。但是，他一面跑、一面把右手拿的花布包，捧著高高地在搖晃，好像是要送給我帶走的一袋不知什麼東西。火車沒有辦法像小村的牛車那樣，說走就走、要停就停，還可以隨時在行進間跳上跳下的；現在的速度反倒是愈來愈快，路克索的月台就這樣遠遠被拋在身後。

轉身坐定，抬頭一看，現在不是全月台，而是整個車廂的「默罕穆德」都在看我，鄉下人一張張質樸的臉愣愣地盯著我這全車廂裡唯一的外國人看。當然，在他們的眼中，我似乎也是那個在車站裡，唯一喊著聲嘶力竭快到肝腸寸斷、唯一跟朋友居然用了這麼轟轟烈烈方式告別的乘客。低下頭去，我為自己一分鐘前的失態不好意思，但也就此下定了未來重回努比亞訪友的決心。

下行列車

「努比亞人的世界裡啊！單調無聊的只有五件東西：烈日、黃沙、毛驢、白袍和手杖。」

當我乘著火車從埃及的國都開羅南下時，就在耳邊不斷傳來北方的下埃及人，對於居住在南方上埃及與蘇丹交界的努比亞人，提出如此近乎一致輕蔑鄙視的看法。對於這個我正要再次前去造訪的地方，他們毫不保留的給我下了狠狠的評語，表情十分冷淡，也有些嘲諷。相較於他們對我一路上的熱忱協助和好奇探詢，簡直無法聯想在一起。

我坐在靠窗的位置，也許是頭歪著朝向他們聽了太久，或是腦海裡為了那句話，突然湧進了三年前住在路克索努比亞人小村裡的美好記憶。霎時我只管把自己僵硬的頭，扭轉向車窗外一大片尼羅河的沖積谷地。

「真是美麗又遼闊啊！」一名才對我高談闊論的胖乘客忽然冒出了這句話。

我一定是無意間連帶地把車廂裡所有的目光，全都移向了車廂外寬廣開闊的視野；不然怎麼會聽到他們忍不住對自己早已熟悉得不能再熟悉的鄉土，半說半問的發出如此多情的詠歎！我盯著尼羅河水的表情必定是帶著一種淺淺驚艷的微笑，還有一雙映著波光的柔情雙眼，才讓他們立刻從嘲弄一群自己同國異族的同胞之餘，竟然隨即又讀到了另外一種角度的溫柔。

「對不對？我們埃及真是美啊？」他們異口同聲地問我。

「是啊！埃及真美！所以我才會在離去三年後，又回到了埃及！」我說。

為了我隨口的答案，整個車廂裡的笑聲好像嬰孩般的甜美。我和這群素昧平生的埃及乘客巧合同行，又坐在同一個火車車廂裡，分享了一種出於距離遙隔而產生的美感。我們也試著展讀彼此的眼神，學習從別人的心靈世界中再一次出發，重新看看周遭原本熟悉的世界。這次旅行彷彿不必在意陌生或熟悉，只是輕鬆地用探望老朋友的心情認識新朋友。

笑聲還沒有停止，火車倒一站一站的疾駛而過。逐漸地，河渠農田變成了黃沙漠野。為了我的那句回答「埃及真美」，乘客只是一群接著一群在次第莞爾輕笑，就如同靠站時的那些乘客們一樣自然順暢上下火車般的流轉著。我猜想：一定是旁邊幾位熟諳英語的埃及人把我們的對話，翻成阿拉伯土語，再像個火車廂，一節又一節地把一名自助旅行者對埃及的美好印象傳遞出去。每當笑聲隨著火車的行進節奏又傳回來時，我知道我們的對話仍然在被大家漣漪式的擴散傳播著，心底總會輕輕暖和起來。想像如果別人也對於我所生長的土地這樣讚美，我一定也會很高興的。

車廂在晃動中從白天到黑夜，又從黑夜變成白天，我幾乎忘記大夥兒是在什麼時候停止談話，又是在什麼時候都沉沉睡去？只知道當我們惺忪的睡眼乍醒相對的一刻，每雙眼睛都會向我投來瞬間最燦爛的微笑，一如窗外灑滿旭日金光的沙漠。大概僅剩下肥碩的「阿里．默罕穆德．阿里先生」還沒有醒吧！他就是剛才首先提出什麼埃及美不美這個問題，讓我的回答無形中拉近了我與全車人距離的那個人。他竟然用他的大屁股靠在兩椅座對向間倚牆的小茶杯架上，這樣晃動著肥頭大耳也能呼呼入睡，完全不在意自個兒的身軀早被窗架隔成了左右兩大半，任憑背後撒哈拉的烈日將他身上成噸的肥油烤得吱喳作響。

高貴靈魂

趁著鄰座去洗手間盥洗空出位子之際，我故意斜側地伸躺到走道邊的手把上，拿出傻瓜相機想要記錄下阿里這一幕生動又令人發噱的趣味影像。等到我調整妥自己身體的角度位置與目光焦距時，才發現他飽滿的身軀襯著一圈清晰又昏眩的光芒，刺眼到令我想看又不能正視。這還真是我兩次到古文明國埃及，卻第一次如此用心看一個平凡的老百姓。何嘗不是呢！我只知道他們是一群每天早午晚各向麥加聖城朝拜五次的斯尼派回教徒、重複又重複每個人的名字一定會加上自己父親及祖父的名字一長串，而且幾乎滿街的男人不是叫做阿里，就是默罕穆德……。除此之外，我還知道什麼呢？當我的旅遊行程又延伸到另一個國度、當我的頭銜又增添了別的榮譽符號時，我還記得他們多少呢？

眼前的阿里還在酣睡，雖然他腦滿肥腸、凸腹擁腫，但是從他身子暗灰色的大袍上，卻可以清晰數出那些歲月堆積的縫線補丁，還有歷年餐飲遺留的汙穢油漬。整件袍子簡直就像是阿里的「日記本」——一本埃及的「人生日記本」正赤裸而真實地預言般告訴我這個陌生人：他窮困拮据的過去、現在與未來。

今天早上的太陽怎麼回事兒？竟把車窗照得像個實驗室裡的解剖台一樣，只見阿里成了一隻貼靠在生物實驗玻璃板上的大青蛙，毫無保留地流露出一種……比起昨夜他自己口中所瞧不起的那些所謂南方土著努比亞人，還要清貧單調又乏味的線索。我們每一個人是否都像這般矛盾，不能滿足現況的時候，總會找些東西來愛，也找些東西來恨。

就先看看阿里先生的左手吧！

他怎麼如此突兀地撐到了我內側椅把子扶手上的窗枱邊，真懷疑他那肥厚多汁的手掌這樣亂擺，會不會扭傷了自己的虎背熊腰？真搞不懂這名埃及老兄怎麼會擺出這種滑稽可笑又荒唐的睡姿？我實在看得太入神了，鄰座的青年已經回來，在一旁等候入座多時我都不知道，甚至連快門都忘了按。只好自討沒趣地想：就當是阿里太胖，所以塞不進我不夠寬容廣角的鏡頭吧！傻笑一下，快速縮回自己靠窗的位子。正不知自己到底在做什麼的當兒，頭才擺回窗前，老車廂突然猛一陣顛動擺盪，我的頭就慣性地撞上——竟不是窗邊硬邦邦的木框，而是……阿里先生的手。原來……就是這個才被我暗地取笑的身軀，伸出的這一隻也曾被我暗地取笑的肥手，照顧了我一夜嗎？

我的心情在火車抵達路克索車站的整個白天裡，一直這樣反覆翻騰著，因為我怎麼曾用他們取笑努比亞人的主觀想法，不經意地也取笑了他們。或許我們這一生真的稍一閃失就會忘記許多不該疏忽的事。生命的耐力與韌性都極強的努比亞人鎮守著埃及最苦旱的南疆、卻分配享用著最有限的資源，一如買不起座位的阿里先生卻願意伸出那隻不怕碰撞的肥手一路為我撐擋；他們的本質都是如此善美而不該被忽略歧視的。更何況，我這老遠跑來的外國人居然有幸穿梭於他們之間，還得到過兩邊人民如此真誠的關愛，我怎麼能不以擁有這樣的幸福為榮，也以他們這樣高貴的靈魂為傲……，即使他們都悄悄隱藏在一個個貧窮落後的鄉野角落裡。

剩下的行程中，我們的話並不多，但是阿里睡睡醒醒的神態卻一直抓住了我凝視的目光。經過漫長的旅途，火車終於抵達埃及南方的第一大城路克索，也是我的終點站。揮別同車廂繼續南下亞斯文與阿布辛貝爾的埃及乘客與阿里先生，我像是個大夢初醒的孩子，抱著放暑假的心情對自己說：

「我總算重回到努比亞人的家鄉，可以再次探望三年前那個沿著灌溉河渠蜿蜒錯落的小村囉！」

尋找夢土

天色已然昏黃，夕陽西沉，暮光正從尼羅河西岸的死亡之城「帝王谷」與「帝后谷」灑向河流東岸的城市，古老懸疑的詛咒依然在這裡盤據著埃及人深信不疑的心頭。徒步走到供奉天神阿孟的「卡納克神殿」外面廣場上，我試圖問每一個搶拉生意的計程車司機，居然沒有人聽過我說要去的「哈伯」小村。他們一大群人圍著我，聽我越講越急。我不斷用盡了所有可能最簡單的英文單字描述著這個地方：

「就是有一大片的蔗田，還有許多努比亞人和毛驢……，也有許多孩子跳入溝渠中戲水……」

他們異口同聲地示意告訴我：在阿拉伯文中意思為「宮殿」的「路克索」，除了一大堆的古蹟和宮殿以外，全部都是像我所說這樣的地方。他們真的沒聽過哪裡有什麼「哈伯」村。

我只有使出最後的殺手鐧，從背包裡翻出當年默罕穆德曾用扭扭曲曲的拉丁字母寫給我的字條給他們看，再一個字母又一個字母拼出「HABEL」給他們看。沒想到：不看還好，一看才知道他們正正反反都拿不對，原來路克索的計程車司機們多為文盲，除了為唸古蘭經所學的一點簡易由右向左寫的阿拉伯字母以外，外文全都不認識。

站在神殿前，這一刻我的心頭亂亂紛紛到氣急敗壞，身後那兩整排壯觀的「獅身羊面像」包夾著入口甬道，愈看愈深遂，愈看愈覺無奈的遙不可及。難道三年前的「哈伯村」也和「卡納克神殿」裡相傳連結著「路克索古廟」的兩頭運河一般，全消失到無影無蹤了嗎？

「啊！哈貝爾！？」

正當此時，一名司機興奮地跑過來到我跟前說。

我這才恍然大悟於自己發音的錯誤，差點害我回不去那個小村。誰教他們窮鄉僻壤中既沒有電話也沒有地址，三年來我只有這張紙條，上面手寫著小村和男孩的名字——默罕穆德．穆斯塔發．阿里。那年他才十四歲，我們是在阿布辛貝爾的沙漠駝集中認識的。我送給他一隻原子筆，他和大伯趕完集就跑到我在位於路克索火車站右側的小旅舍中找我，帶我去他們的村子採玉米、砍甘蔗、騎毛驢、游水渠，一住就是十天，我連旅館都不要了，只把大件託運的行李寄在櫃台。我在十天後離去，一眨眼就已經是三年後。我曾經試著寄給他們家的信件和照片並沒有得到任何回音，一千個日子在今天似乎將揭曉到底是個新的「起點」抑或是個「句點」。

從臺灣飛到埃及，又從開羅搭火車到路克索的一路上，我任憑記憶自由自在地流竄，反正它們早就像海浪潮汐一般，把我的心情捲回到這個努比亞人的小村。不管到底是「哈伯」還是「哈貝爾」，我一直魂牽夢繫，甚至從他的母親、大伯、弟妹、鄰居，一直想到他們家固執的小毛驢是不是做爸爸了？他們家寵愛的老山羊是不是還會來蹭角撒嬌？玉米在收割後是不是又曬滿在院子的土牆下像黃海一樣遼闊？對了！還有他母親的炸鮮魚和炒切豆，襯著暮色一定飄香傳到了蔗田裡哪……。

留白之美

「沒有地址這樣找人真是麻煩，才算你三十鎊，實在是太低哦……」

我坐上計程車，小車司機一面開進哈貝爾村，一面嘀咕抱怨著。我們只好遇到每一個村民都問他們認不認識「默罕穆德．穆斯塔發．阿里」？我以為講出全名容易辨認，偏偏如此組合起來的名字這兒也有好幾籮筐的人。好不容易問到一位老村長，總算知道我敘述的人，也知道他的爸爸早逝、媽媽守寡，偶爾幫大伯家裡打點零工的男孩。但是他卻斬釘截鐵地透過司機這麼斷簡殘篇的翻譯中告訴我：

「去年埃及路克索一帶發生地震，震度雖然不怎麼強，但是古跡神殿都沒事，反倒村裡的泥磚土房卻震倒了幾十幢。默罕穆德．穆斯塔發．阿里的家也全給毀了……。於是他和媽媽、弟弟妹妹只有乘著驢車載走僅剩的家當，搬移到更南方投靠親戚家，下落不明……。」

聽到這裡我整個人都傻了。我不得不為自己所演的這一齣近乎於沙特「荒謬劇」般胡鬧的結局慨歎，甚至對自己莽撞造訪如此遙遠的國度卻落得到這樣的下場頗有自責。

誰教我一直無法回答臺灣的朋友問我：「你又去埃及幹嘛？」

也無法回答開羅的朋友問我：「你又去路克索幹嘛？」

就像剛剛我才無法回答路克索的司機問我：「你又去哈貝爾村幹嘛？」

現在我更無法回答已經來到哈貝爾村的自己，正荒謬地反問我自己：「你還在這裡幹嘛？」

我能冠冕堂皇地說：「因為我熱愛埃及悠久的歷史文化、熱愛南方壯麗的沙漠風光、熱愛路克索神奇的宮殿古廟」嗎？還是就說說自己在卜行列車裡敷衍乘客詢問的那句客套話：「是啊！埃及真美！所以我才會在離去三年後，又回到了埃及！」其實，我最懷念的只是哈貝爾努比亞人小村裡的那種和樂氣氛，或者說的更具體一點，就是從跟努比亞人初相識那一刻，他們所遞上的那杯蘇丹洛神紅花茶開始，我的心就已經懸宕在這裡了……。

「阿拉阿卡巴，阿拉以拉拉——」

計程車司機聞得悠揚的吟誦聲立刻煞車停住，他下車朝向正東邊麥加聖城的方向開始膜拜默禱，也暫且冰封住我此刻無言以對的尷尬無奈。居然連這麼個百人不到的小村子裡也有自己的清真寺，古里局尖塔中傳來了呼拜誦唸古蘭經的吟唱，同時夾雜著擴音器提醒村民晚禱的聲響。我像是在睡美人王國宮廷大院中唯一旁觀清醒的人，默默看著司機和村民們整齊劃一熟稔的動作，整個哈貝爾村都屏氣凝神，停下了所有的活動在朝拜禱告。其實，他們才是真正清醒的人，旁觀著我此前莽撞焦躁的舉措，盡在自己象牙塔的睡夢中追逐尋找著自己的夢，又為了重溫一種情懷難以言喻的夢而又重回到埃及努比亞。

螢火蟲在我身邊飛來飛去，耕罷暮歸的大黃牛則正用牠細長的敧角搓擠粗大的樹幹，偶爾還會伸長舌頭偷食幾把甘蔗嫩葉。這當下哈貝爾小村的時空裡，我們正一起在揮霍地度過所有哈貝爾村民祈禱的空檔，不過心中又不免同樣投機地在期待著些什麼。這次宣禮的十分鐘竟然如此漫長，眼看螢火蟲已經若隱若現地飛入蔗田，彷彿恍恍惚惚點亮了一道思緒的歸鄉之路。這是重回埃及努比亞人的故鄉？還是重回我在臺灣臺北的故鄉呢？或者都是，也都不是。

我忍不住笑出了聲。

原來這一路上我在逐夢、尋夢的目標，根本就是重回一個自己心靈夢土的故鄉、一份溫柔敦厚的情懷、一次安身立命的體悟，以便在面對未來人世一切悲歡離合的時候，都還能溫存一種敦厚的感動。就像每個穿戴著白袍巾的努比亞人，不論走到哪裡，手上一定緊握著的那支木杖，他們即使知道沙漠裡沒有水，卻一定永懷希望，總要隨時隨地都用那根杖子去試試看戳它一下旱地。揮霍不盡的黃沙下必然曾經因為這樣永不止歇的嘗試與堅定不疑的信念，就在木杖戳地的當下湧出過人們引領期盼的甘泉，不然哈貝爾村的甘蔗、玉米也不可能堆成了海。

至於我，現在直到這一刻也沒有再遇到應該已經十七歲的默罕穆德·穆斯塔發·阿里，但是單單是臺灣到埃及、開羅到路克索，再由路克索到哈貝爾村的路上似乎已經足夠了。足夠的是我終於學會做一個努比亞好牧人與好農夫，因為他們在上次送我遠行的皮囊裡面，必定藏了一支像孫悟空金箍棒那樣可以伸縮自如的隱形木杖，不但讓我學會了他們永不放棄嘗試的信念與勇氣，自己會再跑回來哈貝爾村，也讓我今生今世都因著傳承領略到這種高貴靈魂的美德而受用不盡。

漫漫天涯路，這次再來埃及重回努比亞的一路上，我清晰地想起了所有小村子裡人情世故的點滴景象，完完全全好像是自己又再這麼溫存地親身經歷了一次。我甚至好像就坐在那裡，看著地震後他們母子悲愴離去哈貝爾村遠行的情景，因為他們的背上一定揹著與我同樣的皮囊，手上一定握著代表勇於嘗試、永保信念希望的木杖。

原來歷經歲月篩洗沉澱後，自己人生所想保有的溫存一直都沒有消失過，甚至，今生裡他們和我其實都再也沒有離開過哈貝爾村，因為留白的美感更滋生了彼此永遠生生不息的思念與真情。就像默罕穆德·穆斯塔發·阿里稚嫩的嘴角上新冒出的鬍髭，還有哈貝爾村舍矮屋頂上曝曬的麵包，它們永遠都會如同用努比亞手杖戳出的沙漠甘泉一樣循環不絕、生生不息。

「還要繼續找嗎？」司機在祈禱完之後，轉過身鎮定又嚴肅地問我。

「不必！可以走了……。」

「因為，我早就找到了！」我說。

蒙古喪子老夫婦的替身重聚——我在戈壁有個家

我決定跑到一個在地理上和歷史上都和我們所熟悉的環境有著很大差異的地方去旅行，那就是沙漠。我平常是不太會喝酒的，但是這一次我卻酩酊大醉在一份沙漠戈壁溫暖的親情裡。直到現在我還是把他們當成親人一樣放在心底，時時刻刻地想念著。好奇妙哦！我跟他們一句話也不能溝通、更是非親非故，但是他們怎麼會這麼愛我，濃濃天倫的真情緊緊地擁抱了我。

天高地闊

我真的再也沒有看過比這裡更平坦、更遼闊的地方了。藍得有層次的天，綠得有深淺的地，上下拼組成戈壁旁肥尾羊的故鄉。我乘著吉普車馳騁在蒙古大草原上，沿路有黑、有白、有棕色相間的羊群，低頭嚼食鑲著小粉圈的紅瓣。塞北的鮮花在夏天好像手牽著手鋪滿了整片原野，一點也不怕被踐踏嚼食，因為沒有人群與羊群能夠從容走遍這遼闊大地上的每一個角落。

一夕的雨，滿夏的綠。

草兒真的是在天高地闊的見證下一吋一吋地長，盡情攀附在這片土石乾旱的大地上。我忍不住被漠野景致所吸引，一直拜託小車司機暫停行駛前進，好讓我下來摸一隻羊、看一朵花、撿一顆石頭……。還好他很有耐性，又得知我如此深愛他的鄉土，於是他始終懷抱著相當振奮喜悅的情緒，一路更詳細地為我做風土民情的解說介紹。這回我看到了肥尾羊群又臨時要求下車，匆忙間原本來不及穿鞋子，才發現一踩下去，戈壁灘上全是讓我無法赤足站立的尖銳石粒，於是又跳回小車裡套上了便鞋再衝下去，連襪子都沒穿。

我比羊更開心。

都市擁擠的樓宇中長大的孩子，任誰看到這「風吹草低見牛羊」絕少塵囂的草原風情都會暢快開懷，趕緊彌補自己童年以來未曾享有過的感受。走著走著我像匹脫韁的野馬，自由自在地闖到鄰近的牧區裡，渾然忘記車子還在遠處等著我呢！我卻已經追著羊群跑到了幾個蒙古包邊，看到一個正在擠羊奶的老媽媽，還有一位正在把羊群趕圈集中的老爹爹。迎向他們的同時，我發自內心的快樂必定是不小心，就把自己的臉也笑成了像一朵草原上燦爛的花朵，真是活像當年我這個剛放學就一路跑著回家看媽媽的孩子。

可不是嗎？我這個冒失的不速之客讓他倆老頓時又驚又喜，猛盯著我瞧，還不時上下打量又交頭接耳、竊竊私語。爽快的老爹爹似乎意會到我野性方起，索性二話不說立刻把他手中的牧羊工具遞給我玩。那是一支我生平第一次見著的「趕羊朝皮叉」——它可是兩用的，一邊是抽晃指點羊群行進方向的短鞭，另一邊則是綁在握柄底端的四足鐵鉤刺，可藉以挑起整把豐美的牧草拋向空中，為羊咩咩搜尋鋪墊最可口的佳餚。不一會兒我又湊到老媽媽身邊，成了個淘氣撒嬌的熊孩子，賴著她教我如何用自己笨拙的雙手也能像她一樣擠出羊奶。她始終耐心示範，但我偏偏猛擠不出奶，等我好不容易抓到竅門卻又意外斜噴了她滿頭滿臉。老媽媽竟然笑得合不攏嘴，一點兒也不生氣，口中的金牙在戈壁烈日下閃爍出和煦耀眼的光芒。

這對慈祥的老夫妻真是大好人，熱情好客地拉著我一起進到他們的蒙古包裡，還忙上忙下地鋪起滿桌的乾酪與奶茶真誠款待我，讓我覺得自己根本就像個不折不扣的野孩子——幼兒園放學到家，坐享父母伺候的小霸王。怎麼當年自己癱瘓的媽媽所無法幫我準備的課後點心，這名蒙古老母親卻不由分說地全在草原上加倍奉還地給了我呀！其實至今還是令我納悶，如我所說很難讓人相信：我們雙方根本就一直都沒有一句共通的語言，牧區裡只會說古老的蒙語，連講點俄語的人都比說幾句漢語的人多。偏偏我那唯一能翻譯的可憐司機還正一路忙著追我又忙著停車，等他進來蒙古包看到我逗著老夫妻倆，三人笑得東倒西歪，反而被我著實嚇了一大跳！趕緊偷偷過來問我：

「啊！你以前來過這裡？跟他們那麼熟哦！你什麼時候會說蒙古話啦？怎麼都沒告訴我咧！」

帳外風力發電的輪葉嘎嘎作響，點綴此刻這片原本洋溢風聲和笑聲的大地。即使現在時令早已到了盛夏，這片平坦空曠的高原依然朔風野大，沒有太陽的時候甚至會有一點寒意。我們喝茶、聊天、吃老媽媽的精緻點心：奶豆腐、乳酪乾……；看老爸爸的家傳寶貝：銀碗、哈達、戈壁玉髓、官帽朝珠……。三個人總是笑得東倒西歪。

可是我從他們看我的眼神裡，怎麼一直讀得到一股說不出來的陰鬱憂傷？我怕叨擾他們太久，於是跟司機使了個眼色，暗示我們該去趕路，驅車轉往牧區另一處別的綠洲點逛逛；因此，特別拜託司機用最禮貌正式的蒙古敬語代我向老爹爹、老媽媽致謝告別。沒想到他們卻跟小車師傅說：能不能留我們吃午餐，表情居然近乎似在拜託懇求；還一直說我跟他的兒子長得實在頗為相像……。我聽了煞是高興，但是想想：還有成陵、響沙灣、大戈壁灘……好些個地方要跑；於是忍痛向他們辭謝。顧不得老夫妻流露出些許靦腆失落的神情，我上前緊緊握握他們的手致意後，就這麼順手拿起我的遮陽帽，轉頭向我雇的吉普車走去。

「汪！汪！汪！」

帳外什麼時候跑來了一隻黑毛大野狗，真是嚇我一大跳！可不凶凶地向我飛奔狂跳而來，原來牠是這對老夫婦在戈壁草原上所飼養最貼心的狗兒。聽到司機先上車發動引擎的聲音，令牠狂吠地更大聲。瞧！牠會跳起來，站立著自己挺拔的身軀湊向我驚悸的臉舔我，厚實飽滿的尾巴逆著風勢拼命搖甩著，牠的嘴則趁我一不留神就輕巧地銜走了我手上的帽子，然後又全速往牠家的蒙古包方向跑去。這下子可怎麼好呢？我才依依不捨地告別，一轉身又回去跟人家討帽子……

就當我決定折返，還來不及回頭，忽然感覺到肩頭和背脊怎麼被溫暖地披上了一件衣服——那是一件鑲著羊毛邊的蒙古大袍子。我一回頭，竟然是老夫婦拿來幫我穿上的，兩人還指著我的體型與袍子議論紛紛，不知道在討論些什麼？隆隆的引擎聲中，司機也沒聽到，我又聽不懂。於是我只有陪起笑臉，想著窩心的老牧民必定是怕我路上會冷，所以從蒙古包裡拿出一件他們家的舊衣服借我。我穿上這件略為嫌大了一號的袍子，樣子有點滑稽；但是不想讓老夫妻失望，於是拜託小車師傅跟他們說：「借給我，我回程的時候一定會信守承諾把衣服還過來。」沒想到，他們竟然在幫我從黑狗的嘴裡搶回帽子的同時，兩雙真誠的眼睛透過司機告訴我：

「等你回來喝老酒、吃晚飯！將來我們還會做一件更合身的袍子給你。」

「汪！汪！汪！」

吉普車啟程，遠遠望見那隻大黑狗竟然還瘋狂地追著我們的車子跑了好長一段路啊！剎那間，狗吠聲劃破寂靜的大戈壁，好像喚醒每朵草原上夏日短命的花兒，它們紛紛撐開了複瓣的耳朵，傾聽著我們的心跳。這是什麼樣奇妙的情誼啊？我們素昧平生、萍水相逢，為什麼老夫妻願意這樣信任我，給我吃又給我穿，難道不怕我把他們珍貴的民族服裝給拐跑了，不還給他們？低頭看到我那頂路邊攤廉價的遮陽帽，帽檐還留著大黑狗紋理有致的長圓形齒痕，閃動著牠那雙明亮慧黠的眸子裡淺棕色的光，就像一對精靈的眼睛盯著我的心，彷彿重複地對我說：

「你一定要回來……」。

天崩地裂

小車司機這才一面開車趕路，一面娓娓道來這隻大黑狗主人的故事：

牠年輕俊逸的主人，也就是老夫婦的獨生子，正是一名遠近皆知的角力好手，每年七月那達木草原的盛會上他都是摔角冠軍；至於騎馬、射箭、趕羊、搬柴、引水、拆搭搬運蒙古包、修理發電機、率領駱駝商隊橫渡南戈壁……，所有草原上的粗工細活他都拿手。本來上次八方牧民敖包祭祖的聚會時，已經幫他找好了一門親家，甜美賢淑的媳婦該在上個月就進門的吧！不料，他卻意外地凍死在一場四個月前的大風雪裡……。聽到這裡，我的心情瞬間天崩地裂，眼眶也濕了一大圈；因為我忽然完完全全瞭解到剛才一連串發生的每一件事情的每一個原委。

牠寂寞，牠思念主人。

難怪大黑狗剛才咬走我帽子卻不時回頭，好像希望我的車會像牠主人的駿馬，閃出嘶吼地引擎聲衝去狠狠地揍牠；好把我們全都一起帶回蒙古包裡，關起大門，鎖得牢牢的，誰也不要走。不要走就是不要走。牠情願看到酩酊大醉的主人是醉臥在自家的蒙古包裡，即使睡上個三天三夜，連什麼東西都不餵牠吃也沒關係。只要，可別是……醉了墜馬跌臥在返家途中白茫淒冷的雪地上就好。夜會冰封掩埋一切，也永遠帶走了牠一去不回的主人。

至於方才待我如至親的蒙胞老夫婦，原來才經歷過這麼一場人生終極悲哀的白髮送黑髮的喪子之慟，卻還能這樣真誠地善待一名陌生人如我，教我回想起來簡直扼腕又椎心。我恨自己沒有早先聽懂知道他們不幸的遭遇和心情的處境，不然我絕對願意、也應該可以當個一天更體貼、更聰明的孩子，任他們差遣使喚的……。反倒是……從邂逅那一瞬間開始，我怎麼盡像個失智的二愣子，在他們老夫婦面前，什麼剪羊毛、擠羊奶、趕羊群、騎短腿馬、牽雙峰駱駝……壓根什麼活兒全都不會，在這大草原上沒有一點點比得上他們角力騎射冠軍的愛子；連穿上他們已故兒郎的長袍都還顯得過於瘦小單薄，實在讓我對自己失望透頂了。難道我只有一張略為神似的臉，就讓他們願意把對獨子的萬千思念關愛分出一些給我嗎？

或許，他們今晨醒來，真的曾經意外驚喜地發現：那一夜在外面與朋友飲酒喝醉後騎馬回家，睡著了不慎跌下馬而凍死在漆黑寒夜裡的寶貝兒子……，今天一大清早忽然間終於回來了，不像那晚只有識途的老馬孤獨回到家。如果我早知道他們獨子的悲劇，我一定不會拒絕他們要我留下來吃午飯的懇求，害得我現在一路看的名勝古跡、風土民情全都索然無味，心裡只是記掛著蒙古包裡的老夫妻，還有那隻忠心耿耿等待著主人平安返家的大黑狗。對了！我們彼此有一個承諾：我要把蒙古長袍還給他們，而他們說好今晚要請我喝酒吃飯的……。摸摸身上的大袍子，細緻捲曲的羊毛沿著領口密密縫著衣襟滾邊露出來，襯托著典雅鵝黃的綢緞織錦，我完全可以想見這衣服原來的主人穿上它，該是一位何其英俊挺拔、帥氣迷人的塞北漢子。可惜現在落在我身上的袍子，一路上只能變成一個不斷提醒我「趕快回家」的精靈，反覆叮嚀我：老爸爸、老媽媽還在蒙古包裡等著，而你，你……

「你一定要回來……。」

匆匆結束行程，我們箭也似地趕回老夫婦的蒙古包。高原上平野遼闊，一望無際，遠看濃濃的炊煙從蒙古包頂端升起，牛羊都趕回圍欄裡。大黑狗則早就矯健奔馳到我們的車邊一面跑、一面吠。下了車，牠立刻站起衝跳到我的身上，舔得我滿個嘴鼻都是牠的口水，尾巴也是急速閃動搖晃到好像都快要給弄斷了吧。我跑去擁抱老爸爸、老媽媽——現在他們一個在烤肉、一個在剪羊毛……，我又調皮地玩起每一件戈壁裡新鮮的事，樂此不疲。他們依然笑得合不攏嘴、東倒西歪。

蒙古小刀皮鞘上插著一對獸骨磨成的筷子，他們教我先用利刃切肉再用筷子夾著進食，圓圓矮矮的餐桌上展現出遊牧民族的豪邁與柔情。薄薄的綿羊肉紅白紅白貼燙在涮鍋上的聲響嗶嗶剝剝，撩動著每一個圍爐者的心弦。老爸爸拉起了馬頭琴低沉的旋律，對比起草原高亢的長歌和呼麥，那可真如九轉幽谷低飛掠過心頭的黃鸝鳥，叫喚出人與人之間所有真情感動的悲憫。

我們確實都信守了彼此無聲的承諾，也讓今天才初次相會卻如同親人般的情誼，洋溢在整個蒙古包裡。他們兩老輪番向我吟歌敬過來了自家釀製的「馬奶酒」——真情恰好，醇酒方酣，我悉數一飲而盡，甘美無比。沉陷……沉陷得好深，深在每一曲如銀碗獻上哈達的真摯熱情裡，也在每一次飲酒前牧民會用手指點酒祭天、祭地、祭祖先的溫柔敦厚裡……。

我偷塞了三塊肥肉和五、六根骨頭給大黑狗，牠嚼都沒嚼全是囫圇吞咽，秒殺快速俐落。老媽媽把涮鍋上高高的鐵煙囪罩下了小蓋子，炭火在酒酣耳熱之際快熄了……。我們的眼神交會，大家還是笑得合不攏嘴、東倒西歪。老爸爸的話不多，但是幾杯黃湯下肚，他開啟了話匣子，老媽媽也一句兩句來補充；雖然全是我聽不懂的蒙語，但是我卻完全可以讀出他們的感觸。小車司機也熱心幫我翻譯，他現在完整轉述了這對老爹爹、老媽媽說起今天一大早看到我的經過：

「一早我以為我們的『兒子』回來了啊！只是他怎麼回到自己出生的蒙古包，連話也不會講了、聽也聽不懂了，還穿了個滑稽奇怪的裝束，連最簡單的活兒都不會幹了……。我可是又好氣又好笑呀！」老爹爹說。

「這個早上我們那心肝寶貝回來了喲！變成一個愣頭愣腦的傻小子回來啦！盡會咯咯地笑，什麼都不會，就像他小時候一樣。不過這個孩子雖然笨手笨腳，但是對什麼事情都覺得新鮮好奇、忙著去嘗試。還是什麼都不懂、什麼都不會做——沒關係的——沒關係的！再教教他就行了！什麼都學不會也沒關係的……回來就好。

回來就好。」老媽媽說。

是啊！我一早像個迷路的「二愣子」走進了他們的世界，讓他們重溫簇擁愛子相聚的親情。他們的心裡一定是在這麼想：我的孩子啊！一輩子只要能待在爸媽的身邊，哪怕只是天天礙手礙腳地跟媽媽搶著擠羊奶；還淘氣地搶走爸爸急著要趕羊幹活兒的鞘皮叉，自己拿去又玩又照相的……，都沒關係。

真的沒關係的，真的沒關係的。

回來就好，回來就好。不要再走了。回來就好，真的，只要回來就好。

老媽媽這時拿出一張斑剝殘舊的黑白老相片給我看，顯然是他們老夫妻年輕的時候一起抱著還是孩童的獨生子在手上，跟此刻同樣的蒙古包裡擺著同樣的陳設和牆上掛著同樣成吉思汗的畫像。老爸爸又唱了一首喉音低韻的長歌，然後把酒杯遞給我喝，這已經是今晚第二十幾杯了吧！我彷彿透過這張相片想像他們夫妻如何經歷了愛子從小到大、由生到死的悲愴。我終於明白為何他們似乎依然一點也不忌諱「酒」、不忌諱「醉」；即使自己英年早逝的獨子就是因為著「酒」而「醉」於戶外凍死。我悄然發現：這對蒙古老爸媽此刻反而緊緊固執在護持著一個微妙的心願——那就是今天晚上他們就是要天不驚、地不怕，希望照樣不甘心地透過同樣的「酒」、透過同樣的「醉」，看看能不能在我的身上嗅出一絲愛子生前的豪邁威武，親睹他死前一夜酩酊酒興的宛在音容；就像大黑狗始終想在我的身上嗅出一點兒牠主人生前的氣息……，好做一次最莊重深情的道別。

天長地久

我告訴自己：既然我騎馬幹活沒一樣行，至少「喝酒」這一項可別再讓他們兩老給失望啦！

聽完老爸爸又是一首用蒙語為我唱完天籟般的歌謠，我頂著酒意大膽地站起身來，抖抖滿身藏在西裝縐褶裡的餅屑，一把拉住了他老人家。我請司機幫我翻譯，因為聽了老爹爹十幾首歌後，下一杯酒我要首度回敬他和老媽媽，而且要以正宗蒙古男兒的方式……用唱的……。他們驚喜相視不敢置信到不能自已，這次不是笑到合不攏嘴，而根本是嘴角笑得直接裂到了耳根，雙目更是湊著皺紋把蒙古褶眼皮瞇成了一條長長的線，撐都撐不開。

歡天喜地，東倒西歪。

高山青，澗水藍，

阿里山的姑娘美如水呀！
阿里山的少年壯如山……

依照牧區的傳統，我為他們唱了一曲大家還稍算熟悉的臺灣山地民謠〈高山青〉，他們全將杯中黃湯暢飲而盡。現在酒酣耳熱之際，兩老不僅止於笑到東倒西歪，根本是笑著滾到了我的懷裡摟住我，好像我這弱智的傻兒郎突然學會幹上第一件牧區活兒，以後慢慢就會照顧自己了。接著，左思右想的我總算想起了一首蒙古歌謠〈敖包相會〉，他們一定更熟悉、更喜歡。我等不及趕忙捧起了另一杯酒再敬他們。喜不自勝的老媽媽又夾著一支大羊腿到我碗裡；老爹爹的眼裡則盡是讓我看到他的得意滿足——仿佛他蹲在地上，正攙扶著長年臥病不起的獨子，終於看他在自己面前可以站立起來，還踏出了人生的第一步，那般快樂開懷。

十五的月亮升上了天空喲——為什麼旁邊沒有雲彩
我在等待美麗的姑娘喲——你為什麼還不到來喲荷……
如果沒有天上的雨水喲——海棠花兒不會自己開……
只要你能耐心地等待喲——你「心上的人兒」就會跑過來喲荷

你「心上的人兒」就會跑過來……

我好不容易找出這首我唯一會唱的蒙古歌曲〈敖包相會〉，借著酒興用漢語高亢吟唱，釋放出嘹亮的嗓音；任憑歌詞一個字又一個字打撞在帳頂的皮氈上，又落入我們的碗盤裡、酒盞裡……摻和著大塊朵頤、一飲而盡，好不稱心快意、逍遙自在。儘管老爹娘「心上的人兒」永遠也不會「跑過來」了……，但是，何妨在此漫長夜，就把我當成是那個來不及向你們拜別的愛子，讓這一場「最後」「醉後」的餐宴，彼此「最愛」「醉愛」的餞別，溫暖一雙慈祥老父母虛空無助的心情吧！

老媽媽跑過來抱住我嚎啕大哭、老爸爸也聞歌掩面泣不成聲，雙手緊緊抓著我暖熱的臂膀，好像他們的寶貝兒子真的回家了……；而不是他們家僅有的那一隻雙峰老駱駝，隔天才給牽著馱回來的一具冰冷僵硬的屍體。

大家啜泣成了一團，老爸爸跟老媽媽積鬱了四個多月的情緒就此沖刷潰堤，席捲著滿桌狼籍顛倒堆疊的杯碗瓢盆……。

這個晚上我真的醉了。

大家都天旋地轉地酩酊大醉了。醉在無私無我的分享裡，醉在短暫卻天長地久的慈愛裡。只記得隨後我們反覆唱著〈敖包相會〉這首歌，漢語唱完、唱蒙語的，蒙語唱完了、又唱漢語的……，一直唱到我完全醉倒不省人事，變成了一條鋪在炕床上的毛氈子，一動也不動。

不知道我自己的酒力究竟撐到了什麼時候，他兒子的神力倒是有如附體在我的軀殼上。後來好像又是那匹正在換季脫毛的醜駱駝，靦腆羞澀地馱著我睡進了另一間較小的蒙古包；沒日沒夜地任由我安眠在暖和的小炕上，就像躺在柔軟的雪花裡一樣舒服。迷矇惺忪的睡眼中，彷彿記得有一大杯鹹鹹的酥油奶茶擺在床邊的小几上等待我喝，從飄揚著白濃的熱氣到完全冷卻，我卻連翻身舉杯的力氣都沒有。夢裡我才明白：原來醉死在荒郊雪地上也是含笑九泉的；只是在那旁邊同樣也會擺放著一杯熱奶茶，就像是一直守候等待他回家的父母，總會這樣沒日沒夜淒苦哀怨地煎熬等待——但是永遠不會冷卻。

在夢裡大黑狗怎麼又跑來找牠的主人呢？吉普車像漠北野蜂般闖蕩的速度你可追得上……？對了！我的帽子呢？你是銜給了馱屍的醜駱駝、獨歸的短腿馬，還是銜給了傷心的老夫婦？他們壯美健朗的孩子才不戴我這種怪異突兀的遮陽帽，你這土野狗實在太過天真了……。難道你以為老夫婦還會像你一樣天真地相信：愛子會像往常睡了場覺一樣，醒酒了，就騎著馬、摸著黑返回自己在草原上出生到長大成人的蒙古包嗎？夢裡我又看到那張他們全家福的老照片，彷彿一朵斑剝殘舊枯萎的花，正在慢慢恢復了原本鮮麗的豔彩，而此刻我就正在跟他們一起經歷著所有的酸甜苦辣。

整個夜裡，半夢半醒之間的我一直聽到發電機隆隆的聲響，有時吵得我發慌還會兀自碎碎咕噥抱怨。奇怪的卻是床邊的茶碗為什麼一直都冒著煙，真的不曾冷卻？早上還是司機進來叫醒我才爬起來，撇頭一看，昨夜那杯小几上的茶確實還是熱熱地冒著煙——我真是笨死啦！當然不是昨晚那杯。原來老媽媽在我方才還正酣睡之際，早就進來幫我換上過不知好幾次新泡的醒酒茶，真是令我羞愧萬分。我一飲而盡溫暖了整個身子，今生今世看來在我身體裡同樣心知肚明的感念也當然絕對是永遠都不會冷卻了。

掀開帳簾往外瞧，原來捲曲的大黑狗一夜都守在我的帳外門檻的氈簾下吹著寒風，前掌還壓著那根我昨晚最後丟給牠的大羊腿骨。只見老爸爸堆著笑臉看我，老媽媽趕緊跑回他們的帳子裡拿出了一樣東西朝我走過來。蓬頭垢面的我連臉都沒洗，一身酒臭味、衣襟上還沾著昨晚肉塊的湯汁，簡直活像是個垃圾桶裡撿回來的野孩子。

一轉眼，加上我的司機大哥，他們三個人全飄忽般迅速挪移到了我的跟前。老媽媽側身順風抖開了一件全新的蒙古大綢袍，伸手就向我比來，還示意要我套套看。我趕快脫掉自己骯髒汙漬的外衣，換穿上去。啊！真好啊！這麼合身呢！您兒子怎麼還有件較小的衣服嗎？司機立刻更正我，他說：這件衣服不是他們兒子的，而是昨天晚上吃完飯、收拾好，繼續整夜開著發電機，由老爸爸綁羊羔子的毛、老媽媽連夜親手裁剪縫製給你的新袍子。不等他們老夫婦講話，司機自己又添了一句——你忘啦？他們承諾過你，說「將來」會為你做一件合身的大袍子。

我萬萬沒有想到這所謂的「將來」這麼快就到了。

前看看、後瞅瞅、左拉拉、右扯扯，老爸爸和老媽媽見我穿得合身，又將嘴角笑到了耳根，就像我們昨夜彼此醉眼裡見到的一模一樣。大黑狗也向我伸過來牠那濕潤潤的灰鼻子，急忙聞遍我身上的每一吋布縷，好像要牢牢記住我身上的味道。我的酒還沒醒嗎？眼前的一切就這樣自然的發生了。夜裡我不是還抱怨發電機太吵嘛！也不知道老夫婦昨天下午就是在為我剪好最新柔嫩細軟的羔羊毛——原來全部變成了這些手縫編織在我衣服內裡的溫暖深情。我真的不知道當我酣睡在另一間蒙古包的同時，老媽媽卻熬夜幫我以目測的尺寸做出了今日送我驅車遠行的新衣——她竟然還能來得及在我睡醒之前，又幫我換上了一杯又一杯全新的熱奶茶……。

天恩地愛

上車離去前，我們哭著擁抱；也不管他們習不習慣，我在他們高原豔陽紅漬的顴頰上重重地各親了兩下。從淚眼中我感覺他們全然把我當成一個準備要長期出遠門的孩子，交會的眼神中並沒有憂傷悲痛，反而是浮現著一種……父母對子女那種極為開闊寬容的體諒和愛。老夫婦連縣城都沒有去過，一輩子生老病死都在這片盟旗草原上的蒙古包裡；將來一旦死了，他們也沒有期望要藏密活佛仁波切給他們誦念些什麼：「揭諦！揭諦！波羅揭諦！」接引他們去那個聽說可以寂滅一切人世悲苦煩惱的所謂「般若」高妙大智慧的「波羅」涅盤彼岸。但是，我們都知道從昨天到今天，因著我們相互無私的分享，他們的氈帳裡將會永遠迴盪著我的歌聲。至於，我位在臺北家中的衣櫥裡和內心裡，也將永遠掛著他們送給我的這件衣服——我們共同的「涅盤天堂」、「般若聖地」，不就在這個無與倫比的「當下」嗎？儘管他們真的不知道：外面繁忙的現代工業都會裡，我可能沒有幾次機會能夠穿得到這樣隆重亮彩的大長袍，難免還會給人笑的。

上了車，老媽媽穿過車門握住我的手，老爸爸則繞到司機的耳朵邊嘰哩咕嚕又說了一大段話。我看到連小車師傅聽了都有些哽咽，還轉頭跟老人家有點兒不耐煩地頂了兩句，但依然透過轉著淚光的眼眶向我完整地翻譯訴說。他說：

「老爸爸講啊！當然你也可以不要聽啦！就謝謝他們兩個牧民老人家就好了……。唉——怎麼說啊……啊……老爹爹他說呀……嗯……唉！」

「你是我們的孩子。記得下次你要回來，你一定要像昨天那樣跑著回來。你是要回來的，騎走『你的』馬、帶走『你的』狗，還有牽走那隻馱著你回到帳房裡的老駱駝。我不會賣掉牠們的，牠們會一直等你回來……。我們老了，剩下的肥尾羊我們這輩子也吃不完，全都是『你的』……。」老爸爸說。

「記得草原上的天氣說變就變，不要一喝了酒就脫掉了我親手縫製給『你的』這件大袍子，別人要笑你就讓他們去笑死算了。聽著！就算醉了也要記得回家的路呀……」老媽媽說。

聽到這裡，我打開車門又跳下去衝到倆老跟前與他們擁抱……。我心裡想著：我連馬也騎不好、爬都爬不上駱駝；既不懂得如何照顧肥尾羊，更不會擠羊奶、剪羊毛……我笨到什麼都不會，甚至連這隻大黑狗都管不好……。但是啊！就把我當成是你們剛從垃圾堆裡撿回來的野孩子吧！你們卑微的希望不也就只是要他能好好活著、最好結婚給你們生個胖孫子罷了……。你們大可放心啊！……我一路上都不會再脫掉這件大長袍了，確實要笑就讓外面那些人都去笑死算了吧！因為那些外面的人怎麼會知道……

我真的有一個在蒙古大戈壁草原上的家。

是啊！質樸的蒙古成為了我另一個心靈的原鄉，今天開始，我連大戈壁的草原上也有一個家。

十年後，我終於重回蒙古草原。

驚見馬、駝、羊、狗和一切人事全非，但我卻發現他們竟然一直在等我。為了遊牧民族沒有安家落戶的地址，怕我找不到，老夫婦後來搬進了盟旗縣治的城裡，所以我又費了很大的功夫才能得見。

老爸爸幾乎就是在守著最後一口氣見著我，他深信我無論如何都一定會回來的。於是我又一次扮演「替身阿凡達」的角色，代表他英年早逝的子嗣兒郎，依照當地草原上的禮俗，由老媽媽幫我套上試穿父親大人的壽衣之後，就看到老爸爸這才安心閉上雙眼，溘然長逝。

我們的哭聲穿過了好幾條街。

陪著蒙古媽媽辦好喪事，每天都給我吃最愛的大羊腿，我們的言語還是一字不通，但是我還是有本事天天逗著她仍然能不時一起東倒西歪地笑著。把她老人家安頓在遠房的親戚家，私下又留了兩筆錢給她和這家人，她卻把老爸爸小小的遺物包在一條藍色的哈達絲巾裡，硬是塞進我的口袋，不准給別人看見。然後就推著我去趕飛機回臺灣，讓我連是個什麼東西都不知道，就迷迷糊糊坐上了車，再次揮別，可惜這次連個通蒙語和漢語翻譯的司機都沒有。

匆匆忙忙奔赴機場的路上，我打開絲巾，嚇了一大跳！

哈達裡放著一個蒙塵的銀碗映入眼中，陽光從窗外斜斜照入車內，我彷彿還看到十年前酣醉的那一夜，睡睡醒醒、思思夢夢之間，瞥見始終飄著熱氣蒸騰的酥油奶茶，至今在銀碗上仍未消沉。繼續發現此刻眼前的碗裡還藏了一個用破舊手帕包裹，打了三個細密死結的小東西。我解了好久才敞開，淚水立刻簌簌奔湧不止。呃？這實在是太貴重了，我怎麼擔待得起！要是方才就看到，我一定會退還給老人家的……。

這是一大顆傳世傳家的青綠翡翠，雕刻成乾清宮官帽頂端的銀鈕骨董大朝珠，涵詠了整個蒙古戈壁夏日草原上絕美的硬玉丰采。我何德何能？居然把一個蒙古包妝點的整片那達慕豐盛水草，都給我隨身帶走了呀！

飛機起飛，鳥瞰整片千百年來北方遊牧部落和南方農耕民族相互擂鼓爭戰的萬里黃沙漠野，我的眼淚就沒有一刻停止過。因為當下我手中捧握的寶物正是「家」的溫暖，永遠情牽兩地，彌足珍貴。

荒地有情不變的初心

四個世界氣候變遷的悲，
因真情而恆久溫暖我們的初心

氣候變遷下的海豹母子——北冰洋極地即刻救援

寶寶等媽媽

今早好冷，可是我必須從溫暖的被窩裡爬起，趕上唯一起飛的一班清晨七點出發的直升機去尋找可以降落健行的浮冰，不然我來到加拿大聖羅倫斯灣一路進到北極圈的旅行將有所缺憾。

我必須謹記：自己此行的最大目標就是一定要從空中鳥瞰整個漂浮在北冰洋上壯闊的極地冰原。其實原本不想讓別人知道，今早已經是我連續第五天半夜裸身衝入浴室，直接沖水在自己的頭上、身上，如此澆灌冰水的鍛煉，都是為著今天我將獨自在冰原上徒步健行，接受整天忍冰耐凍的自我訓練考驗。

啊！實在太美啦！眼下這片雪白的平原冰帽完全撐開了我正遭到機側強風刺痛的雙眼。我從來沒有目睹過這樣淨美的白色，清純中竟然蘊含豐足飽滿的豔彩。駕駛員小心翼翼地把直升機順著風勢盤旋降落在開闊無邊的冰原上，我終於踏上了嶙峋厚實的大冰帽，怎麼也想像不出來，它竟是一整片巨大漂浮在北極海上的冰塊。

我背著冰鋤、拄著冰杖開始無目標地前進，我謹記駕駛員再三交代的約定：下午五點前必須在冰原上拉開鮮紅色的束帶，以便讓他辨識我的位置，好把我再接回基地營。

走著走著，其實我好害怕啊！

當我眼前最美的白色，走了五分鐘後還是白色，走了五十分鐘後還是白色……，這種類似百慕達飛航時最怕幻覺天地一片蒼茫混沌的「白水現象」（Whiteout），「乳白天空」（Milky Sky）幾乎令我產生懼怕的雪盲，完全分不清方向。什麼天南地北、聲東擊西、瞻前顧後、忽上墜下……，全都像攪拌成一股濃稠白黏的龍捲風讓我目眩神迷、躊躇恍惚。接著突然聽到一陣隆隆巨響，以為爆發地震，才自責幻聽的錯覺，竟發現原來我是正踩在龐大的浮冰上，海底的洋流潮汐依然不捨晝夜地在下方的另一個世界裡，翻攪波濤、湧盪衝撞。

「嗚……嗚……嗚……」

此時此刻，寂靜的冰原上怎麼突然傳來尖銳幼嫩的啼叫聲！

當我還以為是不是自己繼續昏了頭所產生的錯覺，居然隱約看到：不遠處真有一隻純白皮毛中閃耀著微微金黃的小海豹。哇！牠應該才剛剛出生不久，冰上還留著媽媽分娩的血跡，清晰可見。這讓我精神為之一振，輕輕緩緩地走近牠，仔細觀察牠的反應，既不想嚇到牠，也不想被牠嚇到。我停下來，牠繼續叫，而且我確定牠是在對著我叫，甚至牠已經扭動著小小的身軀向我爬來。也許因為我可能是牠除了自己的媽媽以外，在這個星球上見著的第二個生物，所以牠不但不怕我，還躺在我的身邊搖頭擺尾，並用牠那像小狗濕潤的鼻子一直聞我。

我不能主動去碰牠，海豹小寶寶卻一直環繞著我轉，甚至毫不猶豫地爬到了我的身上。我只有決定直接唱歌給牠聽，沒料到牠倒是越發貼靠著我，連我準備起身離開，牠都會扭身仰起頭，對我嗚叫得更大聲。好似在說：

「你不要走呀！」

寶寶找媽媽

我很好奇，牠為什麼對我大叫呢？

我猜想，牠在等待媽媽從旁邊天然的冰洞跳上來餵奶給牠吃。牠實在很聰明，大概知道：找到我就一定找得到牠的媽媽。而我也早就做足功課，仔細讀過牠們這一品種的成年海豹背上有著美麗的希臘豎琴圖案，所以被稱為「豎琴海豹」（Harp Seal）。每年懷孕的母海豹都要避開只想交配的公海豹，成群橫渡北冰洋游泳約三千公里去尋找廣袤又堅固的冰層分娩；畢竟所有豎琴海豹的小寶寶都不能碰水，那會淹死牠們的。但是，近年來由於全球暖化和氣候極端化造成了這群媽媽們必須游更遠，才能找得到安全產下寶寶的乾燥冰原；於是幾乎母海豹在分娩前的趕路之下都已經餓了一個月，難怪一生下小海豹立刻鑽進附近的天然洞隙，趕緊下到海裡覓食填飽肚子。

海豹是哺乳類動物與人相似十月懷胎只產一子，必須由母親腹部下方的兩個乳頭餵奶；也就是說小海豹如果找不到媽媽，短短十二天的黃金餵奶時期一過，牠只有夭折餓死一途。於是每一對海豹母子必須快速用超級靈敏的嗅覺如狗般記憶彼此的味道，沒有任何一隻母海豹會為別隻寶寶餵奶的。計算一隻成年的豎琴海豹體重約達一百三十公斤，牠必須吃足自己體重至少四分之一到三分之一的漁獲量才算飽。那麼小寶寶呢，一出生就得要學習著「等待」，學習望著冰洞裡大小高低起伏的浮冰，等待媽媽一躍而上，回來餵給牠最高品質的獨特營養奶汁，才能讓牠快快長大、茁壯、換毛，未來才得以不再怕水，能在大海自己游泳覓食。

這隻小海豹寶寶真是聰明，就這麼嗚叫著帶我去看了牠的媽媽到底是從哪個洞口下去到冰原覆蓋的北極海中。牠不會說話，可是這一瞬間我完全瞭解牠是在拜託我，陪牠一起等待，等待媽媽，等待我能夠幫牠，把牠的海豹媽媽找回來……。

當我盯著這隻小海豹寶寶，看著看著……，忽然發現自己當年癱瘓的母親曾為我保留的兩張，我在嬰孩時期翹著屁股趴著和坐在地上的老照片，居然像極了眼前這一隻同樣胖嘟嘟好可愛的小海豹寶寶。想到這裡，讓我更加願意陪伴牠，直到牠的媽媽回來身邊。

我和小海豹一起等著。等著等著，突然間令人不可思議的事情發生了。這也是我生平第一次在地球上發現：世界氣候極端變異的快速到底是有多麼的可怕——原來零下二十五度左右的氣溫突然驟降了十幾度，溫度計已經直逼零下四十度，而且毫無蔽障的冰原上開始刮起了凜冽的暴風雪。不僅我的臉上被刺骨的冷風和鋒利的碎冰砸撞，再定睛一看不得了，小海豹原本明眸皓齒的小毛臉上全部堆擠凝結著冰塊，都快把牠給窒息了。我和牠就這麼相依為命似的一起等待煎熬過這場暴風雪的衝擊，我也繼續陪伴寶寶等待牠的媽媽回來餵奶給牠。

小海豹一直看著我，向我哀鳴，好像要求我給牠奶水吃，但是我哪來的奶啊！就算有帶著奶瓶，裡面的牛奶也早就結凍了，何況我自己也饑寒交迫，冷得直打哆嗦。

寶寶要媽媽

怎麼辦呀怎麼辦？連我流出的眼淚鼻水都結冰了啊！

總算約莫一個多小時過後，暴風雪逐漸平息。我想離開，但是小海豹卻緊追著我，叫聲更加哀慟淒厲。我這才發現：原來海豹媽媽的海底出入口因反常氣候約驟降二十度，竟然完完全全被冰封住了！我意會到牠的媽媽如果再上不來的話，可能將因無法呼吸換氣而被悶死；那麼連帶沒手沒腳挨餓的小寶寶也只有死路一條。想到這裡我不禁打了又一個寒顫，心頭更是涼了半截，因為我依稀看到牠媽媽那雙明亮的眸子不時閃動在冰原下面狹小的縫隙間，實在跳不上來。說時遲那時快，我立刻毫不猶豫地取出背包裡的冰鋤，用盡全身的力氣向浮冰缺口敲去，撞擊聲響震動著我整個伏在冰面的軀體。然後我儘快把自己的雙手伸入冰凍的海水裡，費力地把大大小小的冰塊搬起移除，以便清空出一個大海豹足夠跳出北極海的冰洞。一旁焦躁不安的小海豹亦步亦趨，緊緊跟著我，卻始終沒見著牠的媽媽跳上來，這又是怎麼回事呢？原來母海豹一定是怕會遭致如同飛鳥撞擊玻璃般的慘劇，所以不敢用牠肥碩龐大的身軀嘗試衝跳上岸，可以想像只要一次失敗，牠就是死路一條。

怎麼辦呀怎麼辦？

直升機還要幾個小時以後才會降落來找我，小海豹哀鳴的哭啼卻益發聲嘶力竭，令我聽得幾乎撕心裂肺、肝腸寸斷……。我的媽媽呀媽媽！我實在想不出下一步我該繼續再怎麼做，才能幫小寶寶找回牠的媽媽？

就這個當下危急的剎那間，我是怎麼搞的？思緒竟然不著邊際地飛回到自己六歲那年的時空，我竟然似乎也正在面對著生命裡，跟小海豹現在極為類似的處境場景……。

其實我一直沒有告訴母親這件事，那就是我六歲生日剛過的第二天，也曾像這隻小海豹一樣地「等待」過——在幼兒園的校門口，等待爸爸來接我放學回家。老師也陪我等了好久好久，全校就只剩我這個小朋友還站在那裡，卻看不到來接我的大人。終於一位氣喘噓噓的同鄉伯伯趕過來跟我說：「你媽媽快不行了，你爸爸拜託我來接你去臺大醫院，看看你有什麼話最後要跟你媽媽說！」

我嚇呆了！我不過和我眼前的這個海豹寶寶一樣小，除了哭我真的什麼也不會說、什麼也不會做呀！那種內心的掙扎交戰怎麼又浮現在我此刻人生的這個轉角？我該怎麼辦？等待見到了病床上的母親，我更是一句話也說不出來。於是我大聲地說：「媽媽，我要唱歌！」

記得母親聽了很生氣，用微弱卻嚴厲的聲音訓斥我說：「這裡是醫院，病房不可以吵鬧」。但我偏偏不聽，硬是要把今天老師指派我明天去參加兒童歌唱比賽的指定曲「家」完整唱一遍。我甚至做了一次當時最叛逆的舉措，直接自行把鞋襪都給脫掉，大膽跳到隔壁的空病床上，不管母親的制止，更不管旁人詫異的眼神，自顧自地大聲唱：

我家門前有小河，後面有山坡
山坡上面野花多，野花紅似火

寶寶愛媽媽

我一面跳、一面唱、一面笑、一面哭，因為我不知道要怎麼說？怎麼向我最親愛的媽媽道別？

事實上，我們家門口從來就沒有美麗的小河，只有一條每年颱風襲來就會氾濫淹水的大溝圳；我們家後面也從來沒有青翠的山坡，只有一座臭氣沖天的康樂隊垃圾山。但是只要媽媽在哪裡，哪裡就有繁花似錦的山高水長，哪裡就是家。相對這一瞬間的我，內心的困惑無助怎麼就跟眼前這隻小海豹此際的心情完全一致。儘管我有手有腳，卻也只能這樣望著；而母親脆弱癱軟的生命為什麼也像正被困在冰封北極海下的這隻海豹媽媽，我竟然只能眼睜睜看著母親癱瘓受苦受難卻束手無策，任憑心急如焚的無盡等待繼續千刀萬剮著我稚嫩的心靈……。

知道接下來我在北極浮冰上準備做的最後救援打算，母親要是早知道又要訓斥罵我犯傻了。因為這次我不會只脫了鞋襪「跳上」病床，而是似乎已經別無選擇的……我必須全脫了禦寒衣物，「跳下」冰洞。事到如今只有此途可以導引小海豹的媽媽突圍跳回冰原，讓牠們母子團聚。我決定了，自己不能改變的命運、不能圓的夢，哪怕不是我的，我也必須讓我眼前又重演的戲碼絕對不能再悲劇收場！

於是我把駕駛員給我等一下來接我時使用的紅色魔鬼氈束帶條，連接成為長長的繩索；一頭綁在大冰塊上、一頭綁在我的腰上，大吸一口氣，毫不遲疑的就從冰洞一躍而下。沒料到，北冰洋的海底潮流那麼強勁，我的身軀被推捲翻攪，束帶竟然不偏不倚纏住了我的脖子，差點把我給勒死！好辛苦掙脫開，死裡逃生。倒是我這一番混亂折騰終於把海豹媽媽求生的意志全數激發出來，牠順著我出入冰洞的動線角度方位，總算跟著我一躍而上，平安著陸。小海豹寶寶見狀欣喜若狂，急忙大叫著蠕動奔向媽媽，母子重逢。

我們三雙淚眼哭得唏哩嘩啦，眼前一片模糊。

我趴在一旁注視著牠們，海豹媽媽信任我，在我的面前正安心餵奶給小寶寶吃。陽光從濃密的雲層中乍現，一直到冬日迅速的日落後，我驚見滿天閃亮的星斗，北極光忽然夢幻閃耀降臨並穿梭流轉在冰原大地的天空。我知道，從今爾後我和牠們母子不可能有機會再相遇，但是蒼穹無邊無際，此時四下八方儘管物換星移、滄海桑田，這段記憶絕對是將永遠停留在我們的心底了。

有生之年只要我們再次看到像這樣極光閃動劃過星空的夜景，我們就會展開歡顏、嘴角喜悅上揚、心靈鏗鏘共鳴激動，永生永世謹記這個地球上只屬於我們三個生命所共同珍藏的秘密。

可不是嗎？滿天的星星都在對我們笑呢！

即將消失的南極帝王企鵝——最後一次聽我唱歌

壯麗絕美的南極冰雪大陸是地球最冷最乾的最後處女地。為了測試聽覺極度靈敏辨識親子的帝王企鵝，我用人類的歌聲竟然讓牠們聽得著迷入神，後來所有的帝王企鵝居然慢慢向我靠攏，跟我一起用複音和絃或是單音鳴叫合唱呼應著。意外地發現，連帝王企鵝小寶寶也像循著前世的鄉愁一般，跑到我的嘴邊討取反芻的食物，毫無畏懼。

沒有歌聲的地方

我終於踏上了南極大陸，沒想到看似一無所有的冰雪世界居然等待我的是一連串的驚喜。

在地球上，比撒哈拉大沙漠更杳無人煙又更乾旱乾燥的地方就是終年冰雪覆蓋的南極。二〇〇七年十一月，我和來自世界各地的科考人員、生物專家以及探險愛好者，一起搭乘一艘改造自前蘇聯的破冰船，由南美洲阿根廷火地島的烏虛懷亞出發，歷時一個多星期，最終順利抵達南極大陸。您能想像嗎？這一次我不但和企鵝們交上了朋友，在這個沒有人類吟唱傳頌歌聲的地方，我還在當地破天荒演唱了幾場自己最難忘的所謂「歌友聯誼會」，實在太有意思了！

南極大陸總面積達一千四百萬平方公里，比撒哈拉沙漠更大。在這片廣漠的荒地上，覆蓋著皚皚白雪和厚厚的冰層，氣候非常乾燥而寒冷。南極大陸是唯一沒有辦法一個人來自助旅行的地方，我必須搭乘前往當地研究環境、生物、能源、物種或是觀光生態之旅的船艦。我的船雖是前蘇聯一種很古老的破冰船，但仍然非常堅固，即使現在早已改朝換代成了俄羅斯獨立國協，但船身前面卻還是掛著前蘇聯的大國徽，沒有拆除。

當然，長達一個多星期的航程並不沉悶，這正是我和各領域的專家分享交流心得的最佳機會。比如說，我專業於歷史文化、攝影記錄，我就給他們講這方面的課程；而他們，有的是鳥類專家，有的是鯨豚專家，有的是企鵝專家，他們就會為大家講他們自己擅長的課程。有趣的是，航行過程中十月底正好趕上源自歐洲古代塞爾特民族（Celtic）的新年節慶「萬聖節」。真正「在那遙遠的地方」——可以說是十萬八千里之外，大家在破冰船上一起打扮成奇形怪狀的模樣過「萬聖節」，相當值得懷念。此際船艙外面的德瑞克海峽正漂來大塊的冰餅（Ice pancake），沿途海鳥雪鷗相隨又偶見鯨豚翻騰的身影，實在是一段相當特別的行程。

事實上，我們早在一年前就把整個研究考察攝影計畫定下來了，也就是說，這次旅行我們已經期待了整整一年。至於，船期將會是多長，又會碰到好天氣還是壞風暴，就要聽天由命了。雖然不是古諺說必須等到十年才能修得同船渡；但我們同船一命，大家彼此交流的感情總是特別融洽。

在途中，我們繼續看到了很多的海鳥、鯨魚、海豹和企鵝等生物共同生活在這個特別的生態環境裡——這兒是地球由古至今依史料紀錄，從來未曾有人居住過的地方。儘管人類已經很了不起了，高山、海洋、沙漠、河流都能供人類居住，可就是南極這個地方一直都沒有原住民族，究竟其原委乃因氣候乾燥苦寒、瞬間風速又極大，總而言之實在是太惡劣了。不只如此，更因為其不同於北極的一大片冰洋，南極有高山陸地孤立在地球傾斜二十三點五度軸心的底端，距離美非澳紐等各大洲陸地都相當遙遠，太平洋、大西洋、印度洋等三大洋卻匯聚衝擊在南極大陸周圍形成環狀洋流的恐怖西風帶。這就讓尚未考驗到冰雪衝擊的旅人，先得見識德瑞克海峽連續劇烈晃蕩到讓人暈船嘔吐、肢體動彈不得的下馬威。

我此行的目的，除了想去感受南極大陸的生態環境之外，最重要的還想探訪唯一在南極內陸生存繁衍子嗣的帝王企鵝（Emperor Penguin）。

企鵝可以在陸地上行走，也可以趴在冰雪上撥著牠強而有力的下肢大腳掌，靠肥嘟嘟的肚腩滑行。至於到了海裡面，牠就更靈活了，游速像個深水魚雷炸彈般非常之快。最有趣的是，企鵝的眼睛非常特別：在海中捕食時，它會調整眼睛的焦距能在水下看清楚，有如老鷹抓小雞一樣方便捕捉磷蝦、冰魚等；可是到了陸地上，它又能將眼睛的焦距調整到另外一種狀態，以適應陸地上空氣中的視覺環境。

南極就是全世界最乾燥的地方，以致浮冰上面吹飄呼嘯飛灑的都是細如麵粉糖霜的乾雪。我們此行要長時間停留的雪丘島，這兒正是進入帝王企鵝棲息地的重要入口之一。等我們抵達雪丘島之後，因為天氣突然轉變極為惡劣，破冰船停在了不能夠再前進的位置，大家竟連下船都被嚴禁，不得不迫於無奈關在船上悶了整整兩天。到了第三天，也就是十一月三日（星期六），船長終於說可以下船進行所謂「冰上漫步」（Ice Walk）。

當雙腳真正踩到南極大陸的雪地上時，我興奮地跳了起來！

當時已經十一點半了，我們下去進行冰上漫步的時候，天還在下著雪，眼前一片霧濛濛的。不過太陽很給力，會不時探出頭來瞅瞅。這地上剛下過的雪，亮晶晶的很美。那些冰，有的甚至經過了幾萬年時間的堆積，在陽光的映照下，好像揮灑的鑽石鋪滿雪地一樣絕美的令人屏息。畢竟整個南極大陸比澳大利亞的面積還來得大，表面百分之九十五卻都覆滿了冰晶，所以一眼看過去，我們會誤認為看到就是白雪皚皚一片；事實上，這裡面可有學問了。為什麼呢？因為如果你仔細地觀察，會發現有些雪特別的白，有些雪卻特別的藍（雪在藍色的冰上面，便成了藍色），看起來真是賞心悅目。可是踏在藍色的冰雪上面，我不免特別地緊張，擔心一腳踩去它會崩塌而摔落到大海裡面，畢竟它看起來好像非常脆弱。其實這些藍色的冰都有幾萬年的歷史，非常堅固，既不會崩塌，又非常光滑；反倒是那些白色的冰雪才是非常新的，相對來說比較危險。

期待歌聲的地方

南極既然是全世界最乾燥的地方，攝氏零下負九十度也是目前地球絕對溫度最低的記錄。畢竟她還是咱們整個星球唯一最後潔淨的處女地，南極大陸真正數目最多的陸上「原住民」要算是企鵝了。

為了探訪體型最大的帝王企鵝，瞭解牠們如何每年都要像鮭魚一樣，成群結隊地從海邊集體溯源回到自己出生的地方，選擇好當年伴侶之後，一連串交配、生蛋、孵化、養育、餵食的獨特生命繁衍過程。我在來南極田野調查之前，必須事前掌握好像這樣大量相關的背景知識和資料彙整。

為了不讓隆隆的機械聲打擾到企鵝，我們從破冰船的平台上搭乘專屬直升機，然後飛行約三十五分鐘後，降落在雪丘島內陸的帝王企鵝群居地兩公里之外，再沿著預先放置妥當的紅色標記慢慢徒步靠近。

一到那裡，首先映入我眼簾的是看到了一大群正被「集體管教」的小小帝王企鵝——這些可愛的小企鵝由成年企鵝分工統一照顧，就跟生活在托兒所裡一樣。原來人類幼兒園的概念正是跟帝王企鵝學來的。

我們到那邊的時候，小企鵝已經差不多一個月大了，也就是說牠們已經陸續見到了過自己的爸爸和媽媽。再過兩個月，牠們就可以自力更生，跟著父母慢慢走回牠們唯一能夠覓食的南極冰洋海邊。不過在此之前，還不能泡到水裡的銀白色小小帝王企鵝們，只能躲在爸媽胯下抬起頭、張大嘴，等待著父母倆輪流長途跋涉往返於兩地所捕食的魚獲，經由成年企鵝以預藏肚中囤積反芻的方式，逐次吐哺餵食給小寶寶吃。

回顧在小企鵝出生之前，也就是在南極隆冬最寒冷的孵蛋期，事實上全是由公企鵝負責照顧的。那時候一隻剛生下一個蛋的母帝王企鵝必須跟她的配偶玩一場生死攸關的足球賽，冰寒的凍原只給他們夫妻短短的三秒鐘，她必須精準地將出生的蛋踢到公企鵝像球門一般的雙腳之間立刻取暖孵育，不然急凍的寒風會毀掉一個等待來到世間的小生命。

緊接著，母企鵝必須成群走去數十公里外的海洋覓食，一旦儲存好肚裡的食物就折回孵育之地，跟公企鵝交接換班，以便讓餓得半死的雄性伴侶全速再接力走去海邊覓食囤積……，如此來回輪流養大牠們今年唯一的企鵝小寶寶。我忽然想到我們從海邊搭乘直升機到附近就花了三十五分鐘，那麼企鵝得要走多久呢？現在全球氣候變遷極端化，冬天極為寒冷，冰層結得離海更遠；夏天又極為酷熱，融冰線直逼寶寶的出生棲息地，以至於所有極地的北極熊和南極帝王企鵝都將無立錐之地，著實令我擔心不已。

對了！大家絕對猜不到，讓我最驚訝感動的居然是「企鵝爸爸」。

因為當小企鵝孵出蛋來的時候，母企鵝其實還沒有從海裡捕食回來，但是這時偏偏小寶貝一出生立刻就餓得開始討東西吃了。於是，我看到每一隻小企鵝吃的第一口「奶水」都不是由母企鵝給的，而是公企鵝給的。公企鵝真的很感人也很偉大，牠毫不吝嗇地把囤積在自己體內的那最後一點越冬的能量養料，全部嘔心瀝血般吐出來給小寶寶吃。如果母企鵝因為迷路、受傷，還是被海豹或虎鯨吞食了；那麼，死亡還會增加一對至死不渝守候的父子。

如果說人與人之間有一種信任和期待，在這個時候，公企鵝跟母企鵝之間也是一樣，完全就是一種超越語言的感應承諾。企鵝會輪流更換崗位到遙遠的海裡捕食，如此交替來照護餵養小企鵝，牠們深信當年的配偶一定會回來，而且會帶著從海裡捕到的滿滿魚蝦回來，給孩子大塊朵頤，自己卻一口都不吃。

在觀察紀錄的拍攝過程中，還有一個奇妙的發現讓我十分讚歎，那就是：帝王企鵝們居然能夠單獨透過對聲波的敏銳反應，從幾萬隻小企鵝裡面精準地分辨出哪一隻是自己的小寶寶，也能循聲找到自己當季配偶佇立的確切位置。這對我們人類來講全然是天方夜譚。即使是演奏小提琴或者二胡的音樂家，他們的聽覺和絕對音感已經相當了不起，可是對於聲波分辨的功力仍然無法達到企鵝這般細膩敏銳的高段等級。或許唯有南極特殊的生態環境才能練就出極為敏銳的聽力，讓我見識到極地物種旺盛強烈的生存鬥志。

共鳴歌聲的地方

畢竟企鵝跟人是兩類截然不同的物種，要和野生的企鵝進行交流，任誰都知道那絕對是不可能的事。

當時，我把攝影機裝在三腳架上，外面包了好幾層毛料圍巾保溫避免當機，然後自己坐在一旁冰冷的雪地上對著鏡頭說話。可是坐著坐著挺無聊的，我就開始唱歌。當然我也不是平白無故就瞎唱，唱歌的原因就是基於我有一個大膽的假設：既然世界上十幾種企鵝中體型最大的帝王企鵝具備最敏銳的聽覺，那麼牠們對人的聲音，特別是「歌聲」，會不會也能產生一些特別的反應或是共鳴呢？於是，我就開始坐在冰上唱。唱了一會兒之後，我驚奇地發現：一隻企鵝過來了，牠真的在聽我唱歌；後來第二隻、第三隻企鵝都走過來了。

兩名法國研究學者剛巧徒步經過我的不遠處，他們驚見這個景象覺得實在太神奇了——誰也沒有想到人的歌聲竟會讓帝王企鵝出現如此奇妙的感應，牠們全部隊伍真的都停下了前進海邊覓食的腳步，有的甚至直接走到我身旁彎頭傾心聆聽。於是，法國人也駐足幫我拍攝記錄；因為我的攝影機先前擺放的位置完全被忽然走入的企鵝給擋住了，看起來還以為他是我穿著黑色燕尾服的尖嘴攝影師紳士呢！我真的非常感謝他們幫我記錄下好幾段珍貴的視頻畫面，他們說法國南極研究人員花了二十年研究、十年拍攝紀錄片電影（「帝企鵝日記」、「企鵝寶貝：南極的旅程」），都不如我只花了十分鐘就立刻發現，人類歌聲音訊對於帝王企鵝具有蘊含魔幻的吸引力。慢慢地，大大小小的企鵝果真全都向我聚集過來，幾乎把我給團團包圍，這種感覺實在太奇妙了！

你問我愛你有多深，我愛你有幾分……

講起來挺有意思的，我發現企鵝對鄧麗君唱過的那首歌《月亮代表我的心》，好像特別有好感。接著，我抵達了企鵝們的棲息地，白色的雪地上夾雜著一些黃綠的顏色，那些都是企鵝的糞便。但是，坐在那裡目睹大大小小的企鵝就在自己身旁，感覺真的恬適圓滿，我也就不會在意周遭是不是很髒很臭了。

為了驗證自己的發現，我又接連找了好幾個企鵝棲息地，繼續在安全的距離外進行自己的發聲實驗，結果每次都引來了成群的企鵝。從娛樂角度來看，我自己曾是一位歌手，使得這次南極之旅就已經變成了一次好似趕場走穴的「野台演唱會」，只不過聽眾全是那些可愛的帝王企鵝罷了。每當我開唱之後，企鵝們就會慢慢向我靠近，有的甚至是趴在雪地上慢慢滑行過來的，最後大小企鵝全部靠攏過來，牠們竟然都會以「我」為中心，圍成一個圈。我整整連續又唱了一個小時，每一隻企鵝似乎都聽得如癡如醉、欲罷不能；牠們甚至還會大聲地用複音和紘或是單音鳴叫跟著我合唱——這裡瞬間變成了我的「南極冰原雪上歌廳」，進行著我的「南極大陸歌友聯誼會」。

可見，企鵝的音感確實非常強！我這次南極的經歷，可以說是一種即席機緣巧合，可以說是一種心靈感應測試，也可以說是一項生物科考實驗。但最重要的是，在整個過程中，我發現企鵝真的非常開心。像有一群公企鵝經過我的身邊，原本要趕去海裡捕魚，可是真不好意思，我一張口牠們就都停下來聽我唱歌了。於是我為牠們思念著的遠方妻小而唱了一首《在那遙遠的地方》。

在那遙遠的地方，有位好姑娘；
人們走過了她的帳房，都要回頭留戀地張望。
她那粉紅的笑臉，好像紅太陽；
她那美麗動人的眼睛，好像晚上明媚的月亮……

牠們可以用胸腔、喉腔到頭腔等獨特三腔共鳴，產生「嘎」這種有如不同灰階頻率的單音，還能用更高難度的寬廣腹腔迴旋震盪產生一種多重音階的複音卡農式重疊共鳴，引吭高歌與我同唱——「嘎嘎嘎嘎……」。甚至當我唱完英文歌《Love me tender》之後，有一隻大企鵝抬著頭，揮著翅膀面向我，好像為我鼓掌一樣。

在成年企鵝餵食的時候，小企鵝都會抬著頭或者是湊到爸爸媽媽嘴邊去討食物。當我唱完歌之後，有一隻剛才也為我鼓掌的小企鵝竟然爬到了我的身上，湊到我的嘴邊好像是也在向我討吃反芻的東西。一般來說，不同物種之間應該是避之唯恐不及的，可是牠們卻陶醉在人類的歌聲裡歡喜共鳴，瞬間把我當成了親人，這真是非常難得珍貴的畫面。

銘記歌聲的地方

最讓我無法忘懷的是：在我們的破冰船即將要離開南極大陸的那個傍晚，有一隻企鵝竟然過來為我們送行，這太讓我驚歎了。

因為臨行在即，所有科研探險人員都必須提前分批回到破冰船上。想想就將揮別這地球最最遙遠的地方，每個人盡是捧著相機在船頭前舷邊緣一字排開，把握最後一次捕捉企鵝飛跳上冰岸的絕佳鏡頭機會。我也不例外，跟著幾個專業攝影師緊盯著冰原靠海的邊緣，苦苦守候恰巧從海裡跳上岸來的企鵝，那一剎那正是最美的身形停格。既然大家那時都早已相傳知道我做了這個所謂的「歌唱實驗」，所以另一個法國學者看到我正恰巧拍到了兩隻跳上冰層的企鵝，便語帶調侃淘氣地跟我說：「你不是會唱歌給企鵝聽嗎？你再唱啊！你再唱啊！」我想，反正我現在閒著也是閒著，於是就一面繼續攝影、一面開口唱：

你問我愛你有多深，我愛你有幾分？
你去想一想，你去看一看，月亮代表我的心。
你問我愛你有多深，我愛你有幾分？
我的情也真，我的愛也深，月亮代表我的心……

這兩隻剛從海裡跳上來的企鵝，一隻駐足原地不走也不動、一隻竟然從大老遠橫切地走到緊貼我們破冰船的下方，傻呼呼地抬頭向我這五層樓高的甲板仰望著，所有在場的人可都看呆了。偏偏忒煞風景的是：船上轟隆隆的汽笛聲卻在此同時響起，意味我們在此下錨停靠兩週後現在即將收錨啟程返航。就當我低頭還對著那隻如同兵臨城下的大企鵝對望高歌之際，我才發現破冰船並沒有類似倒車的裝置，因此它無法後退，只能向前向左猛力衝撞冰層，再慢慢敲裂出一大條得以讓船體轉彎航行的開闊水路。

如此震耳欲聾的撞擊聲響幾度掩蓋了我的歌聲，但是這隻固執的企鵝卻依然側頭凝神聆聽，似乎牠真的是正在品味尋覓一種「前世鄉愁」般的旋律，一種在原鄉故土萬里之外曾記憶於牠們DNA「時空膠囊」裡的故鄉天籟引領盼望呼喚。

現在這一刻，唱歌不能再用《月亮代表我的心》那般輕柔的音色；面對破冰船機械怪獸的巨響碾軋，我立刻放聲，用義大利三大男高音美聲高亢的旋律歌唱《歸來吧！蘇連多》：

Ma nun me lassá
Nun darme stu turmiento
Torna a Surriento
Famme Compá

歸來吧歸來

故鄉有我在盼望
歸來吧歸來
歸我故鄉

企鵝用心聽著，我看到船身撞斷的浮冰正激烈震動搖晃著牠所站立守候亦將斷裂的冰層，即使牠的雙腳搖搖擺擺地都快站不穩了，卻仍舊遲遲不肯離去。牠只是專心聆聽，沉醉於一股細數從頭的斑剝依舊、如傾淚雨沉浮漂流在前世鄉愁裡……。目睹眼前這撼動心弦的一幕，讓圍觀在船舷邊原本高高在上、矜驕自大的人類全都哭了。船漸行漸遠，真的離開了南極大陸。這時大家仍然不發一聲，只是分別靜靜地回到各自的艙房裡，細細咀嚼個中滋味，久久無法言語。

我絕對深信從現開始，南極大陸上的帝王企鵝們一定也將這一幕永遠銘記刻印在牠們的基因密碼裡了——曾經有一個完全不同的物種來到過南極大陸，他用人類奇妙的歌聲，在這個從來就沒有出現過歌聲的地方，讓帝王企鵝期待、共鳴，更銘記了與牠們進行了深情交流的歌聲。

我好希望有機會能夠再回去南極；因為我深信：儘管這輩子聽過我唱歌的人不見得會記得我，但凡是在南極曾經聽過我唱歌的企鵝，即使我變了容顏、換了時空，牠們世世代代應該都還是會記得我、認出我、靠近我。然後人類即使歷經了有如百年孤寂的等待，我們終究能與企鵝合唱出一首首心裡永恆的歌。

對我來講，這就是一種永生難忘的美好回憶，至死不渝。

至死不渝。

北極影舞者——愛斯基摩夢幻的冰雪奇緣

格陵蘭（Greenland）是地球上的第一大島，長此以往卻從未成為過世界新聞焦點，甚至連一篇撰寫感動人情世故的報導文學都付諸闕如。過去僅知其屬丹麥，二〇〇九年五萬多的因努特人（Inuit）公投後改制內政獨立自治區，這個百分之八十覆滿冰川名符其實的「冰島」（Iceland），歐洲人為欺騙移民前來而取名「綠地」，音譯「格陵蘭」。近來因為全球暖化氣候變異造成的北極融冰，為了爭奪北極航道的交通戰略要衝，以及格陵蘭融冰出現的稀土等豐沛礦藏，二〇二五年一月美國總統川普回鍋上臺，竟然公開積極大搶格陵蘭！

轉瞬間，格陵蘭慘白冰雪荒地一夕「變臉」，成了今朝當紅炸了雞。

冰雪天地

從小我的心裡一直有個疑問：

為什麼有人要住在冰天雪地的北極圈裡？他們為什麼要住在那麼冷的地方呢？幾年來，北極的磁場就像吸鐵一樣，一直把我吸引到阿拉斯加、加拿大育空地區、西伯利亞、格陵蘭。最近這幾次的記憶就是這麼的不一樣，也讓我逐步找到了答案。

被北美洲先住民（First Nation）所謂錯認的印地安人（Indians）稱呼為「吃生肉民族」的愛斯基摩人（Eskimo），在當地自稱為「人」之意的「因努特」。他們其實一點也不會因為冰天雪地的苦寒荒涼以至於悲情寂寞，原來老天爺眷顧地給了他們整年欣賞不完的「大自然光影秀」：夏天有不會落地的嬌豔太陽、冬天有滿布蒼穹的美幻極光。我戀上的正是愛斯基摩因努特在這些明媚光影下舞動的優雅身影。

一九九二年面對當時隆冬零下二、三十度低溫的無情侵襲，我從美國阿拉斯加費爾班克（Fairbank）到加拿大的育空地區白馬市，一路上得到了愛斯基摩民眾盛情好客的款待。一方面是他們一年難得見到幾位遠來的外地人、另一方面是我這一個跟他們素昧平生的老外又偏偏跟他們長得很像。

也許，還有一個因素，那應該就是一連幾晚的北極光實在太美了！

我們坐在以成塊冰雪堆成的傳統圓頂伊格魯雪屋（igloo）前，幾乎整夜都在那裡情不自禁地尖叫。畢竟，突如其來變幻莫測的極光美侖美奐，恣意飛旋奔騰，把兩萬五千平方公里的極地星空流洩揮灑成為磅礴氣勢的巨大畫布——綠色、藍色、紫色、紅色，紛紛來自於一束束太陽表面閃焰電磁彈射過來的高速帶電粒子，重重撞擊上地球大氣層的氮氫氧等不同元素，迸發出不同顏色的夢幻光束，進而瞬間成就了滿天壯麗無聲的焰火。處處驚豔、讚歎不已。

這廣寒荒原的極區表面上看似冰天雪地一無所有的虛「空」；竟然蘊涵深藏著絕妙豐美的萬「有」。

正是為了這份深植於我心底的感動，同年中的盛暑仲夏我又想跑去看看北極圈另一頭的格陵蘭，大自然的巧思慧心到底會在這另一個季節裡，匠心獨運地安排了些什麼怡情賞心的節目呢？一開始我真是興致勃勃，從正留學的英國報名交錢參加了當地公司籌組的旅行團；然而這一趟所費不貲，卻沒有我之前一個人自助旅行那般順利。

冰雪封藏

首先，那天飛機從冰島的首都雷克雅維克（Reykjavik）飛到丹麥屬地格陵蘭東南邊的庫魯蘇（Kulusuk），下機之後才被告知：還要再自行徒步或是乘坐暫時出缺的狗拉雪橇，才能抵達四、五十分鐘至一個多小時路程之外的愛斯基摩小漁村。

當飛機一降落在極其狹小簡陋的機場時，同行的英國旅客已經流露出些許不悅的神情。等到全體徒步，終於快快慢慢又跌跌撞撞走進小漁村聚落之際，竟然發現所有的村民就像約定好了似地全躲進屋內，門戶深鎖，只留下屋外拴住的一排排哈士奇北極犬，成群對著我們狂吠。這時那些英格蘭原本的紳士淑女，再也按耐不住脾氣而秒變為足球暴民，板臉的板臉、嘀咕的嘀咕、開罵的開罵：

「這是什麼意思啊？我們大老遠跑來，愛斯基摩人也不出來歡迎一下，唱個北極歌還是跳個迎賓舞什麼的，也給咱們表演表演啊！」

「這裡什麼都沒有！我還不如回倫敦打開家裡冰箱的冷藏庫去看，那裡至少還有點雞鴨魚肉，哪像這裡單調無聊到除了冰雪還是只有冰雪！」

說著說著有好幾位旅客倒是頭也不回的就立刻信步折回機場，原來預定在此地停留的兩個小時對於他們而言，真的一秒鐘也不想多待下去。就甭提同行的這群英國高貴旅客了，我自己的心裡何嘗不是一樣在淌著鮮血呢！因為，我把留學拮据的生活費全部挹注在了這一次的夏日北極之旅，眼看血本無歸還將一無所獲，怎麼壓抑的了心裡的懊惱無奈……。

眼看三三兩兩的同團旅客不消十五分鐘之內全部走光了，就剩我這個唯一的東方人盤腿坐在冰雪大地上，前方是廣寒冰帽一望無際、後面則是那些有如醃漬封藏在一個個白色雪屋醬缸裡不肯出來的因努特人。我默默盤算剩下的一個小時四十五分鐘自己該何去何從，再怎麼說我也不甘心草草收場、悻悻然離去。我的「內在心境」正僵持在該留抑或該走的拉鋸，確實「外在處境」也隱約僵持糾結著另一種不同民族、不同文化、不同生活環境落差下的隔閡衝突。

狗群還是賣力吼叫地令人心神不寧，煩躁到幾乎想要"Let it go"「就算了吧！」何苦執著。冬天的這裡應該也有奇幻的北極光；不過身處當前夏天的北極，太陽公公則是不會下山的，即便到了半夜兩、三點都還是豔陽高照，何況現在才漸進正午，早已曝曬得我頭昏腦脹。我實在有一種錯覺，那就是自己早就變成了一把連醬缸都淘汰丟棄的發黴臭酸菜，盡是自慚形穢地被孤獨晾曬在「日不落」的北極圈裡，周遭那些同樣「日不落」的大英子民跑光後，真的只剩我孤單一人留守，卻連狗都懶得來聞聞我……。

冰雪奇緣

我並不知道這個當下，因努特村民其實都躲在他們各自的屋裡默默偷看著我。他們心裡還一定都大概八九不離十地那麼嘀咕叨唸著：「討厭鬼！討厭鬼！大家都滾了，你這愣頭愣腦的蠢蛋怎麼還不離開呀？」

我就是不願意離開、不甘心離開，起碼為了抵償我花費的鈔票呀！再轉頭瞧瞧躁動不安的狗群，哇！真多呀！一隻隻長得活像兇猛的北地大野狼，長長的臉上有些狗隻竟然還被胡亂鑲著兩隻不同顏色的眼珠子，怪嚇唬人的。因為我實在太無聊了！也不曉得哪裡來的勇氣，自個兒決定去摸摸狗群；當然我會先把腳上穿著厚重的雪靴伸過去，我想就算被牠們咬也就啃著鞋底不礙事的。沒想到牠們溫馴熱情地舔起我的大皮鞋，教我索幸整個人都湊了過去，忍不住不去跟每一家門口那七八條可愛的北極犬玩。原來牠們跟牠們的主人一樣都是害羞又溫順的，不一會狗兒們已經把我的滿頭滿臉舔到全部都是黏答答的口水。

我竟然就靠這樣，無意間收穫了所有村民的接納——他們大概都在想：我的狗喜歡這個楞小子，那麼他應該比較不像外面那些人那麼討厭；他喜歡我的狗，那麼一定也會喜歡我的。於是緊接著，我發現先是一兩個因努特村民慢慢走出屋外來鑵雪給他們的狗吃；等到我也示意可否一起加入幫忙鏟雪幹活兒的行列，全村民眾已經陸續都跑了出來。他們笑起來的眼睛會被不落地的豔陽曬瞇成了一條線，就在高高低低的房舍邊偷偷看著我。

剛開始只有小朋友圍過來，還拉著我又蹦又跳攀爬浮冰。面對大冰原遼闊又略微刺眼的景致，只見極地的太陽把我們跳躍在浮冰間的身影都一一鑲繡著金邊，再映到潔白的冰雪上，簡直就跟灑在地表的北極光一般，美極了！接著大人把我拉進他們的圓屋裡嚐幾口新鮮的海豹肉，也給我看他們的彩珠編藝以及精雕細琢的魚骨鯨牙等等非常別緻的傳統文物。最後全村乾脆在冰河上扛出大圓皮毯，帶著教我學習一起拉緊撐開，我們就這麼輪流站上毯心蹦擊彈跳又歌唱舞蹈，歡樂無比。伴著由北極熊胃膜所做的愛斯基摩大鼙鼓，打出由遠至近、自輕而重的幻妙節拍，我看到每個人的輪廓都繽紛鑲嵌著一個紅日璀璨的光影。我真想把人生的這一剎那永久封存珍藏，因為每一個因努特舞者的身影都鑲上了一道有如冰雪奇緣電影的虹彩，把原本遙隔天南地北的人和心，全數輕巧編織在了一起。

既然北極的太陽不會落下來，我們就永遠也不必管什麼「玩到天黑了就回家」的說法。此刻的我，不僅僅對於「空間」原本的隔閡蕩然無存，我竟然對於「時間」這件事也完完全全忘光光，了無罣礙。腦海裡只是一直想著那句母親曾教我吟誦，帶話給唐朝王昌齡洛陽親友的古老詩句，心中回答眼前這些長相有如我同樣遠地鄉親的阿留申、尤皮克還是因努特人——「一片冰心在玉壺」。

在自己的人生旅途上，我總要面對每一次在初識相遇歡聚之後，依依不捨揮別的情誼。特別眼前的北極正像是地表一片隱匿於凍頂茗壺中冰清玉潔的夢幻天地，我也正被一群冰清玉潔又讓我溫馨愛戀的因努特人環繞著。

冰雪聰明

「哇哇哇！慘了！」

史上最大的「旅遊災難」爆發啦！

我竟然因為太陽不會下山而忘記時光飛逝。好幾公里外的庫魯蘇破爛小機場裡，此刻還有一群跟我同班專機飛來格陵蘭，正在氣急敗壞等著我返程飛走的一大群憤怒的英國觀光客呀！他們必然發現：臨要起飛了，怎麼就缺我一個失蹤人口？而我也真是瘋玩得太不像話啦，居然膽敢比原訂離境時間足足晚了一個鐘頭還在愛斯基摩漁村裡玩。偏偏他們又比我提早走了至少一小時四十五分鐘之久；現在我就算插翅飛去，看來可能也改變不了重大遲到的恐怖事實。

每一張先前怒目狂批小漁村後忿忿離去的「老鷹（英）面孔」，此時一一浮現在我的眼前。看來我終將得到報應，被他們的憤怒謾罵詛咒凌遲處死……。啊呀呀！我旅行這麼多年從來也沒犯過這麼嚴重忌諱的錯誤。誰知道在這極地「空間」為什麼渾然不知「時間」竟會過得特別快。

因努特村民徹底不解我臉上的潮紅腥熱，並非來自於我和這群北極「影舞者」一起頂著高輻射日照外加冰雪強烈反光的曝曬；而是來自我耽溺於歡樂融入極地小漁村後缺席搭機的代價，終於換成此際內心想跟村民說也說不清的窘迫恐懼。

他們氣定神閒。

繼續拉我去划傳統獨木舟（kayak），慢條斯理細心教我如何保持平衡、如何扭腰躲避浮冰、如何操槳繞過冰山……。我才想加以厲色回絕，但是看到所有村民如此誠懇認真，連唯一的一艘船和一支槳都幫我備妥，實在盛情難卻。原來愛斯基摩傳統獨木舟就是奧運仿效引進的國際輕艇大賽項目（Caroe），我怎麼能錯過在這起源地大顯身手一番呢！於是，哪還顧得了趕不上飛機，想說反正已經遲到了，也不差晚這五分鐘的極地冰洋操舟的超級體驗吧！

於是，我毫不遲疑地獨自火速跑去鑽進獨木舟，不由分說抓槳高舉左右開攻、飛速前行，全體村民在冰岸邊鼓掌響起歡聲雷動。接著不幸的事情卻發生了！我這實在叫做「得意忘形」，立刻發現我逐漸無法維持平衡，愈急愈快越是慌亂一團。心想：千萬不能翻船啊！因為我不但全身會濕透又冷又嗆；其實我方才急於上舟，壓根還沒有依序學到萬一遇到翻船該怎麼處置？一名選手若不知如何扭體倒轉（Eskimo Roll）去處理獨木舟突發的翻船狀況，就像一名駕駛學會了開車上路加油前衝，卻沒人教他怎麼踩踏緊急煞車。

果然，我這一次差點死翹翹。

每次旅途中我最不希望可能出錯的事就會出錯！難道這就是「墨菲定律」（"Murphy's Law"：Anything that can go wrong will go wrong.）？我真的翻船了。岸上傳來慘烈的驚呼尖叫也救不了我，瞬間我已經頭下腳上，整個骨盆到雙腿卻被卡在像蠶蛹般的舟體內緊緊包覆，完全沉沒在北極急速冷凍的冰水裡，既無法呼吸也動彈不得，像極了一艘海底即將窒息又爆炸的潛水艇。我想撐著拖出自己的下半身，卻由於海水懸浮舟體而無法固定著力施展；我想把口鼻伸出海面呼吸又距離太遠，還會碰觸到凌亂鋒利刀削的浮冰。此刻的窘迫恐懼已經不再是遲到沒飛機可搭的問題，而是我快要無氣可吸、沒命可活，馬上就要在愛斯基摩全村面前「死給他們看」的嚴肅問題。

關鍵的最後五秒，我突發奇想把船體扭動撞擊向大塊冰山，再借其反作用力彈震剛好使我稍能固定，以便拖拔出自己卡在舟體內的下半身；最後幾經掙扎，就在我已經超過兩分四十三秒的憋氣極限時終於成功脫困，簡直嚇掉了半條命。

冰雪悲歌

就當我驚魂甫定爬回了厚厚冰層堆積的岸上。天啊！村民居然早已全部被嚇得跑光光，沒人理我，一個人影也不見。真把我給氣炸了！不一會兒，我發現北冰洋裡怎麼冒出一個個水鬼的頭，這才明瞭因努特村民他們並沒有跑掉，他們以為我快窒息淹死在海底，於是村民全數飛衝跳進北冰洋裡救我。偏偏那時我正游向岸邊，跟他們在海裡互相都沒看見對方。

現在，我們都已如釋重負，全部濕答答地相視大叫，抱在一起嚎啕地哭了起來，久久無法停止。我是這麼謝謝他們真的把我當成了親友家人，於是這群和我原本素昧平生、天南地北才相遇不久的人，怎麼盡是感動到啼哭成了一團。接著，我們又瞥見彼此都變成這麼狼狽滑稽模樣的落湯雞，大家又破涕暢快地大大狂笑了起來，在冰上又叫又跳。滿臉水珠、汗珠、淚珠，盡情揮灑在哭哭笑笑的日不落太陽下，影舞閃動，仿佛用身影雕寫紀錄著我們在冰雪上曾歷經悲歡、生死與共的海誓山盟。

不一會兒哈士奇悍犬車隊的傳統裝備打點齊全，準備就緒，村民打算帶我這愛斯基摩因努特家族裡的最新成員，一同啟程深入見識這世界第一大島格陵蘭家園的內陸風貌，美國川普也沒有這等福分——看來我已經完全被款待為安家落戶、埋鍋造飯的因紐特土著啦！我由衷感激，繼續濕答答地擁抱他們，還是一面哭又一面笑著全然停不下來。愛斯基摩老老少少、男男女女總是圍著我指指點點，應該是在說我高高的顴骨、細細的眉眼、大大的餅臉，越看就越覺得我跟他們長得實在相像。大家話語到目前沒一句能通，卻都堆了滿村滿臉、滿滿冰天雪地上滿滿富足的笑容。

隨後我努力比手劃腳著好幾次，他們最後似乎領略些許我的慌張急切到底是為哪樁。終於六條長長的狗拉雪橇隊伍立刻轉向，全速朝像我用雙手所比大飛機模樣的機場方位。至於村民如何看懂我要表達重點的關鍵？推測應該是我不得已誇張模仿剛才那些傲慢的英國人，並且用雙手掐住我自己的脖子搖晃，連舌頭都吐出來一副快要掛掉的行動劇。哦！我的「冰雪聰明」又一次在因努特族人的野戰訓練下，達到了如此登峰造極之境；只是這次將要迎唱「冰雪悲歌」最後的音符。

果不期然浩浩蕩蕩的狗群雪橇隊伍火速飛奔直抵庫魯蘇機場外，我不由分說直接先獨自穿過破房舍，奔跑衝進停機坪。竟見飛機引擎早已發動而且正在滑行離去，轟隆隆的聲響震耳欲聾。我當然也看到活該自己的皮箱早給扔了下來，陳屍在停機坪上。緊閉的機艙窗洞裡每名男女老少乘客，盡是凶神惡煞般天殺地剮在瞪著我。他們一定群聚齊心協力暗自助念著三個字的詛咒，要像「吸引力法則」（Law of Attraction）一樣足足「瞪死一隻山羊」，不論英文抑或中文，都是三個字：

"You are dead!"「你死定！」

不料村民看我往裡面跑，一頭霧水；又擔心我一直沒有再出來，會不會像方才划船那樣遭遇不測？想想這都該怪我默劇表演的實在太為逼真誇張又驚悚了！他們大概猜想惦記著我這家族新成員，難道遇到了類似 I S I S 伊斯蘭國砍頭處決人質的生死交關……。只見說時遲那時快，就跟上演「摩西出埃及記」一樣，北極犬車隊全速如橫渡紅海般衝入了停機坪即刻救援，一共六條車隊包抄機場左右兩翼，突然如千軍萬馬超速甩尾直搗停機坪冰原跑道，嚇得駕駛立即關閉飛機引擎，任憑四十八隻愛斯基摩犬的叫聲更是震耳欲聾。二三十個村民在我身後如奧運後援會應援少女隊般一字排開，看得滿機艙裡的人目瞪口呆！他們複雜的心緒單從前倨後恭表情的剎那變換，任誰都看得懂——

喲！現在這是怎樣啦？分明是個東方人，怎麼忽然搖身一變，成了個想趕搭春運返鄉班機的愛斯基摩人，還一路盡喬裝自己是個優雅的外國留學生？不不！那他既然已經返抵老家，還來趕搭這一年才一班的包機回英國又是要幹嘛呢？

冰雪盟約

機艙門打開了，登機的梯子緩緩放下來。

這時所有村民才明瞭原來是「我要走了」……。

怎麼讓我覺得時空錯亂到——覺得自己簡直像是個正要搭乘飛碟返回宇宙太空的「外星人」……，還在跟這群語言同樣不通的愛斯基摩「地球人」道別。他們原本一定以為我是要永遠住在這裡，所以忙著教我划舟駕車，再去親臨熟悉他們每一處覆滿冰雪的母親大地。

我萬分責備自己！一直說也說不清、比也比不好，連一句因努特語都還來不及學，就得當著身旁滿飛機的英國乘客面前，竟像在看我拍電影一般的觀眾，出演這場傷心悲愴到肝腸寸斷的告別重頭戲。偏偏我方才靈活生動的演技卻全都敗壞崩解到山窮水盡，這一刻實在無從揮灑，只會杵在那邊哭，一直哭，一直哭，一直哭。

悠遠的鼙鼓聲響起！

愛斯基摩「影舞者」們手拿圓扁的大鼓左搖右晃、甩頭抬腿，重新為我擺動起剛剛歡聚在村子裡的歌聲樂舞，仲夏北極圈裡不下山的太陽又一次把我們交錯的身影鑲上金邊，融疊投射在冰清玉潔的雪地上。我拎起自己的皮箱也當鼓，學習他們轉頭搖擺腰臀的三拍節奏，以迴旋纏繞式的交錯舞步，跟每一位村民四目相對、無語告別。不用排練跳完一整圈後，緊接著就在他們全體環繞著我的舞步簇擁中，一步步還是三拍三拍向上登梯，真像西施為吳王夫差翩翩起舞，點踏在「館娃宮」的「音符階梯」拾級而上。

我的眼睛餘光看到：之前抱怨沒有機會欣賞愛斯基摩民俗舞蹈的英國乘客們，現在可忙著透過機艙玻璃猛按相機快門，一償宿願。當然他們早已不言而喻又心照不宣，完全理解我的遲到乃是來自一份什麼樣可貴的溫暖人情，如此魂牽夢繫相伴著我，遲緩凝滯著我無法離去的腳步。

飛機正副駕駛在前艙裡轉頭舉手向我致意，全體乘客還爆出熱烈的掌聲。現在連他們也看著哭成了一團，他們一定從未經歷過這等起飛前澎湃激昂的告別送行陣仗；尤其對於一個遺世獨立、害羞又沉默的愛斯基摩族人因努特村民來說更加誠屬難能可貴，不然他們也不可能耐得住寂寞，世居在如此偏僻遙遠又苦寒冰凍的北極圈裡了。

現在機艙裡充滿祥和的氣息，大家看到我的眼神是尊敬是羨慕，也多少是懊惱他們自己早先不該嘔氣提前離去，竟跟這群日不落夏天的愛斯基摩子民失之交臂；不然，這等風光矚目的景象應該是尊榮獨寵專屬於同樣曾經日不落王朝的大英帝國子民的。現在，沒有人講話，異常安靜，他們突然像是一群暴亂群毆後喘息脆弱的英國足球迷，每個人都還緊盯著這群機身下方依然翩翩起舞的極光影舞者，那絕不同於一般應景商業的表演，確實讓飛機上每一名乘客怡然陶醉神往，久久不能自已。何妨就都當成是為了他們自己，而正上演的一齣感人肺腑的人生大戲……。

至於，這一刻的我，心裡真的有一個裝滿著潔白冰心的玉壺，晃晃蕩蕩地攪翻著五味雜陳的情緒。飛機的引擎聲重啟大作，我目睹他們舞動的身影仍像鼓聲一般由近而遠、由重而輕，一直到完全消失在嶙峋矗立的格陵蘭億萬年大冰川上空。

這就是我來自北極的故事。我此生將永遠記得這短暫卻極其永恆的生命交會，一個真正用北極陽光鐫刻鏤雕，在我們身影和心靈上一紙跨越整個地球上的「冰雪盟約」。

尋夢撒哈拉——七年不下雨的蒲公英

乾旱撒哈拉

迷戀沙漠的心情那陣子在我的心裡繼續激盪翻攪，一九九一年我忍不住又丟下了博士論文繁瑣枯燥撰寫研究的進度，就這麼臨時買了機票，一腳伸進了北非的撒哈拉大沙漠。這次我知道，如果我的父母還在世的話，一定會狠狠地責備我、教訓我：為什麼又不專心讀書！可是，我真的壓抑不下那千絲萬縷躲藏在沙漠深處的精靈，它們不斷像萊茵河上女妖魅惑的歌聲一樣，把我自己像個空投的快遞包裹，丟到了這看似一無所有，卻處處縈繞著億萬故事精靈的撒哈拉來。

「西撒哈拉沙漠這裡已經七年沒有下雨了！」

這是我在這次的長途旅程上，聽到的第一句有關撒哈拉的話，同時，看著眼前居然在如此乾旱的大地上，還能綻放出一朵豐沛生命力的蒲公英，甚至正把種籽的飛絮隨著炙熱的焚風吹向遠方。

「每一名女孩從七歲開始學習編織地毯，一直織到她要出嫁才賣掉這張地毯，這筆錢剛好當做她自己的嫁妝與她兄弟未來娶妻的聘禮。」裹著藍頭巾的沙哈拉威人哈迪．阿拉威．阿里（HADI ALAUI ALI）繼續在長途巴士上，對我訴說著他們族人的故事：

「你看地毯上的圖案啊！這是我們哈迪．阿拉威家族的標誌，我的姊妹和母親的額頭眉間都紋刻刺青著一樣的線條！就是這樣的，沙哈拉威女人的下巴和手背上也都有……」

我把目光轉到他身後的女子，夕陽像火燒紅了她的臉。黑碳粉勾勒出鮮明的下眼瞼，一雙懾人心魄深邃如淵潭的眸子立刻攫住我猶豫未決又游移不定的心。

「撒哈拉沙漠已經七年沒有下雨了！」

直到阿里又用摻和著法語、西班牙語與當地土語的英語對我說了這句話，我才回過神來。他還是像車窗外無垠的黃沙一般，縷縷不盡地對我重複著一些簡易的單字片語：

「撒哈拉沙漠已經七年沒有下雨了……。我姊妹的地毯賣給你。你必須買。我們要糖、麵粉、油、鹽、肥皂……。」說著說著，他急了。

「那麼，你現在賣了地毯去買那些東西，你的姊妹和你將來靠什麼去結婚？」聽他說著，我也急了。

「……」

太陽像陷進黃沙一般，在一望無際的沙漠消失，撒哈拉的黑夜竟像翻書轉頁般唐突降臨。我們都是如此的措手不及，既為眼前的落日，也為我方才的問題。黑夜是不是代表冷清與寒凍，否則他的姊妹怎麼總是用左手緊扣著頭臉的布巾。夕陽餘暉中，我依稀看到她的手背上，真的刺了一個像太陽式的圖案，輝映出一種亙古撒哈拉大沙漠，從日出到日落間不停蛻變的心情。

「你就買吧！求求你！」他苦苦哀求我。

我回頭望向東方的天空，一月十一日的撒哈拉享有著一輪慵懶沈淪的下弦月，低得簡直像是快要跌進沙丘裡了。如果現在這乾旱的撒哈拉有如此一彎清淺的湖泊，是不是阿里就不必賣地毯？是不是他與姊妹就不必再隨長途巴士為趕集、兜售而奔波？是不是？是不是？是不是？是不是我也就不必迎向他們一如沙漠風暴般的震撼與抉擇？

他們下車了，拿著我的錢又趕去另一段隨緣的市集。

厚重的地毯沉甸甸地留在我的腿上。我知道我已經為自己的撒哈拉之旅，留下了第一個無法言喻的回憶。

寒冷撒哈拉

夜涼如水，我蜷縮著，沒有玻璃的窗子送進廣寒的氣息。不知什麼時候，我熟睡在晃動的大巴士車廂裡，腦袋直敲在小窗的把手上，卻依舊夢著美克尼斯（MEKNES）一路東行的橄欖樹、綿羊群，以及埋頭耕田的驢隻。摩洛哥此進阿爾及利亞的路原是一片的綠。

天是真正的黑了，黑成好一塊絨布，精巧的星斗如美鑽鑲在天際若即若離，罩著一群天南地北、互不相識的族群。我從不曾懷疑自己突然決定隻身跑到撒哈拉的原因。畢竟，我想看一看這片與東西方世界都截然不同的地理人文景觀；想體會生活在大沙漠上的人民，是不是也有一顆粗獷間纖柔秀異的心情。更重要的是，我來撒哈拉其實還隱藏這另一個理由：就是想探望一位已經離塵遠逝的忘年老友三毛，她是我的一位心靈知交，就好像我的親大姊一樣。她的文筆首度為華語文壇寫下那個或許早已滄海桑田、物換星移的沙漠世界。那裡有著她不再來的「雨季」、有著她躲在「溫柔的夜」裡「哭泣的駱駝」，還有著一位曾用雙手張開彩毯，在卑微中煥發人性光芒高貴靈魂的「啞奴」、「沙巴軍曹」、「沙伊達」……。

不過，當眼前模糊的棕影旁，顯現出紅牆白邊的城樓時，我突然感到一種快窒息的瘋狂……。這是什麼時代的城樓，為何鑲著齒狀的稜線，逼著人把思緒跳到古絲路浪漫的高昌樓蘭？這是什麼空間的人群，為何在夜裡徒留樓宇林立，卻一個人影也遍尋不著？我在艾拉契迪亞（ERRACHIDIA）下車，晚上十點十分，總感覺自己不小心走回了時光隧道，跌入一個時間停止、空間孤立的死城，它似乎只是躲在撒哈拉沙漠邊緣的綠洲上，閃爍給旅人一個海市蜃樓的夢幻。辛好星月指引著路，否則我抱著地毯，背著行囊必定會一不小心就誤過沙橋，真正跌入沒有時間與空間的瀚海中。太累了，我坐在路樹邊喘氣，手被行李的重量壓得幾度抽筋；然而樹梢落下的黃花卻為我點醒出了一個天大的驚喜：

滿地的石頭竟然都藏著億萬年前的遠古生物化石。

整個沙漠城堡裡全部的人都睡著了嗎？怎麼就剩我這麼一個沒見過世面的傻孩子，坐在地上把玩當地物多價賤的化石。竟然整個城市都是建築在遠古大海的波心，所有建材都是遠古生物化石所凝聚的美麗。菊貝、三葉蟲、角石、海百合、鯊魚牙、蒼龍齒……，一個一個凍結住了超越時空的千姿百態。

我開始想用地毯包住每一粒絕美動人的化石，每一粒。我又急了。包不住整座化石城堡，徒留夜風對我訕笑著颼颼作響。天地逆旅的人為什麼總想帶走一些永遠不屬於他的東西？不如映著月光讓我靜靜欣賞，誰說每一粒石頭不是「紅樓夢」裡前緣不盡的胎記呢！我口渴喝水，不小心把水壺傾倒，像灌溉花圃似的穿透月光灑到地上，剎那間每一個靜止在沙漠中的古生物全都「活」了過來。蒼穹上億萬顆星點此刻彷彿扯弄起繁複的懸絲提線，正牽動起化石億萬年前也曾靈動的關節，讓我更清楚地沉浸在這段自己未曾參與的歲月裡。

水速速蒸發而去，化石又靜止了下來，我這才看到上面有畫過線條的痕跡。一定是鄰近的孩子在地上用石頭畫出的方格，原來他們也玩臺灣兒童「跳房子」的遊戲呢！

整個化石城堡在夜裡，跟著我一起年輕地笑了起來。

撒哈拉的溫差出奇的大，太陽一出來夏天就來臨、一下山冬季就肆虐，四季就是這麼任憑暴君般的太陽決定時令。整個沙漠像個巨大的三溫暖桑拿蒸氣房，卻找不到門能跑出去透個氣。

我搭上一輛破舊的吉普車準備跨越邊界。土瓦里格（TOUARIG）族的司機馬地里（MADIRI）問我：爸媽的名字？原來他們父母的名字與祖父母的名字都跟著自己的名字走一輩子，他們自己的名字也將跟著孩子一直走下去。車外的電線杆一根接一根，綿綿長長的就像土瓦里格族人的名字，也跟著我們一路走。傾頹低矮的石牆讓上學的孩子，背上書包跑成了一條沙地中最好走的路，映著那輪剛起床才又紅又圓的旭日，學童像極了幾隻飛行在地平線上的小精靈，正在捉弄粗暴卻笨拙的太陽。

車行好一陣子才見著一個村落，沙棗與乾草為人畜安頓了一座座單調的家園。柏柏（Berber）人的毛料大袍就這麼任意搭曬在蓬草上，整個撒哈拉都是他們家的曬衣架，當然不必用藩籬來區隔什麼天地與人類。

司機馬地里看我在照相，一面開車、一面側過頭跟我聊天，不但不看路，居然還問我要不要讓他拿拿看我這台新奇的相機，幫我也照上一張。可是，他在開車呀！全車的人都笑了！十二歲的法地（FADI）幫他的司機爸爸比手畫腳地指點我：「這裡是撒哈拉呀！全是沙！根本沒有路！反正車子自己開到哪裡，哪裡就是一條路啊！」說完，我也加入他們豪放的笑聲中。畢竟沙漠沒有路，也少見一輛車，絕不怕駛離路線撞上來車，或是必須隨時留意速限、斑馬線還是紅綠燈……一切所謂的「文明交通」無聊多餘的顧慮。

歡笑撒哈拉

一路上，吉普車像拉了一條長沙編的拖曳傘，比風沙還快的呼嘯而過。

等到該下車的全下了，只剩我和馬地里與法地父子。這趟便車簡直算是我撿來的，我只不過無所事事的東張西望，隨手幫他們拾起了顛動落地的糧袋，竟然得到他們熱情的邀約。這趟車程跑了五百多公里，陪他們分送完所有村落裡的貨品食物，也快速的流覽了整個摩、阿邊關的民俗風情。袋裡的麵粉一定給撒哈拉的子民，帶來了無限的滿足，因為我在記憶裡永遠烙印住每一站的每一張笑臉。

整個沙漠都在笑啊！

「我們洗澡去吧！」

馬地里說著就隨手把車子停靠在里撒尼（RISSANI）的綠洲城邊，繞了這麼一趟路，我是該有所表現。我請他們喝薄荷茶、吃羊肉串，再配上麵包和茄片薯條。接著三人繞進了一間寫著"HAMAL"（土耳其蒸汽浴）的小門裡，我也像三毛一樣，終於在沙漠裡體會到當地奇妙的沐浴文化。每個男人會拿著一個小水筒，穿著內褲去接水，然後蹲在角落用特製的繩巾搓揉肥皂。我還記得在鄰國比較講究的地方，都會有一個古羅馬式蒸氣燻烤的白色大理石台，這裡當然因陋就簡不來這一套。於是我們各花了三塊半美金的當地錢，給專業師傅擦背按摩，這可是浴票的九倍呢！他們都知道我們從沙漠才橫渡回來，師傅用法語戲稱我們：白天在沙漠乾洗蒸油，晚上來澡堂給他集結搜刮。

「啊喲！」我這一聲可把原本早就在好奇偷瞄我的眼神，全都匯聚了過來。他們好奇這個東方人怎麼如此入境隨俗，也好奇我怎麼耐得住摩洛哥澡堂師傅，近似瑜伽軟骨的那種「折疊肢體式按摩法」。

我此刻心裡想：任他們笑吧！一個陌生人能帶給整個澡堂的人歡笑，也是件不容易的事呢！

整個沙漠又都在笑了啊！

延妥了機票，我狠了心腸丟下卡薩布蘭加的繁華，又跳上另一段更遠的南行巴士，探索的是延伸到前西班牙屬地西撒哈拉與茅利塔尼亞邊界的政治敏感區。

這裡是沙哈拉威人世居的土地，自從西班牙人在一九七五年撤出之後，就被摩洛哥人與茅利塔尼亞人南北夾擊瓜分了。沙哈拉威人還在等待像中東的巴勒斯坦人一樣可以建立自己的國家，於是被稱為「保利薩里奧」（POLIZARIO）的游擊組織，便成為撒哈拉這個被全世界所遺忘的角落裡，一段現實的傳奇。

我就是跟著這群俗稱為「藍人」（BLUE PEOPLE）的人向首府阿雍（LAAYOUNE）前進。四個小時先抵達摩洛哥的南方重鎮馬拉喀什（MARAKECH），再整整十個小時才能到古列敏（GULEMINE）。清晨六點十分太陽能裝置的路燈關了，我們也剛巧等了半個小時後，湊足滿滿一輛計程車出發。六個人擠一輛，又冷又累，我被分配側坐在車門邊，也顧不了車門上的擱手台卡著腰，我睡睡醒醒竟麻了半個身子。七個小時後的正午，終於看到阿雍兩個大皇冠狀的牌樓，大帳蓬前的軍人卻又把我們第六次全車攔下盤查。

從上午九點至下午一點的路上，我們睡了又醒、醒了又睡，醒與睡都為了一關又一卡軍警的安檢，翻來覆去抄著一樣的護照資料，再千篇一律逼視我的倦容，單獨質問我：為什麼你要乘了二十一個小時的巴士、計程車，到這個窮山惡水之地？老舊的打字機滴滴答答地記錄著，伴隨著蒼蠅嗡嗡地環繞著隔夜的炸魚乾。我也像是一道乏味的菜肴，被半張舊報紙油漬漬地蓋著。哨所裡面陳設簡陋，除了桌椅，只有一方由石塊堆疊起的木板床，看來為了維護這片領土的主權，摩洛哥人也吃盡了以前西班牙人同樣的苦頭。

黑毛山羊在我腳邊找著細微枯黃的旱草，我佇立在殘破的老界碑前面，看這一前一後的石柱是如何由拉丁文改為了阿拉伯文。這確實是一個無關中國人喜怒哀樂的國度，甚至，二十年間可能沒有一個中國人再來過這裡，可是在夢與醒之間，為什麼我仍然被這裡平淡無奇的一切現象，深深傾心般地吸引著？

我終於找到了答案。

當車隊於傍晚四點半鐘停在沙漠中，我才驚訝地發現：太陽落日前，全世界的人並不是只會為了工作事業或晚餐烹調而忙碌，也不是只會詩情畫意的欣賞晚霞美景。這個黑夜與白晝莊嚴的分水嶺所剝離出來的分秒時刻，正由撒哈拉大沙漠上幾十萬虔誠的伊斯蘭教徒，東向麥加聖城的方向頌念著可蘭經文。他們站成一排，跪坐再拜。我則被留置在車上，還因誤以為他們是集體下車解手而自責懊惱。今天的夕陽還是濃烈得如一火球，撒哈拉承接了所有乾旱的暴戾與貧乏；但是，撒哈拉的子民卻這麼充滿著柔情和悲憫，珍惜地親吻黃沙，因為通過縷縷綿延無邊無際的黃沙，他們深信終有一天自己會完成此生朝聖麥加的心願。

我為這份敦厚虔敬的生命態度感動得想哭，因為十分鐘的吻沙祈禱，正由他們編織出了一幅撒哈拉最壯闊感人的晚霞，盤據我波瀾起伏的心中。

悲憫撒哈拉

阿雍的市井當時極為蕭條，長長的磷礦輸送帶與成列巨大的高壓電座垂直交錯，點綴的是一戶戶鐵門深鎖的商店。我開始被幾個圖形怪異的路標所吸引，有的形如凹地，有的畫著汽車兩旁卻濺著水花的圖案。總算在多方詢問下才明瞭：由於撒哈拉雨急風驟，因此七年不下雨則已，一旦一下雨，窪地必成澤國，路基湮沒、橋樑沖毀。難怪一進阿雍市郊，首先映入眼中的不是黃沙，而是一片被水浸泡的樹叢。

我繼續跟他們在坐了一段車之後，換乘駝隊向斯馬拉（EL SEMARA）的方向行走。那是個沙漠內陸的城市，就這麼不經意的在死寂中竄出了生機，進丹丹（TAN TAN）省界以來這是我們第一次折向沙漠的深處。一旦看似比陸地還高的大西洋消失時，眼前的景物竟在烈日輻射下，一如方才洋面的船隻，全變成海市蜃樓飄浮在半空中。

我的嘴唇乾裂極了，皮膚被風沙陣陣打刺，卻連一滴汗水也沒有。沙哈拉威牧人傑迪拉（JDIRA）一直在為我們帶路，牽著駝群突然繞到我的面前，給了我一口腥膻的羊乳酪和一方粗布的藍頭巾。他說：羊脂可以保護膚唇，頭巾可以擋風遮陽。於是借來藍頭巾裹住我已被曬到腫脹的頭臉與雙唇，我們繼續趕路。

今天的太陽似乎特別眷顧撒哈拉，日照如此長，長到下午五點十五分，他們的駝隊才停下來祈禱。我多希望趕快到斯馬拉，但是我必須等待。不一會兒，我發現停下慌忙的腳步去等待真是值得的，因為我才突然有時間細細觀察到：沙漠中竟然炸出了一朵朵細蕊的小黃花。誰能相信撒哈拉也有春天，也有無晴無雨、無寒無暑的心情。我甚至一朵也捨不得去摘它，因為它詮釋著每一個脆弱生命的堅毅內涵，無分軒輊地讓我重新回到沙漠學校，上了這「人情」的一課。

「人情學校」的課程還多著呢！

我們終於看到斯馬拉了。黃澄澄的燈火在遠方隨著氣流繽紛跳躍，這是個何其幻妙的「浮城」啊！接下來的幾天，我們就住進周邊長方形的帳篷裡過夜嗎？——太棒了！我像個孩子穿梭在帳篷間，一回頭才發現我的身後正跟了一長串沙哈拉威的孩子。我更加相信三毛所謂的那種人際之間無形感應的電波和密碼，屢屢在我的身邊悄然出現著。

「快來吃吧！我們今晚睡在這兒！」

傑迪拉正是駝隊的頭兒，天天餐餐招呼我坐到食物前，自己卻加入帳篷區外面晚禱的人群。我一直在虛心學習他們的誠懇，在外面的世界那些號稱「文明」的國度裡，又有誰能對一位素昧平生的遠地訪客，如此毫無戒心的竭誠款待？傑迪拉晚禱完畢進來帳篷，奇怪我怎麼一口都沒吃，以為我挑嘴，又從後帳裡搜出來了兩個煮熟的雞蛋給我；他不知道我正用東方的禮節，在等主人先行開動。沙漠中能炒拌著晚風在油燈旁進食，我是用億萬財富也換不到的，怎會挑剔。

一口麵包、一口羊肝、再喝一口鷹嘴豆末湯。太好了！難得有魚，我們把小巧飽滿的柑橘捏擠出的汁液淋澆在上面。孩子們饞透了，卻要等到最後一批才可以坐近地上的食物，現在只能用眼睛流著口水。我偷偷塞了一條魚給傑迪拉的兒子，他頭也不回衝出帳外。我幾乎聽得到他的和我的心底，此刻都迸發出同樣薄海歡騰的笑聲。

整個撒哈拉再一次狂喜的笑著……。

幾天的相處下來，沙哈拉威人不厭其煩地教導我，學習如何去當一個沙漠中的好牧者：那就是要先保護好自己的精神體力、算準沙漠風暴來襲的時間、掌握確切橫渡旱地的水源、注意羊隻駝群是否有反常的驚惶，一直到監控好那些長方形黑色的毛氈帳篷，應該如何豎立角度方位得宜並且拉得緊緊的、栓得牢牢的……，避開風向的切面。這些都是屬於一個古老民族面對大自然狂暴的地理天候下必備的活命本領與傳統智慧，我可能離開撒哈拉沙漠之後到哪裡也用不到；但是，沙漠就是他們今生唯一與全部的世界，因此他們是這麼賣力而認真地在教導我，簡直無法想像我這個什麼都不會的笨孩兒，到底過去是怎麼長得到這麼大的？他們也非常好奇我是如何可以，這麼輕鬆來去自如於外面的世界？莫明奇妙的就像個「外星人」一樣，突然出現在他們習以為常的世界裡，突然又可能隨時乘著「飛碟」離開，永遠消失不見。

我發現，直到最後自己應該還是沒有跟他們學習的很好。單單只有一點：關於我學習到他們如何在氣候暴烈苦旱，七年不下雨的自然煎熬下，焠煉涵泳那種敦厚柔情悲憫的胸懷，就足已讓我今生無時無刻受用不盡了。

柔情撒哈拉

離去的那天終於到了。

清晨四點傑迪拉就把我叫醒，他怕我誤了今天早上六點回首府一個月才一次到阿雍特別的車班。我是多麼不願在人氣溫暖的帳棚中離去，因為人情也是這般溫暖。傑迪拉的兒子側身靠著我、頭還壓著我的右手臂在甜甜酣睡呢！我怎能忍心讓一個六歲的孩子一早醒來驚愕發現：「外星人」叔叔已經搭乘什麼不明飛行物還是什麼怪東西遠走高飛了，卻竟然沒有跟他告別。其實，昨天傍晚在擠羊奶的時候我就一直在告訴他：「我要走了！」無奈言語不通的我只好跟他一面揮手、一面擺出像個飛機發動起飛的姿勢。沒想到他卻以為我這孩子王又發明了哪一種新鮮的童玩遊戲，於是也學我這樣搖手擺尾地玩著，一直被他爸爸傑迪拉從帳外曠野一路罵到了帳內地上的氈毯，才不甘心地睡去。現在，我確實不知道如何表達，因為要想在清晨四點鐘喊醒一個孩子也是天方夜譚，可是我真的連他的名字都忘了問……。

傑迪拉熟練地張羅好驢子送我去斯馬拉的車站。事實上，我一路都在懷疑：為什麼他每一分、每一秒都是這麼從容不迫、神采奕奕？雍容的風采氣度像是沙漠裡一片精美細膩的遠古化石，還有他更像那個三毛書中筆下的游擊隊英雄人物「巴西里」，甚為神似。相形之下，我套了鞋子，忘了穿襪子；拿了背包，忘了放相機；走出帳篷，又發現我找不到眼鏡。我只給自己一個姑息的理由——我根本不想走。我想再看看他們一天五次虔誠的祈禱，即使我當不了一名撒哈拉的好牧民，我也可以天天跟著滿帳篷的孩子們一起為自己複習，重新當一個孩子的快樂啊！

只是我還是得走。

看看傑迪拉的兒子還在睡，我拆下自己腕上的手錶綁到他的手臂上，連最小格的錶帶對他來說都還太鬆。我當然知道沙漠上太陽、月亮和星星就是他們世世代代的鐘錶，根本用不到這種自以為是「文明」的廢物；可是，當今天朝陽初起時，他將會發現滴答不止的錶針正向他訴說，一個遠方大朋友對他終生無盡的思念。

斯馬拉一點也不大，人口有沒有一千人都難說。窄窄的主街古道上只停了一輛大巴士，人們正上上下下把行李包紮傳到車頂綁牢。不料，當我們騎的兩隻驢子走近售票處，大家都在側頭看著……這可是哪裡跑來的髒臭禿驢？又是哪裡跑來的沙哈拉威人？兩名摩洛哥軍人從車窗邊向我們吐口水，傑迪拉只是謙卑溫遜地把我從驢鞍上扶下來。他立刻轉頭就走，沒有問候、沒有再見，眼看就快要消失在破曉前最深的黑幕裡，就像那夜我與三毛最後一次道別的情景。

我知道他怕連累我，佯裝只是我花錢雇用的驢夫。但是他忘了：我的頭頸上還纏著他們族人所象徵的標記，一條藍頭巾，一種用當地漠野小藍花和青石所印染而成的特有靛藍布縷。

才轉身向巴士走了兩步，我又猛回頭一瞅，他果然還佇足牽驢看著我。

我心一橫，決定快跑到傑迪拉的面前，跟他大大方方面對面，也應該把頭巾交還給他。於是我立刻繞了三圈解下這個大漠裡救命的玩意兒，追了過去，任自己厚重的背包丟在地上，像個跌翻的大烏龜殼擋住了人家的登車口。我更顧不得在那麼多人面前，管他什麼好不好意思，直接向他跑了過去，非常慎重地用雙手抓過他的臉，用我和他的面頰依照沙哈拉威的沙漠禮俗足足親吻了四次。他的鬍鬚簡直比撒哈拉的風沙還要剛毅粗硬，但是這段道別儘管沒有共通的言語，無形感應的電波密碼卻使我此生永遠記得撒哈拉與她的子民。

傑迪拉還是一言不發，從容中清亮的眸子閃著淚光與我相對而視；終於在看著我緩緩離去後，他才牽起驢子轉頭背向那些車上剛才訕笑鄙視他的人們。這一刻，其實我們各自都不知道該如何邁出腳下千斤萬兩沉重的步履，因為我們都已深刻知曉：此刻地球上在撒哈拉大沙漠的兩個人，一旦這麼背對背的一轉身，就變成了銀河星系裡的兩個平行宇宙，此生恐怕再也沒有重逢相見的機會了。

目送著他漸行漸遠，走回巴士迎向我的卻是另一堆更加好奇的眸子，特別是他們看清楚摘了藍頭巾的男子，竟然是個東方人而不是沙哈拉威人。先前吐口水的摩洛哥軍人這下子可好了，一個羞赧揭帽向我致意，另一個正試圖把自己慚愧的軀殼深深陷入椅墊中，好像想鑽到地球的另一端。

尋夢撒哈拉

“JAPANESE?—JAKIE CHAN?”

我被他們兩個J的疑問，什麼日本不日本人的問題正攪得不知買票的方向，一聽JAKIE CHAN（成龍），這該是代表華人吧！我的靈感來了，連忙逗趣答應：“Yes! JAKIE CHAN!”

為了我這個俏皮的答案，隨後，等到六點二十分開車，原本嚴肅的乘客們全都因為我的答案而活靈活現地讓撒哈拉沙漠又大笑了起來。他們就這麼發出此起彼落的功夫叫聲，也不嫌煩的一直玩到八點天全亮了，車子晃晃蕩蕩曬進大沙漠才累到打盹兒止住。接著四個小時回阿雍的路上，炙熱暴烈的太陽籠罩大地，我才終於可以清靜孤單的一個人欣賞撒哈拉無垠的世界。

我真的確定整輛車子、整個沙漠也是在行進間笑著睡著的。

抵達阿雍，我到處找尋返回北方的車子，卻遍尋不著野雞車叫客的圓環。一路問了五、六個人都因語言不通而團團繞路，看來好似離不開撒哈拉了。半個小時後遇到一位十七歲的男孩，德瑞茲．西憲（DERRAZ HICHAM），他建議我改搭CTM（長途班車），於是我跟他走，一直走到他家。由於車子還要等兩、三個小時，買好票之後，他問我想不想去他家喝茶？我欣然同意。

上了樓，才發現他的姊妹弟弟還真多，一群圍過來看我。他的母親正在揉麵粉，一手一個「美賽門」（MSAMAN）餅，配上「塔金」（TAGING）砂鍋，偏偏這午餐時刻兒子帶回來了個不速之客。我把他們的一舉一動都用照相機記錄下來，弟弟妹妹正玩得大呼小叫，這名客人是非吃一頓不可了。我接過西憲姊姊提的水來洗手，別致的鋁盆盛住滿缸污水，這才學他們用手抓著飯開始吃，也聽他講述家庭故事。

「我爸爸名叫慕斯塔法（MOUSTAPHA），就在幾十分鐘車程外的OCP（OFFICE CHERIF OF PHOSFAT）磷礦場，你以後寫信就寄去那兒給我，記得

SERVICE 474……」

西憲一面抄給我地址，一面說著：我簡直不敢相信自己的耳朵，這信箱跟當年三毛丈夫荷西的幾乎一樣。匆匆吃完就拉著他去 OCP 找他爸爸，因為荷西曾工作的地方曾經就是這個大磷礦場。他的爸爸正在工作不能見我們，我坐在磷礦場門口聽他說：他爸爸已經在此地工作八年。一九七五年摩洛哥佔領此地，隨即接收了西班牙的這些磷礦場之後，就從北方大批移入了成千上萬的摩洛哥人。我確定荷西與三毛也就是在那個時候隨西班牙的政府軍隊陸續撤出原來的「西屬撒哈拉」，搬到了西北非外海的另外一個西班牙屬地：迦納利群島。

這真是不可思議的際遇，來到撒哈拉我從未想過，會看到一個荷西曾為三毛前來撒哈拉工作的磷礦廠。遙想一對愛給別人搭便車的異國小夫妻，在這裡成婚，每天上班的路上，他們會在每一個可以相互張望的角落流連。許多平凡俗氣的鎖事在這裡發生，卻被三毛細膩的文筆記錄成生動感人的文字，傳到了萬里外的台海兩岸……。

上車離去前，我把遮陽帽脫下來送給西憲，他愛得立即戴上前額。離開撒哈拉之後儘管有很多曾向沙哈拉威人學習的謀生技能用不到，同時我再也不會遇到比這裡更大的太陽、更好的人。西憲當然比我需要這頂帽子，也值得讓我送給他。特別是，此刻的我更想讓太陽曬暖那些心頭陰晦的記憶，那是一個老朋友突然自殺走了，留給所有家人、朋友和她那億萬的讀者無以復加的驚惶錯愕……。然而，踩在她當年曾經生活過的土地上，遙想她的生命如何從這裡開始透過寫作而發光發熱的歷程，對我來說乃是向三毛何其溫馨美滿的一次致敬悼祭。

幾十年過去、幾十年未來，這裡幾十年來來去去，對於億萬年亙古恆常的沙漠並不算什麼，但是撒哈拉卻才等到了兩個從東方來尋找柔情悲憫的華人。是不是文學也有股懾人心魄的魅力，總能像沙哈拉威女子的眼睛一樣，在我第一次進入沙漠的長途旅程上，就像一朵七年不下雨還能盛開的蒲公英一般，點點飛絮俘虜住我游移不定、多情易感的心，為我此生花團錦簇，妝點出一段段年少尋夢難忘的回憶。

看來，今天起撒哈拉的太陽在我心裡將永不墜落了。

國家圖書館出版品預行編目（CIP）資料

行遍阡陌大地 : 卑微角落高貴靈魂/眭澔平作 . -- 初版 .
-- 臺北市 : 暖暖書屋文化事業股份有限公司 , 2025.03
面； 公分
ISBN 978-626-7457-29-0（平裝）

1.CST: 旅遊文學 2.CST: 世界地理

719 114003304

行遍阡陌大地
——卑微角落高貴靈魂

作者 眭澔平
編輯 龐君豪
版面設計 菩薩蠻
封面設計 楊國長

發行人 曾大福
出版發行 暖暖書屋文化事業股份有限公司
地址 臺北市大安區青田街 5 巷 13 號
電話 886-2-2391-6380 傳真 886-2-2391-1186
出版日期 2025 年 04 月（初版一刷）
定價 480 元

總經銷 聯合發行股份有限公司
地址 231 新北市新店區寶橋路 235 巷 6 弄 6 號 2 樓
電話 02-2917-8022 傳真 02-2915-8614

印製 成陽印刷股份有限公司